国家社科基金
GUOJIA SHEKE JIJIN HOUQI ZIZHU XIANGMU
后期资助项目

U0559160

众包创新模式下
大众持续知识共享行为
及管理机制研究

Crowds' Continuous Knowledge Sharing Behaviour
and Its Management Mechanism in Crowdsourcing
Innovation

孟庆良　陈晓君　郭鑫鑫　著

ZHEJIANG UNIVERSITY PRESS
浙江大学出版社
·杭州·

图书在版编目（CIP）数据

众包创新模式下大众持续知识共享行为及管理机制研究 / 孟庆良，陈晓君，郭鑫鑫著. —杭州：浙江大学出版社，2023.11
ISBN 978-7-308-24557-9

Ⅰ.①众… Ⅱ.①孟… ②陈… ③郭… Ⅲ.①企业创新—创新管理—研究—中国 Ⅳ.①F279.23

中国国家版本馆 CIP 数据核字（2023）第 241896 号

众包创新模式下大众持续知识共享行为及管理机制研究

孟庆良　　陈晓君　郭鑫鑫　著

责任编辑	徐　瑾	
责任校对	殷晓彤　汪　潇	
封面设计	周　灵	
出版发行	浙江大学出版社	
	（杭州市天目山路 148 号　邮政编码 310007）	
	（网址：http://www.zjupress.com）	
排　　版	杭州青翊图文设计有限公司	
印　　刷	杭州高腾印务有限公司	
开　　本	710mm×1000mm　1/16	
印　　张	15.75	
字　　数	282 千	
版印次	2023 年 11 月第 1 版　2023 年 11 月第 1 次印刷	
书　　号	ISBN 978-7-308-24557-9	
定　　价	68.00 元	

国家社科基金后期资助项目
出版说明

后期资助项目是国家社科基金设立的一类重要项目，旨在鼓励广大社科研究者潜心治学，支持基础研究多出优秀成果。它是经过严格评审，从接近完成的科研成果中遴选立项的。为扩大后期资助项目的影响，更好地推动学术发展，促进成果转化，全国哲学社会科学工作办公室按照"统一设计、统一标识、统一版式、形成系列"的总体要求，组织出版国家社科基金后期资助项目成果。

全国哲学社会科学工作办公室

序

　　"众包"(crowdsourcing)作为一种企业充分利用大众智慧来解决各种商业难题的新型管理模式，受到越来越多企业的重点关注和尝试应用。聚焦创新难题解决的"众包创新"实质上是众包模式在企业产品、服务和管理模式创新中的具体应用。众包创新模式拓展了企业的创新边界，有助于节约创新成本、规避创新风险和提升创新绩效，是"以人为本"创新文化的一种体现。

　　《众包创新模式下大众持续知识共享行为及管理机制研究》一书为江苏科技大学孟庆良教授主持的国家社科基金后期资助项目(19FGLB019)研究成果，该书立足于众包创新最新管理实践，结合当前研究前沿，深刻洞悉了众包创新的本质内涵，综合运用扎根理论、社会网络分析、动态优化控制、人工神经网络和演化博弈等研究方法，结合小米公司 MIUI 社区、戴尔公司 IdeaStorm、猪八戒网和任务中国等企业案例，深入探究了众包创新模式下的大众持续知识共享行为，构建了促进大众持续知识共享的动态决策、大众机会主义行为识别及其治理等多重管理机制，为企业提升众包创新绩效拓展新思路，为众包平台的健康发展提供实践指南。

　　"合抱之木，生于毫末；九层之台，起于累土。"新时代我国企业提升全面创新能力不可能一蹴而就，将是一个长期的探索历程与实践过程，需要扎实推进。相信该书的出版，可以帮助企业更好地理解众包创新模式的本质内涵，引领众包创新模式在我国的推广应用，拓展我国企业新时代背景下的创新视野，提振其自主创新能力。

中国管理科学学会副会长
清华大学经济管理学院苹果公司讲席教授

2023 年 6 月 20 日

前　　言

　　众包创新作为一种新型创新模式,是企业把传统上由内部员工执行的创新任务,基于互联网平台以自由开放的形式转交给外部网络大众来完成的商业模式。该模式已被实践证明是获取外部群体知识资源,解决创新难题的有效模式,越来越多的企业也开始建立不同的众包创新模型。但随着众包创新模式的实践应用,出现了大众持续参与意愿不强、知识持续贡献不足、众包创新绩效不高等现实问题。而对于国内企业来说,近年来也出现了一些第三方众包平台(如猪八戒网、任务中国、一品威客等)和企业自建的众包社区(如小米 MIUI、海尔 HOPE、美的美创、华为花粉等),但其应用上还处于信息处理和简单工作众包等初级范围,且主流企业参与不足,与国外创新领先企业倾力打造众包创新模式形成了强烈反差。其主要原因之一就是企业对众包创新模式的先进理念缺乏系统认识,应用上缺乏信心,急需理论引领。因此,如何从现实管理实践出发,结合众包创新商业模式的本质内涵,探索众包创新模式下大众的持续知识共享行为,并设计有效的管理机制以引导和激励大众持续参与高质量共享知识,进而提升众包创新绩效,成为目前亟须解决的关键问题。基于此,本书立足当前最新管理实践,借鉴本领域前沿研究文献,坚持问题导向与系统观念,聚焦探索众包创新模式下大众持续知识共享行为及管理机制相关问题。

　　第 1 章从众包创新的实践背景出发,分析了众包创新的当前研究现状及存在的问题,提出探索大众参与众包创新的持续知识共享行为及管理机制的理论意义和应用价值。在系统梳理众包创新模式、大众参与众包创新的动机、众包创新模式下的知识共享以及大众持续参与等相关文献的基础上,提出本书的研究思路、研究内容及研究方法。

　　第 2 章概述了本书涉及的相关基础理论,分析了众包模式的兴起原因、内涵及类型,从开放式创新、用户创新、价值共创、知识共享和关系营销等方面阐述了本书的理论基础。

　　第 3 章研究了众包创新模式的运行过程及大众持续知识共享的本质。通过分析众包创新模式的一般运行过程,提出众包创新作为一种新型创新模式,其本质是企业突破传统组织界限,通过获取与整合外部网络大众知识实现创新的商业模式。而大众持续知识共享的本质是大众参与众包创新的知识承诺。研究大众参与众包创新的持续知识共享行为及管理机制能抓住众包创新的本质,有助于发掘提升众包创新绩效的关键因素与实现途径。

第4章研究了众包创新模式下的大众角色识别及其异质性知识共享行为。众包创新组织形式松散、参与大众来源广泛且自由自愿,深入理解众包创新模式下大众的参与角色及其异质性参与行为,对探索大众的持续知识共享行为至关重要。以戴尔公司的众包创新平台 IdeaStorm 和小米 MIUI 众包创新社区为研究对象,通过构建众包创新模式下大众角色识别模型,结合层次聚类与 K-means 聚类的整合分析方法,发现这两个众包创新社区均存在多面手型、明星型、创新型、活跃型和边缘型等五种大众角色,进一步从关系行为和贡献行为两个维度对这些大众角色的知识共享行为特征开展比较分析,为众包创新模式下的大众持续知识共享管理机制设计提供决策支持。

第5章开展了众包创新模式下的大众持续知识共享行为影响因素扎根研究。考虑到众包创新属于一种新型商业模式,而扎根理论作为一种重要的归纳式研究方法,具有注重实践、强调归纳的优点,因此运用扎根理论研究大众持续知识共享行为的影响因素。从典型众包平台(猪八戒网、任务中国、一品威客和时间财富)进行理论抽样,通过分析开放式编码、主轴编码、选择性编码和理论饱和检验的具体实现过程,构建众包创新模式下大众持续知识共享行为影响因素的理论框架。

第6章探索了众包创新模式下大众互动对其持续知识共享行为的影响机制。结合社会网络分析方法(social network analysis,SNA),基于戴尔公司 IdeaStorm 众包创新平台相关数据,分析了大众参与众包创新的互动网络结构及其特征。以大众互动网络的中心度属性参数(出度中心度、入度中心度、中间中心度、入接近中心度和出接近中心度)测度众包创新模式下的大众互动行为,以大众提交的创意数-1、平台得分和获得的投票数表征大众的持续知识共享行为,运用实证分析方法探索了众包创新模式下大众互动对其持续知识共享行为的影响机制。

第7章研究了众包创新模式下的大众持续知识共享行为动态决策机制。考虑到创新任务的复杂性及知识的"黏性"等特征,需要引导和激励大众持续共享知识。设计有效的管理决策机制确保知识持续获取以完成创新任务显得十分必要。结合关系营销与知识共享理论，分析知识承诺的驱动因素，提取信任、感知价值满足水平、知识获取投入水平和机会主义倾向四个关键驱动因子，构建大众参与众包创新的持续知识共享动态决策模型。通过分析模型相关假设与约束设定，利用动态优化控制理论进行求解，并通过灵敏度分析探讨最优决策结果。

第8章探索了众包创新模式下大众的机会主义行为识别机制。为确保众包创新参与大众的高质量持续知识共享，需要对其机会主义行为进行识别。从众包创新管理实践出发，分析众包创新模式下参与大众的机会主义行为产生原因与主要表现，构建包括大众的综合知识能力、信誉水平和知识交易历史等三个维度的机会主义行为识别体系，提出基于 MIV（mean impact value，平均影响值）—BP（back propagation，反向传播）神经网络的大众机会主义行为识别方法。以国内著名众包平台——猪八戒网为例，开展实证研究，结果显示模式具有较强的可行性和有效性。

第9章研究了众包创新模式下考虑惩罚机制与声誉效应的大众机会主义行为治理机制。对大众机会主义行为开展有效治理，有助于打造良好的大众持续知识共享环境，进而提升众包创新绩效。通过分析众包创新模式的一般运作过程，构建众包创新平台与接包大众参与的机会主义行为治理演化博弈模型，分析惩罚机制和声誉效应对机会主义行为治理效果的影响，提出在众包创新模式下，需要充分整合设计强调契约治理的惩罚机制与强调关系治理的声誉机制，以实现对大众机会主义行为的有效抑制。

第10章总结本书的研究工作并给出未来需要进一步研究的相关问题。

上述研究对推动和完善现有众包创新理论、拓展众包创新绩效提升思路和引领众包创新模式的推广应用及众包平台（尤其是国内企业）的良好发展具有重要学术价值和实践意义。

本书为国家社科基金后期资助项目（19FGLB019）的成果。在本书的写作过程中，团队成员陈晓君、郭鑫鑫、曹乔怡、徐信辉、花锦彤、杭益、吴雪阳等在资料收集与整理、数据统计与分析、文稿修改与完善等方面做出了贡献。浙江大学出版社徐瑾编辑在文稿校正与排版等方面也做了大量工作，在此表示衷心感谢。

本人深信，通过阅读本书，读者将能深刻地了解众包创新模式的先进理念和相关研究领域中的一些前沿问题。同时，本书也有助于为企业开展成功的众包创新实践提供必要的参考与帮助。本书可作为工商管理类、管理科学与工程类专业的本科生、研究生及高校和研究机构的教学和研究参考用书,也可作为企业的中高层管理人员、营销创新人员以及有志于从事企业管理工作的人士用于学习和提升的工具书。

由于本人水平有限,再加上时间仓促,书中难免会存在疏漏、不当甚至错误之处,还请广大热心读者多提宝贵意见,不胜感激。

孟庆良

2022 年 6 月　于江苏镇江

目　　录

第1章 绪 论

1.1 提出问题

众包创新作为一种新型创新模式,是企业把传统上由内部员工执行的创新任务,以自由自愿的形式转交给外部网络大众来完成的商业模式。[①]该模式已被实践证明是获取外部网络群体知识资源的有效模式:宝洁公司借助众包创新平台 InnoCentive,把公司的外部创新比例由原来的 15% 提高到 50%,自身研发能力也提升了 60%;InnoCentive 自 2001 年创立以来,汇聚了 200 多个国家和地区、超过 36 万名问题解决者,破解了 2000 多项创新难题,奖励金额高达 4000 万美元;戴尔公司自建众包创新社区 IdeaStorm 以来,已提交 541 万多条创意,7 万多条得到具体实施;美国在线影片租赁公司 Netflix (奈飞)采用众包竞赛形式,通过设立 Netflix 大奖,将电影推荐系统算法设计任务众包给外部网络大众,经过长达 3 年的众包过程,共收到来自全球 186 个国家的 4 万多个团队提交作品,最终获胜者得到了 100 万美元的奖励,Netflix 也将现有系统推荐算法的准确率提高了 10%。[②]

可见,众包创新正深刻影响着当前企业的创新模式,越来越多的企业开始建立不同的众包创新模式。但众包创新作为一种新型创新模式,其相关研究还处于探索阶段,研究成果呈现碎片化状态。[③] 虽然众包创新实践取得一定效果,但创新质量亟待提升。[④] 对于国内企业来说,近年来也出现了一些众包创新平台,如猪八戒网、任务中国、一品威客、海尔 HOPE、美的美创等,但其应用还处于信息处理和简单任务众包等初级范围,与国外

---

① Howe J. The rise of crowdsourcing[J]. Wired Magazine,2006,14(6):1-4.

② Abernethy J D, Frongillo R M. A collaborative mechanism for crowdsourcing prediction problems[C]. Advances in Neural Information Processing Systems,2011:2600-2608.

③ 李晓华,张亚豪.个体如何参与企业的价值创造? 众包理论与实践研究评述[J].经济管理,2013(11):48-58.

④ Boudreau K J, Lakhani K R. Using the crowd as an innovation partner[J]. Harvard Business Review,2013,91(4):60-69,140.

创新领先企业倾力打造众包创新模式形成强烈反差。其主要原因是：企业对众包创新模式的先进理念缺乏系统认识，应用上缺乏信心；众包创新实践中大众持续参与不足、创新绩效未达预期。Bayus 对戴尔公司IdeaStorm 的研究发现，85％的大众仅提交一个方案后就不再参与，而且随着时间的推移，提交的方案数量明显减少[①]；Yang 等对国内众包平台的调查结果也显示，约 1/3 的大众在初始参与阶段就退出平台，89％的注册大众从未提交过创新方案[②]。而大众的持续参与对实现良好的众包创新绩效十分关键，大众持续参与意愿越高，将会投入越多的努力，所提交的创新任务解决方案质量也就越高。[③④]

考虑到众包创新作为一种新型创新模式，其本质是企业突破传统组织界限，通过获取与整合外部网络知识解决创新难题的一种商业模式。[⑤] 在众包创新模式下，由于创新任务的复杂性及知识的"黏性"等特征，需要引导和激励大众持续进行知识共享，以产生高质量的创新解决方案。因此，探索众包创新模式下大众的持续知识共享行为及其管理机制显得尤为必要，而当前文献缺乏系统关注：现有文献要么从大众视角探索其参与动机或意愿[⑥⑦⑧⑨⑩]，要么

---

① Bayus B L. Crowdsourcing new product ideas over time：An analysis of the Dell IdeaStorm community[J]. Management Science,2013,59(1):226-244.

② Yang J, Adamic L A, Ackerman M S. Crowdsourcing and knowledge sharing：Strategic user behavior on taskcn[C]. Proceedings of the 9th ACM Conference on Electronic Commerce：ACM, 2008:246-255.

③ Aris H. Sustainable solvers participation in non-profit mobile crowdsourcing initiatives：A review of successful applications[C]. Research and Development (SCOReD),2015 IEEE Student Conference on：IEEE,2015:659-664.

④ Soliman W, Tuunainen V K. Understanding continued use of crowdsourcing systems：An interpretive study[J]. Journal of Theoretical and Applied Electronic Commerce Research,2015,10 (1):1-18.

⑤ 孟庆良,蒋旋.双边视角下众包创新知识获取机制：一个概念模型[J].科技管理研究, 2017,37(4):171-175.

⑥ Frey K,Lüthje C,Haag S. Whom should firms attract to open innovation platforms? The role of knowledge diversity and motivation[J]. Long Range Planning,2011,44(5):397-420.

⑦ Roberts J A, Hann I-H, Slaughter S A. Understanding the motivations, participation, and performance of open source software developers：A longitudinal study of the Apache projects[J]. Management Science,2006,52(7):984-999.

⑧ Sun Y,Fang Y,Lim K H. Understanding sustained participation in transactional virtual communities[J]. Decision Support Systems,2012,53(1):12-22.

⑨ Gassenheimer J B, Siguaw J A, Hunter G L. Exploring motivations and the capacity for business crowdsourcing[J]. AMS Review,2013,3(4):205-216.

⑩ 冯小亮,黄敏学.众包模式中问题解决者参与动机机制研究[J].商业经济与管理,2013,1 (4):25-35.

从企业视角分析众包创新绩效的影响因素及运作模式[①][②]，很少从双边视角探索大众的持续知识共享行为及管理机制等相关问题。众包创新模式具有组织形式开放松散、创新任务复杂多样、创新目的性强、参与者自由自愿、参与过程不确定性强及难以控制等显著特征，开展众包创新模式下大众的持续知识共享行为与管理机制相关研究具有一定的前瞻性和可探索性。

（1）有助于推动和完善现有众包创新相关理论。当前经济时代的特征之一是不同知识间的不断融合，善于整合内外部知识的企业将拥有更多的创新机会。众包创新作为企业获取和整合外部网络大众知识的有效方式，在实践界和理论界得到广泛关注。但相关研究刚刚起步，亟须从不同视角开展系统化探索。从最新众包创新实践出发，探索众包创新模式下的大众持续知识共享行为及管理机制，有助于推动和完善本领域相关理论。

（2）为提升众包创新绩效提供新的理论与实践逻辑。当前大多数相关文献的研究思路是通过系统分析大众参与众包创新的多样化动机，采取有效的激励策略以吸引与引导更多大众参与，进而提升众包创新绩效。但众包创新的组织模式自由开放、参与者自由自愿、知识互动程度高的典型情景决定了其管理机制会呈现复杂机理。立足于众包创新模式的本质是外部网络大众知识的有效获取和运用这一论断，结合众包创新具体实践，系统分析众包创新模式下大众持续知识共享行为的关键影响因素，构建大众参与众包创新的持续知识共享管理机制，无疑为破解众包创新实践困境、提升众包创新绩效提供一条新的逻辑思路。

（3）有利于引领众包创新模式的推广应用以及众包平台（尤其是国内企业）的健康发展。从国内企业实践来看，众包应用范围有限，创新任务较为简单，且主流企业参与不足，众包创新的理论研究严重滞后于实践发展。因此，有必要结合中国企业管理情景，深入开展众包创新理论和实践的相关研究，以引领众包创新模式在我国的推广应用以及众包平台的良好发展，拓展我国企业在新时代背景下的创新视野，提振其自主创新能力。

---

① Frey K, Lüthje C, Haag S. Whom should firms attract to open innovation platforms? The role of knowledge diversity and motivation[J]. Long Range Planning, 2011, 44(5): 397-420.

② Schenk E, Guittard C. Towards a characterization of crowdsourcing practices[J]. Journal of Innovation Economics & Management, 2011(1): 93-107.

1.2 相关文献综述

为了全面把握"众包创新"(crowdsourcing innovation)的研究趋势,首先从整体视角利用知识图谱系统回顾众包创新的研究全貌,明晰其当前研究热点,然后根据本书的具体研究内容,进一步聚焦分析与研究内容紧密相关的主题的研究动态,主要包括大众参与众包创新的动机、众包创新模式下的知识共享和众包创新模式下大众持续参与等,进一步明确亟须解决的关键研究问题。

1.2.1 众包创新研究的知识图谱分析

1.2.1.1 数据来源

选取国外 Web of Science(WoS)数据库和国内中国知网(CNKI)数据库作为数据来源,数据检索条件如表 1-1 所示。获得初步检索结果后,对文献进行筛选和整理,在剔除与研究主题不相关、重复采集及文献信息缺失的数据后,最终获取 2745 篇文献,其中包括 2503 篇外文文献和 242 篇中文文献。

表 1-1 数据获取的检索条件

检索科目	英文文献检索	中文文献检索
数据库	WoS 数据库	CNKI 数据库
检索式	TS = [(crowdsourc * or witkey) and innovat *) OR (crowdsourc * contest) OR (network or online) and innovat * compet *) OR (research crowdsourc *)]	主题="众包/威客"+"创新"或"众包竞赛"或"创新竞赛"或"众包社区"
文献类型	Article	论文
时间跨度	2006—2022 年	2006—2022 年
检索结果	5974 篇	520 篇
筛选结果	2503 篇	242 篇

1.2.1.2 研究方法及研究过程

主要采用文献计量分析方法开展相关研究。CiteSpace 是文献计量分析常用软件,它能够针对某一研究领域的发展规律、知识结构等信息进行可视化分析,有助于快速掌握本领域的整体研究状况、当前研究热点和未来研

究趋势。① 考虑到 CiteSpace 对中文文献分析的不足,进一步结合 UCINET
对中文文献开展分析。② 具体研究过程为:在获取文献的基础上,首先根据
发文时间和发文期刊的分布进行文献基本情况分析,综合运用 CiteSpace
V、VOSviewer 和 UCINET 6.0 软件来识别文献的核心作者和重要文献,并
从关键词聚类分析、关键词共现分析、研究热点演进脉络分析三个方面对研究
主题及其发展脉络进行可视化分析,以发现众包创新的研究热点与演化路径,
如图 1-1 所示。

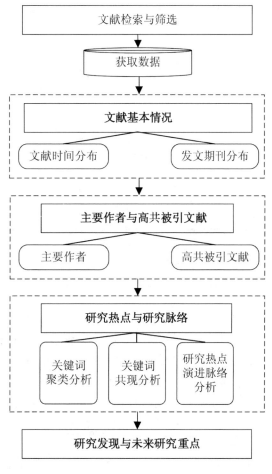

图 1-1 研究过程

① Chen C. CiteSpace Ⅱ: Detecting and visualizing emerging trends and transient patterns in scientific literature[J]. Journal of the American Society for Information Science and Technology, 2006,57(3):359-377.
② 刘军. 整体网分析:UCINET 软件实用指南[M]. 2 版. 上海:格致出版社,上海人民出版社, 2014.

1.2.1.3 文献基本情况

(1)文献时间分布

图 1-2 显示了众包创新领域相关文献的时间分布情况。可以看出,自杰夫·豪(Jeff Howe)于 2006 年首次提出"众包"(crowdsourcing)概念后,该概念便得到广泛关注,WoS 数据库中收录的文献数首年便突破两位数。此后,相关文献的年发布数量总体呈稳步增长的趋势,在 2018—2021 年文献发布数量呈爆发式增长态势。与国外学者持续聚焦众包创新领域不同,中国学者对该领域的关注度还不太高,每年发文量的变化波动较小。

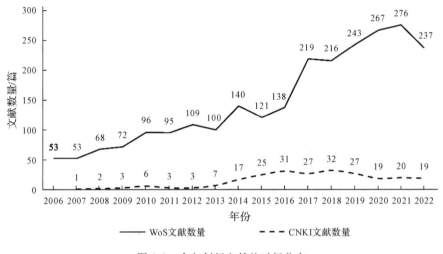

图 1-2 众包创新文献的时间分布

(2)发文期刊分布

表 1-2 列出了国内外众包创新研究主题发文较多的学术期刊(发文量排名前五)。可以看出,国外众包创新相关研究较多发表在 *Industrial Marketing Management* 和 *Research Policy* 等期刊上;而国内众包创新相关研究在《科技进步与对策》《科技管理研究》《中国科技论坛》等期刊上发文较多。

表 1-2 众包创新相关研究文献的期刊分布

序号	国外期刊	发文数/篇	国内期刊	发文数/篇
1	*Industrial Marketing Management*	114	科技进步与对策	24
2	*Research Policy*	86	科技管理研究	16
3	*Technology Analysis & Strategic Management*	69	中国科技论坛	12

序号	国外期刊	发文数/篇	国内期刊	发文数/篇
4	*Journal of Knowledge Management*	64	科研管理	9
5	*Technovation*	63	图书情报工作	7

1.2.1.4　主要作者与重要文献

（1）主要作者

通过识别发文较多的主要学者，可以进一步发现这些学者关注的研究领域，从而可为本领域后续深入研究提供参考。一般运用普莱斯定律（law of Price）识别核心作者，即 $N = 0.749 \sqrt{\max}$，其中 max 表示发文量最多学者的发文数。[①] 结合该判断标准和具体检索结果，国内外众包创新相关研究发文量排名前十位的主要学者如表 1-3 所示。

表 1-3　国内外研究众包创新的主要学者

序号	WoS 数据库		CNKI 数据库	
	国外主要学者	发文量/篇	国内主要学者	发文量/篇
1	Hutter K.	12	孟庆良	8
2	Majchrzak A.	12	侯文华	7
3	Ferreira J.	12	赵宇翔	6
4	Gnyawali D. R.	11	黎继子	5
5	Füller J.	11	夏恩君	5
6	Leroy F.	10	郝琳娜	5
7	Ritala P.	10	朱宾欣	5
8	Malhotra A.	8	李元旭	5
9	Parida V.	8	马志强	5
10	Petruzzelli A. M.	8	庞建刚	4

（2）重要文献识别

通过文献共被引分析可以识别出重要文献。文献的共被引分析是以单个文献为分析基本单位，以文献的引用建立文献之间的被引关系，通过相关文献同时引用某一文献的频率来分析文献之间的交叉性，描绘文献网络中

---

① Price D J S. Little science, big science[M]. New York: Columbia University Press, 1963.

的内在联系和引用网络特征,以揭示文献间的相互关系及重要研究主题。

将检索到的 2503 篇外文文献的相关数据导入 VOSviewer 绘制 WoS 数据库文献共被引网络图,如图 1-3 所示,此时阈值设置为 10(阈值为共被引文献最少被引用次数)。WoS 数据库中重要文献前十如表 1-4 所示。

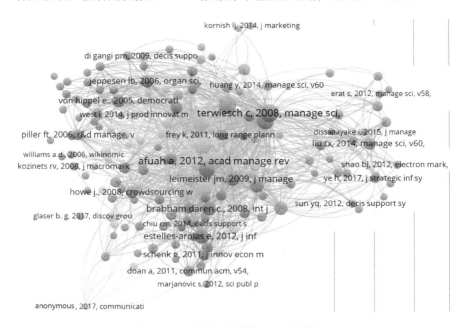

图 1-3　文献共被引网络(WoS 数据库)

表 1-4　WoS 数据库重要文献前十

序号	题名	发表期刊	作者	共被引频次	被引频次
1	Innovation contests, open innovation, and multiagent problem solving	*Management Science*	Terwiesch 等 (2008)	110	1136
2	Crowdsourcing as a solution to distant search	*Academy of Management Review*	Afuah 等 (2010)	102	1436
3	Crowdsourcing new product ideas over time: An analysis of the Dell IdeaStorm community	*Management Science*	Bayus(2013)	98	1066
4	Marginality and problem-solving effectiveness in broadcast search	*Organization Science*	Jeppesen 等 (2010)	96	1376
5	Competitive crowding and risk taking in a tournament: Evidence from NASCAR racing	*Administrative Science Quarterly*	Boudreau 等 (2011)	89	193

续　表

序号	题名	发表期刊	作者	共被引频次	被引频次
6	The value of crowdsourcing: Can users really compete with professionals in generating new product ideas?	*Journal of Product Innovation Management*	Poetz 等 (2012)	86	1549
7	The rise of crowdsourcing	*Wired Magazine*	Howe(2006)	80	7572
8	Towards an integrated crowdsourcing definition	*Journal of Information Science*	Estellesarolas (2012)	61	2451
9	Leveraging crowdsourcing: Activation-supporting components for IT-based ideas competition	*Journal of Management Information Systems*	Leimeister 等 (2009)	57	1099
10	Crowdsourcing as a model for problem solving: An introduction and cases	*Convergence*	Brabham 等 (2008)	55	3241

　　Howe 首次提出了"众包"的概念,并就众包模式的典型运用问题进行了分析,成为后来众包模式相关研究的基础文献。[1] 表 1-4 中文献 2、4、8、10 号分别对众包创新的概念进行了梳理与归纳,并对众包创新模式的基础理论进行了探索性研究:Brabham 等[2]和 Estelles 等[3]通过多案例分析,提取了现有众包定义的共同元素,在此基础上对众包的本质内涵做出更为详尽的界定;Afuah 等[4]指出众包创新模式可以通过缩短知识搜索距离提高问题解决的效率,但众包创新模式并不能解决公司所有的创新难题,进而归纳出适用于众包创新模式以解决创新问题的典型特征;Jeppesen 等[5]通过对 166 个科学挑战的数据分析,指出技术和社会边际性是众包创新模式下解决创新问题的关键因素,而引入市场机制能改善利用外部知识源解决创新难题的效果。

---

[1]　Howe J. The rise of crowdsourcing[J]. Wired Magazine,2006,14(6):1-4.

[2]　Estellés-Arolas Enrique, González-Ladrón-de-Guevara Fernando. Towards an integrated crowdsourcing definition[J]. Journal of Information Science,2012,38(2):189-200.

[3]　Brabham D C. Moving the crowd at iStockphoto: The composition of the crowd and motivations for participation in a crowdsourcing application[J]. First Monday,2008,13(6):236-238.

[4]　Afuah A, Tucci, C. L. Crowdsourcing as a solution to distant search[J]. Academy of Management Review,2012,37(3):355-375.

[5]　Jeppesen Lars Bo, Lakhani Karim R. Marginality and problem-solving effectiveness in broadcast search[J]. Organization Science,2010,21(5):1016-1033.

国外众包创新相关研究中的最高共被引文献为 Terwiesch 等的研究(表 1-4 中的第 1 号文献)。该研究聚焦于众包创新过程中发包方与接包方的相互作用,指出相较于固定价格奖励,绩效奖励模式能提高接包方的众包创新绩效。

第 6 号文献的研究表明,在新产品开发过程中,众包模式可以有效收集外部大众的创意,从而提高公司创新绩效。[①] 第 2、5、9 号文献从不同视角探讨了用户参与众包创新行为的相关问题:Bayus[②] 以戴尔公司 IdeaStorm 社区为例,分析了承诺、社区评论等因素对大众参与行为的影响;Bothner 等[③]和 Leimeister 等[④]主要从众包创新的竞争强度、用户激励、用户动机等维度对接包方参与行为进行了探索性研究。

将 CNKI 数据库检索的 242 篇众包创新相关文献进行编号并获取其互引关系,去除孤立文献后得到一个 181×181 的二值文献共被引矩阵,并通过 UCINET 6.0 绘制文献共被引网络图,如图 1-4 所示。在文献共被引网

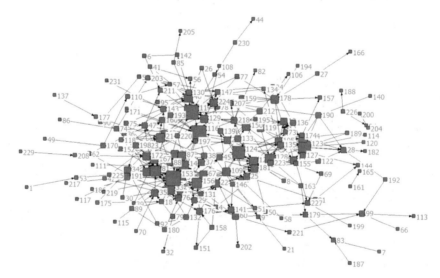

图 1-4　文献共被引网络(CNKI 数据库)

① Poetz M K, Schreier M. The value of crowdsourcing: Can users really compete with professionals in generating new product ideas? [J]. Journal of Product Innovation Management, 2012,29(2):245-256.

② Bayus B L. Crowdsourcing new product ideas over time: An analysis of the Dell IdeaStorm community[J]. Management Science,2013,59(1):226-244.

③ Bothner M S,Kang J-h,Stuart T E. Competitive crowding and risk taking in a tournament: Evidence from NASCAR racing[J]. Administrative Science Quarterly,2007,52(2):208-247.

④ Marco L J, Michael H, Ulrich B, et al. Leveraging crowdsourcing: Activation-supporting components for IT-based ideas competition[J]. Journal of Management Information Systems,2009, 26(1):197-224.

络中,每一个节点代表一篇文献,节点的大小取决于文献在共被引网络中点
度中心度的大小,节点之间的连线代表两篇文献之间存在引用关系。CNKI
数据库中重要文献前十如表 1-5 所示。国内高共被引文献主要聚焦研究以
下主题。

表 1-5　CNKI 数据库重要文献前十

编号	题名	发表期刊	作者	共被引频次	被引频次
116	面向创新的网络众包模式特征及实现路径研究	科学学研究	叶伟巍等（2012）	20	121
153	基于威客模式的众包参与行为影响因素研究	中国软科学	孟韬等（2014）	19	134
11	众包问题研究综述	科技进步与对策	张利斌等（2012）	14	224
81	网络众包模式的协同自组织创新效应分析	科研管理	王姝等（2014）	12	84
46	众包的理念以及我国企业众包商业模式设计	技术经济与管理研究	魏拴成（2010）	10	152
126	科研众包对中国科研活动的影响	中国科技论坛	张九庆（2015）	10	33
80	网上创新竞争中解答者对发布者的信任问题研究	管理学报	郑海超等（2011）	9	46
156	基于网络社区的创新竞赛绩效影响因素研究	科研管理	王丽伟等（2014）	9	46
22	众包模式中面向创新任务的知识型人才选择	系统管理学报	吕英杰等（2013）	8	53
123	科研众包视角下公众科学项目刍议:概念解析、模式探索及学科机遇	中国图书馆学报	赵宇翔（2017）	8	55

表 1-5 中第 46、11 号文献从开放式创新、民主化创新等理论出发,探索众包创新的概念及内涵:魏拴成①从市场需求条件、所需人力资源供给基础、企业应对市场挑战和互联网提供的有效沟通渠道等四个维度剖析众包模式产生的内在机理;张利斌等②基于民主化创新理论,深入探讨了众包的定义与内在特性。

第 116、81 号文献围绕众包创新的运行模式进行探索:叶伟巍等③选取典型网络化众包案例,从创新目标、过程与动机等角度,对合作型与竞争型众包创新模式的运行特征进行梳理;王姝等④引入 RPV 模型(resource, process, value)系统探究了网络众包模式中互补共生的运营方式与基于知识服务的协同自组织过程。

第 80、156、22、153 号文献围绕任务设置、参与主体信任水平、用户参与行为、任务匹配机制等对众包创新绩效的影响开展了探索:郑海超等⑤基于信任理论构建了解答者对发布者的信任模型,通过大样本实证发现,网络平台自身的信誉水平与解答者满意度为驱动信任的主要因素;王丽伟等⑥采用多元调节回归方法对任务中国的 524 项创新竞赛数据进行实证分析,发现高奖励金额可吸引大众参赛,而任务描述冗长会降低竞赛绩效;吕英杰等⑦从任务匹配视角出发,构建了面向众包任务的知识型人才筛选机制;孟韬等⑧结合技术接受模型,探索了预期收益、努力期望、信任和促进条件等因素对大众参与行为的作用机理,发现预期收益和信任能起到有效激励作用。

科研众包(scientific crowdsourcing)作为当代科研活动的一种新方式,它通过互联网聚集全球科研人员的智慧,开展协作研究,共同解决科研难

① 魏拴成.众包的理念以及我国企业众包商业模式设计[J].技术经济与管理研究,2010(1):36-39.
② 张利斌,钟复平,涂慧.众包问题研究综述[J].科技进步与对策,2012,29(6):154-160.
③ 叶伟巍,朱凌.面向创新的网络众包模式特征及实现路径研究[J].科学学研究,2012,30(1):145-151.
④ 王姝,陈劲,梁靓.网络众包模式的协同自组织创新效应分析[J].科研管理,2014,35(4):26-33.
⑤ 郑海超,侯文华.网上创新竞争中解答者对发布者的信任问题研究[J].管理学报,2011,8(2):233-240.
⑥ 王丽伟,田剑,刘德文.基于网络社区的创新竞赛绩效影响因素研究[J].科研管理,2014,35(2):17-24.
⑦ 吕英杰,张朋柱,刘景方.众包模式中面向创新任务的知识型人才选择[J].系统管理学报,2013,22(1):60-66.
⑧ 孟韬,张媛,董大海.基于威客模式的众包参与行为影响因素研究[J].中国软科学,2014(12):112-123.

题,其本质是众包创新在科研领域的拓展应用。第 123、126 号文献进行了相关探索:赵宇翔①基于科研众包类型和公众科学开展环境两个维度将科研众包划分为六类,基于"机构观"思想引入第三方组织机构,提出公众科学项目的运作重构模式;张九庆②系统诠释了现阶段科研众包的发展态势,将科研众包平台划分为科技型企业交流平台、科研社交众包平台、退休专业人士构成的众包平台、科学实验外包社区、慈善基金会或政府众包平台六类。

1.2.1.5 关键词聚类分析

利用 VOSviewer 软件对相关文献的关键词进行聚类分析,可以发掘众包创新的研究热点,图 1-5 和图 1-6 显示了 WoS 数据库与 CNKI 数据库文献的相关聚类结果。

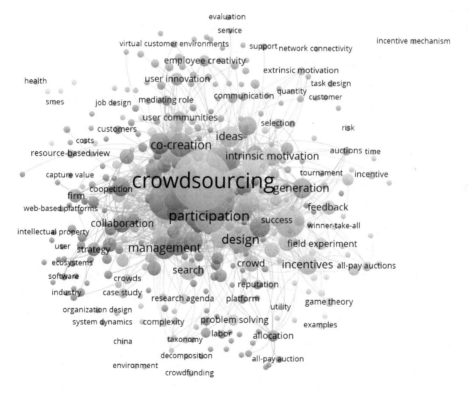

图 1-5 众包创新研究关键词共现聚类图谱(WoS 数据库)

---

① 赵宇翔.科研众包视角下公众科学项目刍议:概念解析、模式探索及学科机遇[J].中国图书馆学报,2017,43(5):42-56.
② 张九庆.科研众包对中国科研活动的影响[J].中国科技论坛,2015(3):1.

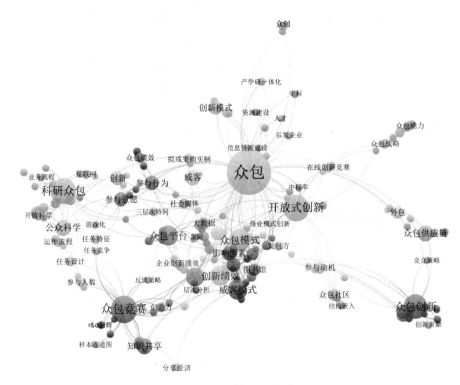

图 1-6 众包创新研究关键词共现聚类图谱(CNKI 数据库)

通过对文献的关键词聚类分析,可以发现当前众包创新的研究热点主要集中于众包创新的理念与运作模式、众包创新的应用与拓展、众包创新的系统治理三个研究领域,如图 1-7 所示。

(1)众包创新的理念与运作模式

该领域的关键词以众包(crowdsourcing)为核心主题,包括众包模式(crowdsourcing model,crowdsourcing mode,public packet mode 等)、开放式创新(open innovation,opening innovation)、集体智慧(collective intelligence,collective wisdom 等)、商业模式(Business model)等关键词,阐述了什么是众包创新以及如何运作的核心内涵,探索了众包创新模式的理论逻辑。具体而言,主要涉及三个方面:对众包创新内涵的诠释,众包创新模式的探索,与开放式创新、用户创新、众创等相近模式的比较分析。

(2)众包创新的应用与拓展

该领域主要涉及众包竞赛(crowdsourcing contest,crowdsourcing competition,innovation contest 等)、科研众包(science sourcing,research crowdsourcing)、设计众包(design crowdsourcing)、众包供应链(crowdsourcing supply chain)、众包社区(crowdsourcing community)等关键词,探索了众包

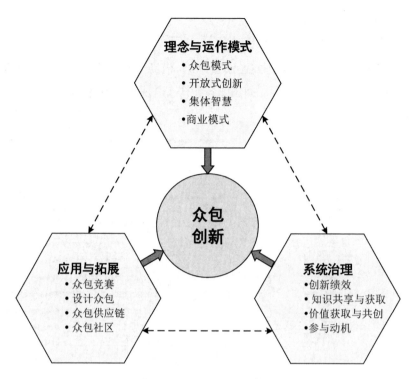

图 1-7　众包创新研究体系

创新模式的具体实践运用问题,聚焦众包创新的应用范围。具体而言,主要
包括:结合企业具体实践,明晰众包模式的主要类型、运行过程及运行主体;
基于众包创新模式探索外部大众创意的获取模式、流程以及媒介;众包创新
不同应用范围及其运营模式,主要包括众包供应链、基于威客模式的公众治
理、设计众包等。

　　(3)众包创新的系统治理

　　该领域主要涉及创新绩效(innovation performance,creative performance
等)、知识共享与获取(knowledge sharing,knowledge acquisition,knowledge
discovery,knowledge obtaining 等)、价值获取与共创(capture value,value co-
creation 等)、参与动机(participation motivation)等关键词,明晰众包创新
模式的知识获取与应用、创意形成与实施以及从多维度探讨提升众包创新
绩效的相关治理策略。具体而言,包括三个研究主题:利用新兴信息技术
(如社交网络技术、移动网络技术等),丰富众包创新信息系统功能,探索新
型推荐算法,实现众包创新任务的智能推荐;聚焦众包创新商业模式的选
择、大众与企业的战略对话模式、企业众包创新生态系统的构建等;探讨众
包创新绩效的影响因素、众包创新的价值共创机理、众包创新模式下的大众

参与动机和激励等。

1.2.1.6 关键词共现分析

为分析众包创新相关研究的演进脉络,借助 CiteSpace V 时区视图功能对关键词进行共现分析,形成如图 1-8 和图 1-9 所示的众包创新关键词共现图谱。

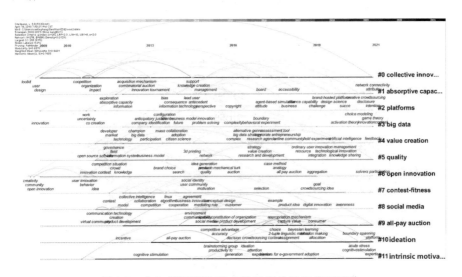

图 1-8　众包创新研究 WoS 数据库关键词共现图谱

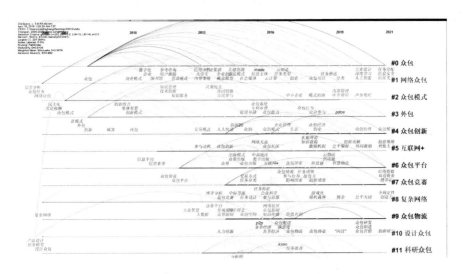

图 1-9　众包创新研究 CNKI 数据库关键词共现图谱

图 1-8 和图 1-9 分别展示了 WoS 数据库和 CNKI 数据库文献中最大的 12 个关键词聚类,关键词共现图谱的显示结果与上述关键词聚类结果比较

一致：(1)众包创新理论的研究，主要包括关键词聚类"众包""众包模式""众包创新""外包""collective innovation""value creation""open innovation"等；(2)众包创新的拓展应用研究，主要包括关键词聚类"网络众包""互联网＋""众包平台""众包竞赛""platforms""all-pay auction""科研众包""众包物流"和"设计众包"等；(3)众包创新的治理研究，主要包括聚类"复杂网络""big data""social media""absorptive capacity""intrinsic motivation""ideation""contest-fitness"等。

1.2.1.7 研究热点演进脉络分析

为进一步发现国内外众包创新相关研究热点的演变趋势，对众包创新研究文献进行突显词分析。表 1-6 为 2006—2022 年国外众包创新相关研究文献中突显强度排名前 15 的关键词。表 1-7 为 2007—2021 年国内众包创新相关研究文献中突显张度排名前 15 的关键词。

表 1-6　WoS 数据库中国外众包创新相关研究的突显词分析

关键词	年份	突显强度	开始年份	结束年份	2006—2022 年
strategic alliance	2006	8.68	2006	2010	
compatibility	2006	5.64	2006	2011	
spillover	2006	4.92	2006	2012	
product	2006	5.07	2008	2013	
open source software	2006	5.7	2011	2014	
knowledge transfer	2006	4.7	2013	2015	
creation	2006	4.98	2015	2017	
community	2006	4.86	2015	2017	
radical innovation	2006	4.55	2015	2017	
participation	2006	7.22	2016	2018	
creativity	2006	5.35	2017	2018	

续　表

关键词	年份	突显强度	开始年份	结束年份	2006—2022 年
entrepreneurial orientation	2006	5.9	2018	2019	
value creation	2006	5.7	2018	2019	
business model	2006	5.34	2018	2022	
supply chain	2006	4.88	2018	2022	

表 1-7　CNKI 数据库中国内众包创新相关研究的突显词分析

关键词	年份	突显强度	开始年份	结束年份	2007—2021 年
设计众包	2007	6.11	2007	2012	
众包翻译	2007	9.1	2011	2014	
大数据	2007	2.67	2013	2015	
复杂网络	2007	1.52	2014	2016	
双边匹配	2007	1.76	2015	2016	
影响因素	2007	2.1	2015	2016	
众包商业	2007	1.48	2015	2017	
众包模式	2007	1.98	2017	2018	
科研众包	2007	1.66	2017	2018	
互联网	2007	1.58	2017	2018	
公众参与	2007	2.93	2019	2021	
众包供应链	2007	2.27	2019	2021	
众包竞赛	2007	1.94	2019	2021	
众包社区	2007	1.87	2019	2021	

通过对关键词突显的时间顺序以及对代表性文献的梳理可以发现,国内外众包创新研究的展开路径具有较强的一致性,演进脉络可划分为三个阶段:众包创新的兴起及初级应用阶段(2006—2014)、众包创新绩效的影响因素及提升阶段(2013—2017)、众包创新模式的深层次应用及治理阶段(2015 年至今)。

(1)第 Ⅰ 阶段(2006—2014):众包创新模式的兴起及初级应用

自 Howe[1] 提出众包概念后,作为面向创新任务解决的众包模式,众包创新受到重点关注。在第 Ⅰ 阶段,众包创新相关研究以理念分析与理论探索为主,重点围绕众包创新的内涵、具体分类和典型特征展开相关研究[2][3][4][5],并探索众包创新模式在不同行业的相关应用,如众包翻译[6]、众包出版[7]、图书馆管理[8][9]等。该阶段对众包创新的本质内涵、兴起原因及应用场景等内容的系统化探索,为后续开展众包创新绩效提升的相关研究奠定了理念基础。

(2)第 Ⅱ 阶段(2013—2017):众包创新绩效的影响因素及提升

随着互联网技术的发展,大众参与众包创新的渠道愈发多样化,参与的便捷性不断提升。众包创新的先进理念得到普遍认可,众包创新的应用范围也愈发扩大。在该阶段,出现越来越多聚焦关注影响众包创新绩效的关键因素以及如何提升等问题的文献。结合文献梳理以及前文关键词共现聚类分析结果可以发现,该阶段的研究文献可分为战略[10][11]、

① Howe J. The rise of crowdsourcing[J]. Wired Magazine,2006,14(6):1-4.
② Afuah A,Tucci C L. Crowdsourcing as a solution to distant search[J]. Academy of Management Review,2012,37(3):355-375.
③ Brabham D C. Moving the crowd at iStockphoto:The composition of the crowd and motivations for participation in a crowdsourcing application[J]. First Monday,2008,13(6):236-238.
④ Jeppesen L B,Frederiksen L. Why do users contribute to firm-hosted user communities? The case of computer-controlled music instruments[J]. Organization Science,2006,17(1):45-63.
⑤ Le Q,Panchal J H. Modeling the effect of product architecture on mass-collaborative processes[J]. Journal of Computing and Information Science in Engineering,2011,11(1):1-12.
⑥ 陆艳.众包翻译模式研究[J].上海翻译,2012(3):74-78.
⑦ 袁甜阳子,沈阳.众包出版:新兴出版模式探析[J].科技与出版,2015(12):72-76.
⑧ 马杰,陈晨.众包模式在图书馆管理与服务中的应用[J].图书情报工作,2013,57(S2):118-120.
⑨ 孙娇.基于众包的图书馆服务创新研究[J].四川图书馆学报,2013(5):43-45.
⑩ Ghezzi A,Gabelloni D,Martini A,et al. Crowdsourcing:A review and suggestions for future research[J]. International Journal of Management Reviews,2017(20):343-363.
⑪ Djelassi S,Decoopman I. Customers' participation in product development through crowdsourcing:Issues and implications[J]. Industrial Marketing Management,2013,42(5):683-692.

创新①②、过程③④、组织⑤⑥和信息系统⑦⑧等五个研究视角。战略视角强调不同的商业场景、不同的创新任务特征和不同的企业环境,均会对创新绩效产生影响,应选择不同的众包创新模式;创新视角重点关注面向复杂创新难题的创新竞赛应用广泛,但实际效果与预期存在差距,需要深入探究参与主体的参与动机、激励机制与竞合运作机制等,以提升竞赛绩效;过程视角主要从众包创新运作的生命周期视角,探索众包创新模式的输入、过程及输出问题;组织视角主要关注面向开放创新的组织设计问题;信息系统视角的相关研究十分丰富,主要聚焦于新兴信息技术(社交网络技术、大数据、区块链等)在众包创新的应用以及众包创新平台的匹配推荐技术等。

(3)第Ⅲ阶段(2015 年至今):众包创新模式的深层次应用及治理

随着众包创新理论研究的日益丰富,企业众包创新的实践成果也日益突显。越来越多的主流企业开始探索众包创新模式的深度推广。在该阶段,相关研究视角得到进一步拓展,新型商业模式与众包创新的结合愈发广泛,其内在机制也得到进一步挖掘,如众包供应链⑨、科研众包⑩等。同时,不再简单聚焦创新绩效的提升,更加倾向于结合自身知识基础与企业战略,

① Kosonen M, Gan C, Olander H, et al. My idea is our idea! Supporting user-driven innovation activities in crowdsourcing communities[J]. International Journal of Innovation Management, 2013, 17(03):1340010-11340010-18.

② Kosonen M, Gan C, Vanhala M, et al. User motivation and knowledge sharing in idea crowdsourcing[J]. International Journal of Innovation Management, 2014, 18(5):1450031-1-1450031-23.

③ Marjanovic S, Fry C, Chataway J. Crowdsourcing based business models: In search of evidence for innovation 2.0[J]. Science & Public Policy, 2012, 39(3):318-332.

④ Nassar L, Karray F. Overview of the crowdsourcing process[J]. Knowledge and Information Systems, 2019, 60:1-24.

⑤ Foss N J, Laursen K, Pedersen T. Linking customer interaction and innovation: The mediating role of new organizational practices[M]. INFORMS, 2011.

⑥ Zhao Y, Zhu Q. Evaluation on crowdsourcing research: Current status and future direction[J]. Information Systems Frontiers, 2014, 16(3):417-434.

⑦ Geiger D, Schader M. Personalized task recommendation in crowdsourcing information systems—Current state of the art[J]. Decision Support Systems, 2014, 65(c):3-16.

⑧ Majchrzak A, Malhotra A. Towards an information systems perspective and research agenda on crowdsourcing for innovation[J]. Journal of Strategic Information Systems, 2013, 22(4):257-268.

⑨ 黎继子,库瑶瑶,刘春玲,等.众包与供应链耦合:众包供应链演化与驱动模式[J].科研管理,2020,41(7):42-49.

⑩ 卫垌圻,姜涛,陶斯宇,等.科研众包:科研合作的新模式[J].科学管理研究,2015,33(2):16-19.

平衡创新的开放与自主①、知识产权的独占与共享②、众包创新模式的契约与关系治理的整合③等,力求实现企业自主创新能力的提升和竞争优势的持续获取。

1.2.2 众包创新模式下的大众参与动机相关研究

众包创新组织形式开放,参与者自由自愿,需要引导大众积极参与,故了解其参与动机是基础。一些学者通过对开源软件、维基百科及一些众包网站的实证分析,提出外在动机(奖金报酬、对事业有益、成就感等)和内在动机(喜好、乐趣、学习等)是主要动机,而且有时内外动机相互排斥,存在挤出效应。④⑤ Kleemann 等⑥总结前人对开源社区参与动机的相关研究,认为参与者主要受到奖金激励、学习新知识和获得与职业相关的技能等外部动机的影响,同时也受到享乐主义与目标达成后满意度的影响。Brabham⑦通过对 Istockphoto 众包社区的实证研究,发现大众的参与动机主要受到金钱奖励的影响。此外,虚拟社区的认知感、娱乐性及学习技能等也构成了大众的参与动机。Frey 等⑧结合 Atizo 众包创新平台开展实证分析,发现奖金报酬、内在享受动机与创新质量均显著正相关。叶伟巍等⑨则提出大众

① J. Nils Foege, Ghita Dragsdahl Lauritzen, Frank Tietze, et al. Reconceptualizing the paradox of openness: How solvers navigate sharing-protecting tensions in crowdsourcing[J]. Research Policy, 2019, 48(6): 1323-1339.

② Mazzola E, Acur N, Piazza M, et al. To own or not to own? A study on the determinants and consequences of alternative intellectual property rights arrangements in crowdsourcing for innovation contests[J]. Journal of Product Innovation Management, 2018, 35(6): 908-929.

③ Li Y, Zhao L. Collaborating with bounty hunters: how to encourage white hat hackers' participation in vulnerability crowdsourcing programs through formal and relational governance[J]. Information & management, 2022(4): 59.

④ Frey K, Lüthje C, Haag S. Whom should firms attract to open innovation platforms? The role of knowledge diversity and motivation[J]. Long Range Planning, 2011, 44(5): 397-420.

⑤ Liang H, Wang M M, Wang J J, et al. How intrinsic motivation and extrinsic incentives affect task effort in crowdsourcing contests: A mediated moderation model[J]. Computers in Human behavior, 2018, 81: 168-176.

⑥ Kleemann F, Voß G, Rieder K M. Un(der)paid innovators: The commercial utilization of consumer work through crowdsourcing[J]. Science, Technology & Innovation Studies, 2008, (4): 5-26.

⑦ Brabham D C. Moving the crowd at iStockphoto: The composition of the crowd and motivations for participation in a crowdsourcing application[J]. First Monday, 2008, 13(6): 236-238.

⑧ Frey K, Lüthje C, Haag S. Whom should firms attract to open innovation platforms? The role of knowledge diversity and motivation[J]. Long Range Planning, 2011, 44(5): 397-420.

⑨ 叶伟巍, 朱凌. 面向创新的网络众包模式特征及实现路径研究[J]. 科学学研究, 2012, 30(1): 145-151.

参与动机主要受到报酬、认同感、兴趣及成就感等因素驱动。张利斌等[①]在总结国内外学者的相关研究成果后,将大众参与众包创新的动机分为金钱报酬、满足心理需求及学习新知识和技能等。Gassenheimer 等[②]则提出存在内在动机、内化的外在动机和外在动机三种类型,且对企业的吸收能力具有重要影响。冯小亮等[③]也提出类似观点,并认为三种动机呈现共生关系,其中内在动机的影响作用相对更大,同时指出奖金激励、能力锻炼及兴趣爱好是大众参与的三个主要动力。Ye 等[④]则基于社会交换理论,认为接包方的参与行为受到工作自主性、享乐主义及奖金报酬等因素的正向影响,并受到认知努力的负向影响。Martinez 等[⑤]以数据分析竞赛网站 Kaggle 为实证对象,发现诸如满意、享乐主义和获得认可等内在动机显著影响大众的参与行为。黄洁萍等[⑥]认为参与者沉浸愉悦、自我完善及外在奖励与感知收益等动机正向影响大众参与行为,执行成本与感知风险则对其产生负向影响。Schmidthuber 等[⑦]基于自决理论,实证研究发现内在动机(个人兴趣、内在信念等)是大众参与众包创新的主要动机。而 Jin 等[⑧]则指出目标导向、自我效能感、自我归属感和奖励是大众参与众包创新的四种代表性动机。

基于上述研究,可将大众参与众包创新的主要内、外部动机归纳如图 1-10 所示。

① 张利斌,钟复平,涂慧.众包问题研究综述[J].科技进步与对策,2012,29(6):154-160.

② Gassenheimer J B,Siguaw J A,Hunter G L. Exploring motivations and the capacity for business crowdsourcing[J]. AMS Review,2013,3(4):205-216.

③ 冯小亮,黄敏学.众包模式中问题解决者参与动机机制研究[J].商业经济与管理,2013,1(4):25-35.

④ Ye H,Kankanhalli A. Solvers' participation in crowdsourcing platforms:Examining the impacts of trust,and benefit and cost factors[J]. Journal of Strategic Information Systems,2017,26(2):101-117.

⑤ Martinez M G. Inspiring crowdsourcing communities to create novel solutions:Competition design and the mediating role of trust[J]. Technological Forecasting and Social Change,2017,117:296-304.

⑥ 黄洁萍,曹安琪.知识型众包社会大众参与行为动机及激励机制[J].北京理工大学学报(社会科学版),2018,20(4):88-96.

⑦ Schmidthuber L,Piller F,Bogers M,et al. Citizen participation in public administration:investigating open government for social innovation[J]. R&D Management,2019,49(3):343-355.

⑧ Jin X,Zhang M,Hou X. Research on performance optimization of crowd innovation space from the perspective of participation motivation[J]. Personal and Ubiquitous Computing,2021:1-13.

图 1-10　大众参与众包创新的主要内、外部动机

1.2.3　众包创新模式下的知识共享相关研究

不同于简单任务的众包,众包创新以创新任务为对象,强调外部知识的有效获取与利用,以解决创新难题。[1][2] 现有研究多集中在探索众包创新参与大众的知识共享影响因素及影响机制上:Chao 等[3]基于社会资本及社交认知理论,提出社交关系、互惠主义、认同感和共享观念共同影响知识共享的数量,而知识共享质量则受到信任及共享观念的影响;Jadin 等[4]应用扩散理论研究了众包社区中大众的个性特征与知识共享意愿,揭示了创新观念、领导能力与亲社会价值观对于知识共享具有显著影响,参与动机在其中起调节作用;Gafni 等[5]研究了用户生成内容(user-generated content)众包

① Frey K,Lüthje C,Haag S. Whom should firms attract to open innovation platforms? The role of knowledge diversity and motivation[J]. Long Range Planning,2011,44(5):397-420.

② Kozinets R V,Hemetsberger A,Schau H J. The wisdom of consumer crowds:Collective innovation in the age of networked marketing[J]. Journal of Macromarketing,2008,28(4):339-354.

③ Chao-Min C,Wang E T,Shih F-J,et al. Understanding knowledge sharing in virtual communities[J]. Online Information Review,2011,35(1):134.

④ Jadin T,Gnambs T,Batinic B. Personality traits and knowledge sharing in online communities[J]. Computers in Human Behavior,2013,29(1):210-216.

⑤ Gafni R,Geri N,Bengov P. Investigating the effect of tangible and virtual rewards on knowledge contribution in online communities [J]. Online Journal of Applied Knowledge Management,2014,2(2):1-11.

网站的知识共享行为,发现有形奖励对大众共享知识有积极作用,而无形奖励更能对大众鉴别知识产生影响;Zhou 等[1]通过实证研究发现,基础性交流促进大众的知识获取与共享,补充性交流则起相反作用,自我效能与结果预期起中介作用;谭云清等[2]则从任务接包方视角出发,发现信任、合作关系质量及正式合约等因素显著影响接包方的知识获取,信任对隐性知识获取的影响最大,而显性知识获取受跨文化沟通的影响最大;Martinez[3] 认为任务自主性、多样化、反馈和问题解决显著影响接包方的知识共享水平,并最终影响解决方案的创新性;Garrigos 等[4]研究发现,接包方知识共享行为主要受个人利益驱动;Geri 等[5]则发现互惠主义、奖励及声望等外在动机也显著影响大众的知识共享行为;Heo 等[6]基于社会比较理论研究发现,参与者在众包创新过程中会进行自我评估来了解自身能力,并通过知识共享做到自我提升;Kosonen 等[7]对众包社区 IdeasProject 进行实证分析,认为大众知识共享意愿受到社交收益和学习收益的影响,而虚拟社区的认可度会显著提升大众知识共享意愿;徐颖等[8]基于积极心理学理论,运用刺激—机体—反应(S-O-R)范式分析了虚拟社区中大众的知识共享行为影响机理,发现认知契合、情感契合、参与契合和社会契合会积极影响大众的知识共享行为;朱宾欣等[9]则认为方案解决者的公平关切心理会负向影响其知识共享努力水平。

① Zhou J, Zuo M, Yu Y, et al. How fundamental and supplemental interactions affect users' knowledge sharing in virtual communities? A social cognitive perspective[J]. Internet Research, 2014,24(5):566-586.

② 谭云清,李元旭. 国际外包中接包企业知识获取的影响因素实证研究[J]. 研究与发展管理,2014,26(2):49-58.

③ Martinez M G. Solver engagement in knowledge sharing in crowdsourcing communities: Exploring the link to creativity[J]. Research Policy,2015,44(8):1419-1430.

④ Garrigos-Simon F J, Gil-Pechuán I, Estelles-Miguel S. Advances in crowdsourcing[M]. Springer,2015.

⑤ Geri N, Gafni R, Bengov P. Crowdsourcing as a business model: Extrinsic motivations for knowledge sharing in user-generated content websites[J]. Journal of Global Operations and Strategic Sourcing,2017,10(1):90-111.

⑥ Heo M, Toomey N. Motivating continued knowledge sharing in crowdsourcing[J]. Online Information Review,2015,39(6):795-811.

⑦ Kosonen M, Gan C, Vanhala M, et al. User motivation and knowledge sharing in idea crowdsourcing[J]. International Journal of Innovation Management,2014,18(5):1450031.

⑧ 徐颖,姜思博,郭雯君. 虚拟社区 CSR 共创中顾客契合对知识共享行为的影响研究[J]. 情报科学,2019,37(4):130-136.

⑨ 朱宾欣,马志强,Leon Williams,等. 考虑解答者公平关切的众包竞赛知识共享激励[J]. 系统管理学报,2020,29(1):73-82.

还有部分学者探索了众包创新模式下的知识共享机制实现问题:Gan 等①提出仅从参与动机探索众包模式下的知识共享行为还不够,需要基于更微观视角进行考究,并提出从动机、机会和能力(MOA)三维度探索知识共享机制的概念框架;Sabou 等②提出在通过众包模式进行知识获取的过程中,需要构建多样化类型的众包知识流,以降低知识的粗糙度和激励更多大众参与;Kondreddi 等③提出整合信息提取和人工计算用于众包知识获取,可以在提高众包创新效果的同时降低知识获取成本;借鉴虚拟社区知识共享的研究成果,郝琳娜等④从任务发包方视角探究了激励机制的设计问题,以促进众包创新虚拟社区的知识共享行为;孙新波等⑤则以 InnoCentive 众包平台为例,构建了三层次协同激励机制模型,发掘促进众包创新中大众知识共享行为的激励策略;Zhu 等⑥通过博弈论和计算机仿真方法,验证了众包创新社区的知识共享激励只有在共享知识引起的绩效提升率与个人成本降低率的比值在一定范围内时才最有效;卢新元等⑦则采用基于模糊集的定性比较分析方法(fsQCA),探索了竞赛式众包社区的知识共享行为构型,发掘出众包创新社区中高、低程度知识贡献的前因条件组合;Jin 等⑧探索了众包竞赛中知识共享对大众产生高质量解决方案的作用机制,分析了不同知识共享维度对大众绩效的影响机理,发现知识共享的有效性受到共享知识的数量、质量和生成能力的影响,共享的知识只有在高质量或高

① Gan C, Kosonen M, Blomqvist K. Knowledge sharing in crowdsourcing-it is more than motivation[C]. Proceedings of the 13th European Conference on Knowledge Management. Spain, 2012:380-388.

② Sabou M, Scharl A, Michael F. Crowdsourced knowledge acquisition:Towards hybrid-genre workflows[J]. International Journal on Semantic Web and Information Systems,2013,9(3):14-41.

③ Kondreddi S K, Triantafillou P, Weikum G. Combining information extraction and human computing for crowdsourced knowledge acquisition [C]. Data Engineering (ICDE), IEEE 30th International Conference on:IEEE,2014:988-999.

④ 郝琳娜,侯文华,郑海超. 基于众包竞赛的虚拟社区内知识共享行为[J]. 系统工程,2016, 34(6):65-71.

⑤ 孙新波,张明超,林维新,等. 科研类众包网站"InnoCentive"协同激励机制单案例研究[J]. 管理评论,2019,31(5):277-290.

⑥ Zhu B, Leon W, Paul L, et al. Impact of crowdsourcee's vertical fairness concern on the crowdsourcing knowledge sharing behavior and its incentive mechanism[J]. Journal of Systems Science and Complexity,2021,34(3):1102-1120.

⑦ 卢新元,王雪霖,代巧锋. 基于 fsQCA 的竞赛式众包社区知识共享行为构型研究[J]. 数据分析与知识发现,2019,3(11):60-69.

⑧ Jin X,Zhang M, Hou X. Research on performance optimization of crowd innovation space from the perspective of participation motivation[J]. Personal and Ubiquitous Computing,2021:1-13.

生成性时才最有益;Feng 等①提出游戏化机制的设计能促进接包方的知识共享贡献,并发现自尊、能力提升和虚拟社区归属感等三种内在和外在动机在典型游戏化机制(沉浸、社交和成就)与解决者知识贡献之间存在中介作用。

1.2.4 众包创新模式下的大众持续参与相关研究

如前所述,虽然众包创新实践取得了一定的效果,但创新质量不高、大众持续参与不足的现象还是屡见不鲜:Yang 等②对国内众包平台的调查结果显示,约 1/3 的大众在初始参与阶段就退出平台,89%的注册大众从未提交过创新方案;Bayus③ 对 IdeaStorm 众包平台的研究发现,85%的大众仅提交一个方案后就不再参与,而且随着时间的推移,大众提交的方案数量明显减少。

有研究表明,相较于初始参与而言,大众的持续参与对实现良好的众包创新绩效更加关键④⑤⑥。为此,一些学者探索了众包创新模式下的大众持续参与相关问题。

Yang 等⑦比较了雅虎问答等三个网络知识共享社区的大众全生命周期参与行为,发现 30%~70%的大众仅参与一次就退出社区,大众后续参与意愿受到第一次问答体验的显著影响,并且大众持续参与意愿与前一个

---

① Feng Y, Yi Z, Yang C, et al. How do gamification mechanics drive solvers' Knowledge contribution? A study of collaborative knowledge crowdsourcing[J]. Technological Forecasting and Social Change,2022(177):121520-1-121520-12.

② Yang J, Adamic L A, Ackerman M S. Crowdsourcing and knowledge sharing:Strategic user behavior on taskcn[C]. Proceedings of the 9th ACM Conference on Electronic Commerce:ACM, 2008:246-255.

③ Bayus B L. Crowdsourcing new product ideas over time:An analysis of the Dell IdeaStorm community[J]. Management Science,2013,59(1):226-244.

④ Yang J, Adamic L A, Ackerman M S. Crowdsourcing and knowledge sharing:Strategic user behavior on taskcn[C]. Proceedings of the 9th ACM Conference on Electronic Commerce:ACM, 2008:246-255.

⑤ Aris H. Sustainable solvers participation in non-profit mobile crowdsourcing initiatives:A review of successful applications[C]. Research and Development (SCOReD),2015 IEEE Student Conference on:IEEE,2015:659-664.

⑥ Soliman W, Tuunainen V K. Understanding continued use of crowdsourcing systems:an interpretive study[J]. Journal of Theoretical and Applied Electronic Commerce Research,2015,10 (1):1-18.

⑦ Yang J, Wei X, Ackerman M S, et al. Activity lifespan:an analysis of user survival patterns in online knowledge sharing communities [C]. Proceedings of the Fourth International AAAI Conference on Weblogs and Social Media (ICWSM),2010:186-193.

月的获胜率显著相关;仲秋雁等①运用实证研究,发现大众的持续参与意向
受到大众的沉浸和满意度的影响;Sun 等②结合社会学习理论与期望价值理
论,对交易型虚拟社区的大众持续参与行为展开实证研究,发现大众的持续
参与意愿受到内外部动机的影响,且自我效能与任务复杂性起调节作用;
Aris③以手机众包社区为例,提出信任、共同目标等因素影响大众的持续参
与行为;Soliman 等④则从参与动机视角分析了大众持续参与众包的驱动因
素,发现利己动机影响大众的初始参与,而社会动机与利己动机共同驱动大
众的持续参与行为。此外,Jackson 等⑤结合案例分析,揭示了社区认可有
助于众包大众实现从初始参与到持续参与的转变。卢新元等⑥分析了众包
模式下大众忠诚度的影响因素,探讨了提升大众持续参与的相关措施。张
薇薇等⑦基于信息系统持续使用模型(ECM-ISC)和承诺信任理论,分析了
众包社区的大众持续使用行为,发现满意度、承诺、习惯是正向影响大众持
续使用行为的关键因素。王婷婷等⑧以众包创新社区 Ideas-Salesforce
Success Community 为例,研究了用户的持续性知识共享行为问题,发现用
户自我展示程度、可获得的社会学习机会、企业的认可和有创意分享经验用
户的认可对用户持续创意分享行为有显著正向影响;而一般用户的认可(用
户创意收到的评论)对用户的持续创意分享行为有显著负向影响。Wang

① 仲秋雁,王彦杰,裘江南.众包社区用户持续参与行为实证研究[J].大连理工大学学报:社会科学版,2011(1):1-6.
② Sun Y,Fang Y,Lim K H. Understanding sustained participation in transactional virtual communities[J]. Decision Support Systems,2012,53(1):12-22.
③ Aris H. Sustainable solvers participation in non-profit mobile crowdsourcing initiatives:a review of successful applications[C]. Research and Development (SCOReD),2015 IEEE Student Conference on:IEEE,2015:659-664.
④ Soliman W,Tuunainen V K. Understanding continued use of crowdsourcing systems:an interpretive study[J]. Journal of Theoretical and Applied Electronic Commerce Research,2015,10(1):1-18.
⑤ Jackson C B,Østerlund C,Mugar G,et al. Motivations for sustained participation in crowdsourcing:case studies of citizen science on the role of talk[C]. System Sciences (HICSS),48th Hawaii International Conference on:IEEE,2015:1624-1634.
⑥ 卢新元,龙德志,陈勇.基于忠诚度的众包模式下用户参与意愿影响因素分析[J].管理学报,2016,13(7):1038-1044.
⑦ 张薇薇,柏露.众包社区用户持续使用行为研究:基于 ECM-ISC 和承诺信任理论[J].情报资料工作,2017(2):54-62.
⑧ 王婷婷,戚桂杰,张雅琳,等.开放式创新社区用户持续性知识共享行为研究[J].情报科学,2018,36(2):139-145.

等①探讨了大众持续参与众包竞赛的影响因素,基于在线众包竞赛平台 Kaggle 的数据开展了实证研究,发现参与时间、先前的绩效、报酬金额、竞争对手数量和竞赛持续时间等因素对持续参与有显著影响;宾厚等②从组织嵌入和承诺—信任理论视角验证了组织内部嵌入正向影响信任和接包方的持续参与众包创新意愿,且信任正向影响接包方的参与意愿;Wu 等③认为大众的持续参与意愿对在线众包平台的生存和发展至关重要,通过整合归属感和社会信念理论探索大众的持续参与意愿,发现公平感和平台信任有助于建立大众的归属感,而归属感与持续参与意愿相关。Wu 等④则指出众包模式的工作安排自主性和工作方式自主性是吸引大众持续参与众包创新的重要因素。

1.2.5 亟待解决的几个关键问题

基于上述相关研究文献的梳理可见,理论与实践界的相关学者对众包创新做出了大量研究,对众包创新理论的发展和众包创新模式的实践应用,起到重要推动和指导作用。考虑到众包创新属于一种新型商业模式,相关研究还需进一步强化和完善。

(1)众包创新作为新型创新模式,其本质是企业突破传统组织界限,通过获取与整合外部网络大众知识实现创新的商业模式。探索众包创新模式下的大众持续知识共享行为与管理机制能抓住众包创新的本质,对引导大众持续参与众包创新并提升众包创新绩效具有前瞻性和可探索性,但当前相关文献关注不够,需要进一步加强与深化。

(2)引导大众持续共享知识对提升众包创新绩效十分关键,但从企业具体实践来看,存在大众持续参与度不高、知识贡献效果差、创新方案质量难以保证等现象。而系统探索众包创新模式下的大众参与角色及其异质性知

---

① Wang X,Khasraghi H J,Schneider H. Towards an understanding of participants' sustained participation in crowdsourcing contests[J]. Information Systems Management,2019,37(3):213-226.

② 宾厚,谢国杰,赵凤,等. 组织嵌入、信任与众包物流接包方持续参与意愿[J]. 软科学,2020,34(2):137-144.

③ Wu W,Gong X. Motivation and sustained participation in the online crowdsourcing community:The moderating role of community commitment[J]. Internet Research,2020,31(1):287-314.

④ Wu W,Yang Q,Gong X,et al. Understanding sustained participation in crowdsourcing platforms:The role of autonomy,temporal value,and hedonic value[J]. Information Technology & People,2022:1-24.

识共享行为是激发大众持续参与并高质量创新贡献的前提和基础。但相关研究相对匮乏,如何结合众包创新模式的本质特征、运作过程及典型企业管理实践,将质化研究与量化方法相结合,系统探索大众参与众包创新的持续知识共享行为显得尤为迫切与必要。

(3)文献梳理与企业实践充分显示,众包创新模式下影响大众持续知识共享行为的因素复杂多样,如创新任务特性、大众参与动机、众包创新平台环境、关系治理机制等,这些因素对大众持续知识共享行为和众包创新绩效产生复杂的作用机理,但如何从系统观念出发,重点聚焦大众持续知识共享行为的动态决策、参与大众的机会主义行为识别、考虑奖惩与声誉效应的治理机制等管理机制,综合运用理论分析、模型构建与实践验证相结合的研究方法进行深入研究,成为亟须解决的关键问题。

1.3 研究内容、思路与方法

1.3.1 研究内容与思路

从众包创新管理实践出发,结合知识管理、关系营销和价值共创等相关理论,通过分析众包创新的一般运行过程和本质内涵,沿着"现象分析—机理探索—机制设计—实证验证"的思路开展相关研究,具体如图1-11所示。

(1)众包创新的相关理论基础。通过分析众包模式的兴起和相关类型,阐述了开放式创新、用户创新、价值共创、知识共享、关系营销等相关理论的基本内涵,并分析了这些理论与众包创新的理论联系,为本书奠定理论基础。

(2)众包创新模式的运行过程及大众持续知识共享的本质。从众包创新的内涵出发,分析众包创新模式的一般运行过程,提出众包创新的本质是企业充分利用外部网络大众知识实现创新的商业模式,结合关系营销、知识共享等理论,论证大众参与众包创新的持续知识共享本质是知识承诺。

(3)众包创新模式下的大众角色识别与异质性知识共享行为研究。深入理解众包创新模式下参与大众的异质性及其贡献行为,对探索大众持续知识共享行为至关重要。以戴尔公司的IdeaStorm与小米MIUI社区为研究对象,通过抓取大众的相关数据,结合层次聚类与K-means聚类分析方法,对众包创新模式下的大众角色进行识别,并进一步从互动行为和贡献行为两个维度分析这些大众角色的异质性知识共享行为特征。

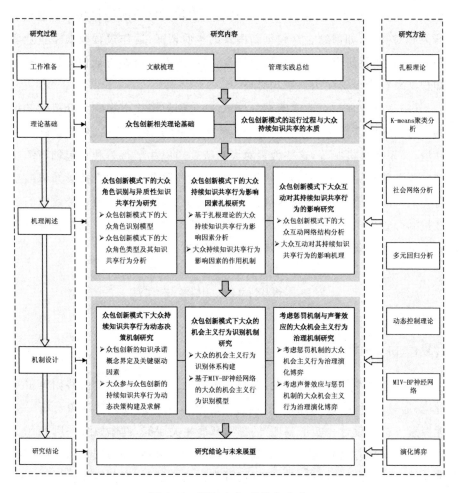

图 1-11　研究内容、思路与方法

（4）众包创新模式下大众持续知识共享行为影响因素扎根研究。考虑到众包创新属于一种新型商业模式，而扎根理论作为一种重要归纳式研究方法，具有注重实践、强调比较研究的优点，提出运用扎根理论研究大众持续知识共享行为的影响因素。从国内典型众包平台（猪八戒网、任务中国等）进行理论抽样，通过分析开放式编码、主轴编码、选择性编码和理论饱和检验的具体实现过程，形成大众持续知识共享行为影响因素的理论框架。

（5）众包创新模式下大众互动对其持续知识共享行为的影响研究。结合社会网络分析方法（social newwork analysis，SNA），从戴尔 IdeaStorm 众包创新平台获取相关数据，分析了大众参与众包创新的互动网络结构，以互动网络的中心度属性参数测度众包创新模式下的大众互动行为,以大众提交的创意数、平台得分和获得的投票数表征大众的持续知识共享行为,运用实证分析方法探索众包创新模式下大众互动对其持续知识共享行为的影响。

(6)众包创新模式下大众的持续知识共享行为动态决策机制研究。考虑到创新任务的复杂性及知识的"黏性"等特征,需要引导和激励大众的持续知识共享行为,这就要求企业采取有效的控制策略确保知识持续获取以完成创新任务。结合关系营销与知识共享理论,分析知识承诺的驱动因素,提取信任、感知价值满足水平、知识获取投入水平和机会主义倾向四个关键驱动因子,并通过分析双方知识承诺水平、知识获取投入水平与企业商业价值的关系函数,构建众包创新的知识获取动态优化控制模型。通过分析模型相关假设与约束设定,利用动态优化控制理论进行求解,并通过灵敏度分析探讨知识获取的最优决策结果。

(7)众包创新模式下大众的机会主义行为识别机制研究。从众包创新实践出发,分析众包创新模式下大众的机会主义行为的产生原因与主要表现,以国内知名众包创新平台猪八戒网为例,通过抓取相关数据,构建基于MIV-BP神经网络的参与大众机会主义行为识别模型,探索众包创新模式下的大众机会主义行为识别问题。

(8)考虑惩罚机制与声誉效应的大众机会主义行为治理机制研究。结合众包创新模式的运作过程,构建众包创新平台与接包大众参与的机会主义行为治理演化博弈模型,分析惩罚机制和声誉效应对机会主义行为治理效果的影响,并进一步提出具体治理策略。

1.3.2 主要研究方法

基于上述研究内容,综合采用扎根理论、聚类分析、社会网络分析方法(SNA)、动态优化控制、MIV-BP神经网络算法等质性和量化相结合的研究方法开展相关研究,以保证研究的规范性、科学性和先进性。

(1)以戴尔公司 IdeaStorm 与小米公司 MIUI 社区为研究对象,通过获取知识共享强度、知识共享热度、知识持续共享意愿、知识共享广度、社区认可度和共享知识质量等知识共享行为相关数据,结合层次聚类与 K-means 聚类分析方法,识别出明星型、活跃型、创新型、多面手型和边缘型等五种大众角色,并进一步从互动行为和贡献行为两个维度分析这些大众角色的知识共享行为特征。

（2）运用扎根理论探索大众参与众包创新的持续知识共享行为影响因素。考虑众包创新作为一种新型创新模式，扎根理论注重从实践出发，强调归纳总结等优点，从猪八戒网、任务中国等国内知名众包平台进行理论抽样，并通过开放式编码、主轴编码、选择性编码和理论饱和检验进行分析，构建大众持续知识共享行为影响因素的理论框架。

（3）运用社会网络分析法（SNA）分析众包创新模式下大众的互动网络结构，并通过关键属性参数指标测算整体网络的结构特征和分析个体大众的网络位置；基于戴尔 IdeaStorm 众包平台相关数据，采用多元回归分析方法探索众包创新模式下大众互动对其持续知识共享行为的影响机理。

（4）通过界定众包创新中知识承诺的内涵，提取信任、感知价值满足水平、知识获取投入水平和机会主义倾向四个关键驱动因子，运用动态优化控制理论研究了众包创新模式下大众持续知识共享的动态优化控制问题。

（5）考虑到所构建的众包创新模式下大众机会主义行为识别体系中各指标的特点，而 BP 神经网络算法具有非线性映射、自学习、自适应和泛化能力的优点，通过运用平均影响值（mean impact value，MIV）算法筛选出影响程度较大的敏感性指标，构建基于 MIV-BP 的神经网络识别模型，最后结合国内典型众包平台——猪八戒网，利用网络爬虫软件 GooSeeker 获取相关数据进行实证分析。

（6）由于在众包创新模式下参与主体的不对称依赖关系和专业性知识竞争协作关系，需要充分整合强调契约治理的惩罚机制与强调关系治理的声誉机制以实现对接包大众机会主义行为的有效治理。结合众包创新模式的运作过程，构建众包创新平台与接包大众参与的机会主义行为治理演化博弈模型，分析惩罚机制和声誉效应对机会主义行为治理效果的影响，并提出具体治理策略。

1.4 本书结构

本书共分为 10 章，如图 1-12 所示，各章组织如下。

第 1 章：绪论。主要论述本书的研究背景，介绍了国内外相关研究现状和本书的主要研究内容、研究方法及组织结构。

第 2 章：相关理论基础。从众包模式兴起的原因出发，分析了众包模式的相关类型，阐述了众包创新的相关理论基础。

第 3 章：众包创新模式的运行过程与大众持续知识共享的本质。通过

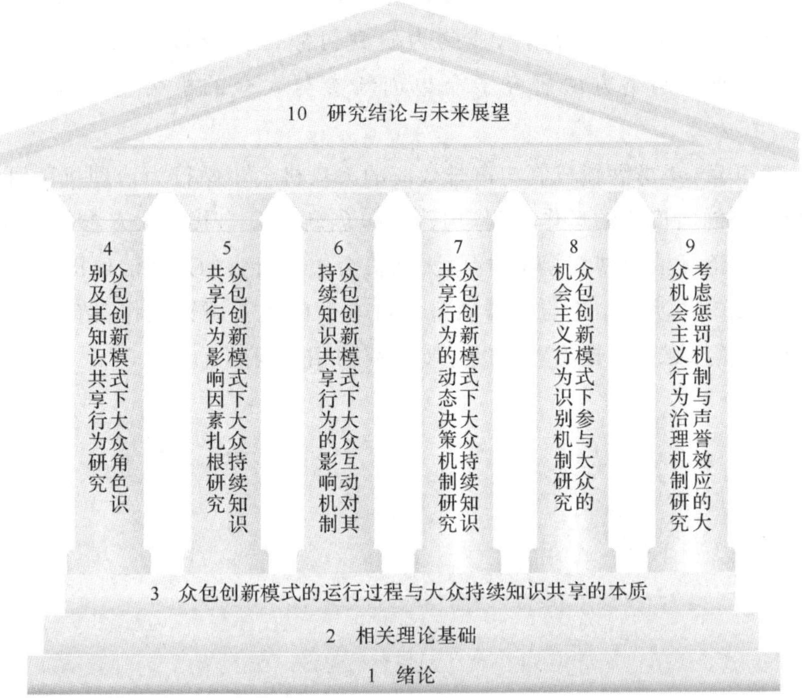

10　研究结论与未来展望

4　众包创新模式下大众角色识别及其知识共享行为研究

5　众包创新模式下大众持续知识共享行为影响因素扎根研究

6　众包创新模式下大众互动对其持续知识共享行为的影响机制

7　众包创新模式下大众持续知识共享行为的动态决策机制研究

8　众包创新模式下参与大众的机会主义行为识别机制研究

9　考虑惩罚机制与声誉效应的大众机会主义行为治理机制研究

3　众包创新模式的运行过程与大众持续知识共享的本质

2　相关理论基础

1　绪论

图 1-12　本书结构

文献梳理,分析了众包创新的内涵及特征,研究了众包创新模式的运行过程,提出了众包创新模式下大众持续知识共享的本质。

第4章:众包创新模式下大众角色识别及其知识共享行为研究。构建了众包创新模式下参与大众的角色识别模型,以戴尔公司 IdeaStorm 与小米公司 MIUI 社区为例,开展相关实证研究。

第5章:众包创新模式下大众持续知识共享行为影响因素扎根研究。结合扎根理论的基本原理,基于国内典型众包平台的相关数据,研究了众包创新模式下大众持续知识共享行为的影响因素。

第6章:众包创新模式下大众互动对其持续知识共享行为的影响机制。结合社会网络分析方法,基于戴尔 IdeaStorm 的相关数据,分析了大众参与众包创新的互动网络结构及其特征,并运用实证分析方法探索了众包创新模式下大众互动对其持续知识共享行为的影响机理。

第7章:众包创新模式下大众持续知识共享行为的动态决策机制研究。结合关系营销与知识共享理论,界定了众包创新中的知识承诺概念,分析了知识承诺的关键驱动因素,构建了大众参与众包创新的持续知识共享行为动态决策模型,探讨了最优决策结果及其管理应用问题。

第8章:众包创新模式下参与大众的机会主义行为识别机制研究。以国内知名众包创新平台猪八戒网为研究对象,通过抓取相关数据,运用MIV-BP神经网络方法研究了众包创新参与大众的机会主义行为识别问题。

第9章:考虑惩罚机制与声誉效应的大众机会主义行为治理机制研究。结合众包创新模式的运作过程,构建众包创新平台与接包大众参与的机会主义行为治理演化博弈模型,探索大众机会主义行为的系统治理机制问题。

第10章:研究结论与未来展望。对本书的主要研究工作、结论和主要创新点进行总结,并提出有待进一步研究的相关问题。

第2章　相关理论基础

本章从众包新型商业模式兴起的原因出发,分析了众包模式的内涵及类型,系统梳理了开放式创新、用户创新、价值共创、知识共享和关系营销等相关理论,阐述它们与众包创新的理论联系,奠定本书的理论基础。

2.1　众包模式

2.1.1　众包模式的兴起

众包作为一种企业充分利用外部资源的有效模式,一经提出便得到广泛关注。总体来说,众包模式的出现是当前社会、经济和技术发展到一定阶段的产物,经济的快速发展、消费者生活水平的提升、企业内部资源与能力的有限性突显等是众包模式产生的客观条件,而大众参与能力的提升、互联网与信息技术的快速发展、企业管理模式的变革是众包模式快速发展的直接驱动因素。

(1)大众需求的改变升级

随着社会生产力的提升和人们生活水平的提高,大众需求出现了很大变化:对产品质量和服务水平的要求越来越高;产品和服务的定制化程度也越来越高,易于接受新奇的思想和事物,希望购买的产品和服务根据自己的偏好量身定做;超越了理性消费的模式,更加强调个性化的经历和体验,判断产品和服务的品质更多地从给其带来的体验决定。为应对大众的需求改变和升级,提升大众满意度,传统大规模生产方式缺乏满足大众个性化需求的能力,需要变革企业的管理模式。而众包模式通过让大众参与产品和服务的价值创造过程,充分利用大众的能力,在一定程度上能有效实现满足大众个性化需求的目标。

(2)互联网助力下共享经济的快速发展

近年来,随着互联网和信息技术的迅猛发展,以及各类网络平台的兴起,共享经济(sharing economy)逐渐步入大众视野。共享经济是借助互联网平台以不同方式进行付出和收益而达到公平享有社会资源、共享经济红利的一种商业模式。① 互联网技术的发展和互联网的大面积普及打破了空间与时间的制约,在共享经济理念下,传统企业逐渐向平台组织转变②,强烈表达出希望加强与外部的广泛联系,形成多元化合作态势。企业可以借助互联网将广泛分散在各地、具有不同文化背景和知识技能的大众聚集到网络平台上,通过采用分散化方式促进大众之间相互沟通、相互交流、相互竞争和相互协作等,形成全球化的分布式众包系统。此外,各类网络平台的出现,能有效聚集和整合外部丰富资源,形成以兴趣为基础的网络社区。这些具有较强自组织性的网络社区为大众与企业之间提供了便捷的交互渠道,同时也提供了有价值的信息资源、知识资源和人力资源。而且,互联网技术和新兴信息技术不仅打破了时空对生产力的限制,同时也降低了大众的参与成本和参与门槛,为发挥个人创造能力实现协同创新提供新途径。③④

(3)传统封闭式创新模式的不足

知识经济盛行、社会化媒体与移动互联网的日益普及,促使企业寻求新的商业模式来应对突变的不确定性竞争环境。自我依赖性强的封闭式创新模式长期占据主导地位,企业主要聚焦内部资源与能力开展创新。然而,传统封闭式创新模式出现了模式单一、创新效率低、技术创新与市场需求脱节、风险大等突出问题,严重阻碍了企业竞争优势的持续获取。寻求新的创新模式以有效获取与利用外部资源,降低创新风险、提升创新效率成为企业关注的重要方向。随着信息技术的突飞猛进和知识流动速度的不断加快,为突破组织界限、整合外部资源,获取与吸收外部相关知识实现高效创新的众包模式应运而生。

(4)大众(用户)角色的演变和参与价值共创的主动性提升

当前,大众(用户)获取知识的渠道愈加广泛,议价能力显著提升。主动要求参与到企业的新产品研发、制造和营销中去,渴望能与企业坦诚平等地对话,成为企业有帮助的合作者和价值共创者。⑤ 同时,通过多渠道的知识学习与自身知识积累,大众(用户)具备了较强的参与企业价值创造活动的

---

① Felson M, Spaeth J L. Community structure and collaborative consumption: A routine activity approach[J]. American Behavioral Scientist,1978,21(4):614-624.

② 王辉. 共享经济理念下企业新型创新创业模式[N].中国社会科学报,2018-12-21.

③ 龙啸.从外包到众包[J].商界(中国商业评论),2007(4):96-99.

④ 马卫,方丽,屠建洲.从外包到众包的商业模式变革及启示[J].商业时代,2008(1):13-14.

⑤ Prahalad C K, Ramaswamy V. Co-opting customer competence[J]. Harvard Business Review,2000,78(1):79-87.

能力,已经走出了传统被动购买者的角色,期望在作为价值消费者的同时,成为价值的共创者。正是大众(用户)角色的改变和参与价值创造的主动性提升,使众包模式这一新型商业模式在实践中表现出了较强的可行性和旺盛的生命力。

2.1.2　众包模式的内涵

虽然"众包"(crowsourcing)的概念最早由杰夫·豪提出,但随着研究的拓展和实践的探索,"众包"的内涵概念层出不穷,视角各异。本书把最具代表性、广泛应用的相关定义进行梳理。

Howe[①]认为"众包是把传统由指定代理人(通常是员工)履行的工作通过完全公开的形式外包给企业外部未指定的大众群体的活动。"随后,Brabham[②]通过描述众包的在线运作过程,即企业在线发布问题—大众群体(专业或非专业)提供解决方案—赢者获取报酬且其知识成果归企业所有,认为"众包是一种在线、分布式问题解决模式和生产模式"。维基百科(Wikipedia)将其定义为"一种分布式问题解决和生产模式,问题以公开招标的方式告示给未知的解决方案提供者群体。大众(这里指众包里的'众',crowd)通过在线社区接受任务并提交方案,方案得到审核后,选出最好的方案由最先提出问题的一方(发包方,crowdsourcer)所有,并给出相应的奖励予'胜出者',这些奖励可能是金钱报酬、名誉或知名度等"。

Estelles 等[③]试图给出一个普遍认可、广为接受的众包定义,他们梳理了 209 份资料中 40 个有关众包的概念,并提取共同的相关术语,把众包定义为:"一种在线参与活动,一个个体、机构、非营利性组织或企业通过完全开放的方式,发布任务给具有多样化知识、异质性特征的外部参与群体,这些群体采取自由自愿的方式完成任务。而这些任务具有一定的复杂性、模块化特征,它们的完成需要大众利用他们的知识、技能和经验等,最终产生互利互惠的效果。大众可以获取一些收益,可能是经济性的、社会认知性的、自尊或个人技能提升等。而发包方(crowdsourcer)通过获取并利用大众的这些优势也为企业带来诸多好处,其取决于开展的众包活动类型。"

① 杰夫·豪.众包:大众力量缘何推动商业未来[M].牛文静,译.北京:中信出版社,2009.

② Brabham D C. Moving the crowd at iStockphoto: The composition of the crowd and motivations for participation in a crowdsourcing application[J]. First Monday,2008,13(6):236-238.

③ Estellés-Arolas Enrique, González-Ladrón-de-Guevara Fernando. Towards an integrated crowdsourcing definition[J]. Journal of Information Science,2012,38(2):189-200.

可见,随着学术研究的深入和企业实践的系统探索,众包的内涵和外延发生了明显变化,但总体来说,众包模式的运作应包括三个关键组成要素。一是众包平台,即开放式众包网络平台,可以是企业自建社区或第三方众包平台。二是发包方,即众包任务的发布者。可以是各类企业组织、团队或个体,发布的任务类型复杂多样,发布方式也有差异。三是接包方,即任务的解决者。也可以是个体、团队或企业组织,完成形式可以是独立完成,也可以是合作完成。因此,完整理解众包模式的内涵,需要结合三方参与主体的特征、不同的众包情境、差异化的众包运作流程等要素开展分析。本书认为,众包作为一种新型商业模式,是企业突破传统组织边界,把本应由组织内部完成的任务(或难题)通过互联网采用公开方式,以自由自愿和完全开放的原则,转交给外部网络大众来完成的一种模式,其本质是充分利用外部网络大众的群体智慧。

2.1.3　众包模式的类型

为进一步明晰众包模式的内涵,接下来结合企业具体实践,分析众包模式的主要类型。Howe 根据众包的最终目的认为存在四种众包模式:大众智慧(crowd wisdom)、大众创造(crowd creation)、大众投票(crowd voting)和众筹(crowd funding)①,如表 2-1 所示。

表 2-1　众包模式的四种基本类型

模式	大众智慧	大众创造	大众投票	众筹
内涵	企业运用外部群体智慧解决企业内部运营过程中遇到的难题,利用具有多样化专业知识的群体为企业提供创新服务。	企业将传统由内部员工完成的任务外包给网络大众,让大众参与产品或服务的设计,以满足大众需求。大众不仅仅充当消费者,也在向协作生产者转变。	指利用大众的识别能力对大量网上数据信息进行过滤,完成对产品或服务的评价。	指企业或者个人通过众包的形式完成资金筹集,使大众成为资金的来源。
实现形式	自建社区/第三方平台	自建虚拟社区	自建虚拟社区	第三方平台

①　杰夫·豪.众包:大众力量缘何推动商业未来[M].牛文静,译.北京:中信出版社,2009.

模式	大众智慧	大众创造	大众投票	众筹
典型代表	创新中心(InnoCentive)	无线 T 恤 社区(threadless)、图片社区(iStockphoto)	亚马逊土耳其机器人(Mechanical Turk)、戴尔公司 IdeaStorm	成交网(Kiva.com)

　　Prpić等①结合众包实践,从两个维度把众包划分为四种模式。两个维度具体是:大众贡献的类型,是客观(如明晰事实)或是主观(如观点);大众贡献的实现方式,是需要整合(即组合)或是需要过滤(即评估和选择)。众包的四种模式为:大众投票(crowd-voting)、创意众包(idea crowdsourcing)、微任务众包(micro-task crowdsourcing)和解决方案众包(solution crowdsourcing),如图 2-1 所示。

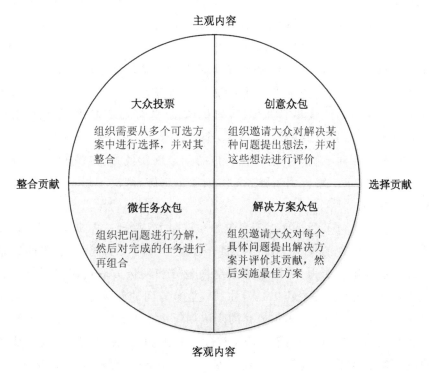

图 2-1　众包的四种模式

　　① Prpic J, Shukla P, et al. How to work a crowd: Developing crowd capital through crowdsourcing[J]. Business Horizons,2015(58):77-85.

从众包实施的媒介视角,可以把众包分成自建虚拟社区模式和第三方平台模式。自建虚拟社区一般是由发包方设立,构建一种发布任务、引导与聚集外部大众参与、大众提交创意或完成任务的虚拟环境。这种众包模式有效提高了发包方充分利用大众技能、知识等完成众包任务的能力,同时还提供了便利的交互渠道,增加大众的参与黏性。乐高集团于2014年自建的众包社区 LEGO Ideas,目的在于汇聚用户创意,激发消费者的创作热情,打造一个消费者共创(co-creation)的创意众包的社区。在LEGO Ideas 平台中,用户可以自由注册、发布自己的创意——乐高模型项目,并努力争取平台中其他人的支持。当一个乐高模型项目的总支持人数达到10000人时,就会进入乐高公司的官方评审,通过乐高评审的模型便会被生产和销售。截至2023年4月,LEGO Ideas 平台已拥有超过180万人注册用户,用户累积发布乐高创意模型超过36000项。乐高集团通过 LEGO Ideas 社区帮助用户们将"闲置"的创意和热情进行变现,极大缩短了乐高玩具的上市周期,激活品牌内生价值,实现企业与用户的双赢。海尔集团于2009年自建众包创新平台海尔 HOPE,目的在于构建技术、知识、创意聚集的资源网络,打造全球最大的创新生态系统和全流程创新交互社区。截至2023年4月,HOPE 平台服务包括家电、能源、智慧家居等20多个领域,已聚集了高校、科研机构、创业公司等群体,覆盖百余项核心技术领域,社群专家超12万人,全球可触达资源100万以上。HOPE平台打造了相对成熟并具有中国特色的众包创新模式,在需求定义、资源评估、用户需求洞察等创新服务等方面取得突破,解决了创新成果转化的瓶颈问题。

第三方众包平台是独立于发包方和接包方,由第三方机构经营,以促进众包活动实现的虚拟平台。它拥有数量庞大的大众资源、专业的信息处理和业务整合能力,可以紧紧围绕接包方和发包方双边需求提供专业化服务。[①] 该类型平台可以是专注某一业务方向的专业化平台,如美国制药企业礼来公司于2001年成立的众包创新平台 InnoCentive,是全球第一家旨在利用先进技术、网络将研发难题与潜在"解决者"相连接,为企业提供创新解决方案的第三方众包创新平台。该平台已吸引了包括宝洁、Avery Dennison(艾利・丹尼森)公司和洛克菲勒基金会在内的大量多元化组织,将 InnoCentive 注册成为"寻求者"并张贴挑战。截至2023年4

---

① 余琨岳,顾新,王涛. 第三方众包平台的价值实现机理和路径研究[J]. 中国科技论坛,2017(4):21-26,34.

月,InnoCentive 已汇集了来自 200 多个国家和地区超过 55 万名"解决者",破解的难题超过 3000 项,涉及的奖励金额总数达到 6000 万美元。[①]也可以是涉及范围很广的综合性第三方平台,如猪八戒网(www. zbj. com),作为国内著名的众包平台,入驻服务商超过 740 万家,服务种类有 650 多种,涉及企业管理服务、品牌创意服务、企业营销服务、产品制造服务、软件开发服务、个人生活服务等,不仅实现了通过平台解决许多企业的专业服务需求,而且汇聚了大量专业化人才,促进互联网环境下的人才共享与灵活就业。

按照众包的开放程度,可以把众包分为内部众包(internal crowdsourcing)和外部众包(external crowdsourcing)两种模式。内部众包是企业将众包模式应用于组织边界之内,通过内向扫描自身知识库,引导内部员工广泛参与以寻求解决方案的众包模式。[②] 该模式下,企业将参与解决问题的专业人员扩大至企业全体内部员工,尽管有时不太容易产生突破性创新方案,但是他们拥有更加本土化的专业知识,并对组织环境充分了解,有助于开发出更具可行性的解决方案,也更贴近企业的组织战略目标。该模式也有利于克服企业内部的信息孤岛问题,能进一步挖掘内部员工的创造力和解决难题的能力。[③] 21 世纪初,宝洁公司为了实现产品创新,增加产品类型,建立了方便内部员工直接向主管领导汇报富有创新性想法的内部虚拟网络,形成了内部式众包模式的雏形;谷歌、AT&T 等公司也采用过这种众包模式,充分挖掘内部员工的创新知识源,以解决面临的现实问题。

外部众包则是企业将原先由内部员工承担的任务交由组织外部更为广泛的大众群体来完成的众包模式。相较于内部众包,由于外部大众群体远离企业现有知识库,且覆盖更广泛的参与群体和具有更加多样化的相关知识,这种众包模式容易产生更多新奇的创意和高质量解决方案。可口可乐公司 2014 年在对产品进行重新定位的过程中,以"向我们展示为什么可口可乐的口味如此独特而美好"为主题制作广告,面向全球公开征集创意设计方案,最终在线众包社区 eYeka 产生的冠军广告语脱颖而出,正因这个出自公司外部"员工"的作品,让可口可乐的销量比原先提升了 8 倍。雪铁龙、大

① 孙新波,张明超,林维新,等.科研类众包网站"InnoCentive"协同激励机制单案例研究[J].管理评论,2019,31(5):277-290.

② 裴旭东,王伯英,李娜.资源编排视角下企业众包能力的提升机理研究[J].科技管理研究,2020,40(19):184-190.

③ Émilie R, Michela B. Managing internal and external crowdsourcing:An investigation of emerging challenges in the context of a less experienced firm[J]. Technovation,2021(106):1-23.

众等汽车公司在汽车名称设计上也采用过外部众包模式,均取得了显著效果。

事实上,内部众包与外部众包这两种众包模式可以优势互补,越来越多的企业在进行众包模式选择决策时,会寻求内部众包以提供更稳健、可行性更强的解决方案与运用外部众包获取更具异质性、更具创新性解决方案之间的平衡。以海尔 HOPE 平台为例,企业内部员工、供应链相关企业、外部消费者与所有感兴趣人员均可以参与到众包过程之中,结合不同类型的众包任务整合两种众包模式,实现两者的优势互补,资源整合优化,取得了显著效果。

2.2　开放式创新

开放式创新是指有目的地综合利用内外部知识的流入和流出,并把内外部创新资源进行有效整合进而实现创新的过程。[①②] 虽然,开放式创新(open innovation)的概念由 Chesbrough 在 2003 年首次提出,但其基本理念很早就产生了,比如早期企业与高校的合作创新、邀请顾客参与企业创新过程的用户创新、与上游供应商合作的供应商参与创新等。换句话说,开放式创新与用户创新、供应商参与创新、政产学研协同创新等的理念一脉相承。Chesbrough[③] 通过描述企业如何从封闭的创新过程转变到更开放创新过程的做法,将开放式创新定义为:有目的地利用知识的流入与流出促进内部创新进程,同时扩展创新的外部应用市场。Lichtenthaler[④] 则将开放式创新视为企业通过创新过程系统地进行内外部的知识开发(knowledge exploration)、知识保持(knowledge retention)和知识利用(knowledge exploitation)的活动。

从知识流向视角,一般把开放式创新分为内向型(outside-in)、外向型

① Chesbrough H W. Open innovation:The new imperative for creating and profiting from technology[M]. Boston:Harvard Business Press,2003.

② Chesbrough H,Crowther A K. Beyond high tech:Early adopters of open innovation in other industries[J]. R&D Management,2006,36(3):229-236.

③ Chesbrough H W. Open business models:How to thrive in the new innovation landscape [J]. Journal of Product Innovation Management,2007,17(4):406-408.

④ Lichtenthaler U. Open innovation:Past research,current debates,and future directions[J]. Academy of Management Perspectives,2011,25(1):75-93.

(inside-out)和耦合型(coupled)三种模式。① 在内向型开放式创新中,企业
监控外部环境变化,以获取企业外部知识与技术来源,主要用于对新知识与
技术的探索;在外向型开放式创新中,企业不仅依赖内部的市场化途径,还
寻求外部合适的组织对内部技术进行商业化开发,主要是对现有知识与技
术的开发。也可以这样认为,内向型开放式创新强调由外到内,企业获取外
部资源进行创新绩效提升;外向型开放式创新强调由内到外,企业将自己的
创新成果以转让或出售等形式投入市场,让创新成果创造更大的效益。而
耦合型开放式创新是对由外向内和由内向外两种流程的结合,即是对内向
型和外向型开放式创新模式的综合。可见,开放创新带来的最终结果是企
业的创新边界变得十分模糊,难以界定,企业通常以整合者身份而非拥有者
身份,将创新成果推向市场,以获取更大的创新绩效。表 2-2 梳理了国内外
实施网络化开放创新的典型代表企业。

表 2-2　国内外实施网络化开放创新的典型代表企业

企业	开放类型	开放主导模式	典型证据援引
海尔 HOPE	内向型 (2009—2017 年)	内部依赖 (2009—2014 年)	2009 年,海尔创建 HOPE 平台; 2013 年,HOPE 平台 1.0 正式上线,发展为线上线下并进
		主导参与 (2014—2017 年)	2014 年,HOPE2.0 开始实施,平台遵循开放合作和创新分享理念,通过整合优秀的创意,为平台用户提供创新解决方案
	耦合型 (2016 年至今)	社群共创 (2016 年至今)	2016 年 12 月,为了提升用户体验,海尔 HOPE 升级创新合伙人计划,邀请各领域专家加入,正式开启创新社群模式
美的 美创	耦合型 (2015 年至今)	主导参与 (2015 年至今)	2015 年 6 月,与浙江大学共建开放式创新联合实验室; 2016 年 7 月,平台定位升级,从创客个体驱动向集团创新驱动转型; 2016 年 8 月平台升级,融入全球技术情报体系

① Chesbrough H,Crowther A K. Beyond high tech:early adopters of open innovation in other industries[J]. R&D Management,2006,36(3):229-236.

续　表

企业	开放类型	开放主导模式	典型证据援引
小米 MIUI	内向型 (2010—2011 年)	内部依赖 (2010—2011 年)	收购设计公司 Rigo Design（美卓设计）、多看公司、创业公司 Misfit 等，还包括一些互联网公司，如迅雷、金山、猎豹、九安医疗、智谷等
	耦合型 (2010—2011 年)	主导参与 (2010—2011 年)	投资影视和新文化营销类公司，与中国联通、高通、大汉三通达成全面战略合作，与清华大学合作组建空气净化器研究团队，创建 MIUI 论坛，整合用户创新资源
	耦合型 (2011 年至今)	社群共创 (2011 年至今)	2011 年，进一步完善基于互联网的开放式创新平台，将用户纳入产品设计全过程
华为	耦合型 (1997 年至今)	内部依赖 (1997—2003 年)	1999 年，在印度成立研发中心；2000 年又在美国成立研究所，吸收全球人才资源
		主导参与 (2003—2015 年)	2003 年，与竞争对手思科建立合作关系，之后又与众多一流企业建立了合作研发关系
		社群共创 (2015 年至今)	2015 年，宣布投资 10 亿美元的"沃土计划"，打造面向开发者伙伴的使能平台和联合创新
吉利汽车	内向型 (1997—2010 年)	内部依赖 (2007—2009 年)	2007 年，成立"吉利—同济汽车研究院" 2009 年收购澳大利亚 DSI，将自动变速器技术消化吸收并引入国内 2010 年，签订沃尔沃公司 100% 股权收购协议
	耦合型 (2010 年至今)	主导参与 (2010 年至今)	2013 年在瑞典哥德堡成立中欧汽车技术中心 2014 年，与科力远合力打造世界级混合动力系统 2021 年，与雷诺集团建立创新型合作伙伴关系，联合为中国和韩国市场开发油电混合动力汽车

续 表

企业	开放类型	开放主导模式	典型证据援引
比亚迪	内向型 (2003—2017 年)	主导参与 (2003—2017 年)	2003 年,进入汽车行业,布局新能源汽车 2010 年,与戴姆勒股份公司(2022 年更名为梅赛德斯—奔驰集团股份公司)合资成立深圳比亚迪戴姆勒新技术有限公司,合作开发电动汽车
	耦合型 (2018 年至今)	主导参与 (2018 年至今)	2018 年,构建开放汽车智能开发平台,成为全球首家开放汽车硬件体系的车企 2018 年,发布 e 平台和车规级 IGBT4.0 技术,告别核心技术被"卡脖子"的时代 2020 年,与丰田成立合资公司(比亚迪丰田电动车科技有限公司),正式发布高安全"刀片电池","汉"车型上市
联想	内向型 (2005—2015 年)	内部依赖 (2005—2010 年)	2005 年,联想并购 IBM 的 PC(个人电脑)业务
			相继收购了美国的 Switch box Labs 和 Stoneware、德国的 Medion、日本的 NEC(日本电气股份有限公司)、巴西的 Digibras 以及摩托罗拉移动智能手机业务
		主导参与 (2010—2015 年)	与日本 NEC 成立合资公司;与 EMC(易安信)建立广泛合作;与中国香港数码港成为战略合作伙伴;与各地政府合作,致力于政府信息化建设;与相关大学合作建立实训基地等
	耦合型 (2015 年至今)	主导参与 (2015 年至今)	2015 年,成立"Open+联盟"整合国内外高校、企业、政府的创新资源
猪八戒网	耦合型 (2006 年至今)	社群共创 (2006 年至今)	成立于 2006 年,为企业提供标识设计、编程、知识产权、财税等全生命周期服务 2016 年,在全国各地开启实体孵化空间,为大众创业、万众创新助力 2017 年,推出天蓬网,致力于满足大型企业和政府的高品质需求,利用分享经济理念为超过百万的中小企业提供专业服务

续　表

企业	开放类型	开放主导模式	典型证据援引
一品威客	耦合型（2010 年至今）	社群共创（2010 年至今）	于 2010 年上线运营，是一家国内领先的创意服务众包平台。致力于给国内外文化创意机构及个人提供网络中介服务
			历经十多年发展，已成功打通"线上众包与线下众创"的全生命周期一站式服务，撮合交易与智能化服务的企业服务"新基建"
任务中国	耦合型（2006 年至今）	社群共创（2006 年至今）	2006 年初创办，是一个为消除劳务信息的地域差异、为广大有能力工作者们建立的主流工作平台。"威客"通过参加任务、能力展示或成为营销伙伴等来获得收益
宝洁	内向型（2000—2007 年）	内部依赖（2000—2007 年）	在全球范围内寻找能满足消费者需求的技术，然后利用自身强大的研发、制造、销售系统，进行深入研发
	耦合型（2007 年至今）	主导参与（2007 年至今）	2007 年 8 月，推出"联系与发展"网站，建立自己的创意集市，最大化吸引和利用更多外部创新资源。利用 InnoCentive 众包创新平台解决创新难题
戴尔	内向型（2007 年至今）	社群共创（2007 年至今）	于 2007 年推出 IdeaStorm 开放式众包创新平台，向用户征求产品设计、营销以及技术支持等创意，用户可以在平台发布、评论、升降级和宣传创意
乐高	内向型（2014 年至今）	社群共创（2014 年至今）	2014 年搭建 LEGO Ideas 平台，是为收集来自全球乐高粉丝的创意而建立的开放式创新平台
星巴克	内向型（2008 年至今）	社群共创（2008 年至今）	于 2008 年创建 My Starbucks Idea 平台，至今已拥有 20 多万条创意，受这些创意启发已发布了 1000 多项创新方案

续　表

企业	开放类型	开放主导模式	典型证据援引
特斯拉	内向型 （2003—2014 年）	内部依赖 （2003—2014 年）	成立之初专注于科技研发，专利申请量不大。2009 年以来专利申请量增长迅速，在电力牵引、充电技术、电池技术等领域具有明显优势
	外向型 （2014 年至今）	主导参与 （2014 年至今）	2014 年 6 月 12 日，宣布开放特斯拉全部专利，鼓励所有汽车制造商都来关注、使用特斯拉专利技术

　　开放式创新模式的本质是通过整合组织内、外部资源和相关知识实现创新的过程。因此，开放式创新模式离不开企业内、外部创新源之间的协同和交互。一般来说，开放式创新的合作伙伴包括供应商、消费者、竞争者、研发机构等，具体实现机制可以采用包括购买技术授权、建立战略联盟、购买科技服务等的传统方式，也可以运用第二代互联网（Web 2.0）技术，通过虚拟开放网络获取外部群体的相关知识和技术。该模式极大地拓展了传统创新网络的合作边界，提高了创新的开放度和效率。

　　可见，开放式创新是企业突破原有的组织边界，通过改变与外部企业、大众的关系，增强相互之间的关联和协作，获取外部创新资源和知识，进而实现有效的创新。[1] 因此，众包创新可以看成是开放式创新的一种特殊形式。众包创新就是通过引导网络使大众参与到企业特定创新过程的开放式创新活动。而且有学者[2]认为，从开源创新到众包创新模式，信息化无疑起着重要作用，全面影响着开放式创新理论的演化。也有学者认为众包创新与开放式创新并不是简单的隶属关系，众包创新是企业开放式创新的一种特殊形式——面向创新的众包模式。开放式创新和众包创新都强调企业充分整合和利用外部资源进行创新。不过，有别于开放式创新的利用外部资源模式，众包创新不仅使具有不同背景、职业和知识技能的大众联合在一起产生具体解决方案，更使拥有专业技能的个人、团队及业余爱好者、兴趣爱好者集聚在一起并形成集体智慧。一般来说，开放式创新模式更关注组织间合作创新，而众包创新更关注社会大众的合作创新。

---

　　① Chesbrough H, Vanhaverbeke W, West J. Open innovation: Researching a new paradigm [M]. Oxford University Press on Demand, 2006.

　　② 陈劲. 协同创新[M]. 杭州: 浙江大学出版社, 2012.

2.3 用户创新

20 世纪 70 年代美国麻省理工学院的埃里克·冯·希普尔教授(Eric von Hippel)率先提出"用户是创新者"概念,并结合实证将创新源分为供应商创新、用户创新及制造商创新三种。希普尔教授提出随着大众需求的个性化和多样化,原有的封闭式创新模式已不能支撑企业大量增长的创新需求,迫使企业开始从大众中获取创新资源,弥补企业内部创新不足,即用户创新(user innovation)。[①] 希普尔教授[②]在研究创新源的多样性时发现:在计算机领域,用户创新比例达 33%;在石油加工流程、科学仪器领域,用户创新比例达 43% 和 82%,而在滑板、雪橇和冲浪板等运动器械行业,用户创新比例都超过了 50%。可见,这些行业的很多具有重要商业价值的创新都是来源于用户或是由用户与企业共同开发的,而不是由产品制造商独立完成。也就是说,用户创新成为提升企业创新绩效的重要模式之一。用户创新可以有效地集成用户需求信息和企业产品创新能力,得到了许多学者和企业的广泛关注和重视。

用户创新本质上是用户基于使用经验对现有的产品或服务的缺陷提出改进建议和创新想法,以更好地满足自身需求。[③] 从心理学角度出发,用户创新反映了用户不断追求改变和尝试新事物的心理特质。从行为角度出发,用户创新反映的是用户利用先进技术和开放性信息,参与企业生产过程,体验独特经历的过程。从个性角度出发,用户创新是为满足自身的个性化需求,打破陈旧消费模式,期望对产品或服务做出一系列改变的性格特质。吴贵生[④]在总结前人研究基础上对用户创新概念进行了更加准确的界定,提出用户创新应该包含三个方面:①用户是为更加贴切地满足自身的需求对产品或服务提出的新想法;②用户是为达到自己的使用目的而进行设备、工具、工艺等的创造;③用户对提供商提供的产品或服务做出的改进。

用户创新的"用户",是指希望通过对产品和服务的使用而获利的公司

---

① 涂艳,孙宝文,张莹.基于社会媒体的企业众包创新接包主体行为研究:基于众包网站调查的实证分析[J].经济管理,2015(7):138-149.

② 埃里克·冯·希普尔.技术创新的源泉[M].柳卸林,等译.北京:科学技术文献出版社,1996.

③ 埃里克·冯·希普尔.技术创新的源泉[M].柳卸林,等译.北京:科学技术文献出版社,1996.

④ 吴贵生.用户创新概念及其运行机制[J].科研管理,1996,17(5):14-19.

或个体消费者,其最主要的特征就是可以单独从创新中直接获利;而企业则必须将与创新相关的产品或服务直接或间接地出售给用户,才能实现获利。由于信息禀赋差异和信息不对称等因素,用户掌握了大量不可替代的信息,同时,用户角色和用户能力也得到大幅度提升,进而成为重要的创新源和企业创新活动的补充。用户创新一般表现为用户协助企业进行创新(协作创新)和用户独立创新两种形式。[1] 实际中,由于创新具有一定的风险性,而且用户创新的目的仅为满足自身使用。因此,用户一般会选择参与企业创新活动,与企业合作完成创新。

在实践中,用户创新模式更加强调和聚焦创新领域中的用户作用,如领先用户(leader users)的作用等,创新用户在参与过程中可获得快乐和满足对学习的需求。众包创新本质上也强调用户创新的作用,但对用户的具体特征和具体能力并没有特殊强调。此外,当前的众包创新更加借助于虚拟网络平台,以充分利用外部所有相关的创新知识源,不仅仅包括产品或服务的消费者(用户),还包括普通大众。

2.4　价值共创

近年来,随着消费者地位的提升,消费者主动参与企业价值创造的积极性不断突显,共同生产(co-production)、共同创造(co-creation)等新兴理论逐渐出现并得到蓬勃发展。基于消费者和企业共同创造商业价值的价值共创(value cocreation)的概念由 Prahalad 等[2]首先提出。价值共创理论强调多个利益相关者共同创造价值。[3][4] 它阐释了企业应在关注大众(用户)消费体验的同时,以个体为中心,采用互动方式共同创造价值。价值共创理论专注于发掘大众(用户)在商业活动中的中心地位,积极引导大众(用户)参与产品或服务的设计、开发及生产的一系列过程,并与企业或其他利益相关者进行互动,以实现大众(用户)和企业共同创造价值。

传统观点认为,企业是唯一的价值创造者,而大众(用户)只是单一的价

① 刘志迎,陈青祥,徐毅. 众创的概念模型及其理论解析[J]. 科学学与科学技术管理,2015,36(2):52-61.

② Prahalad C K, Ramaswamy V. Co-opting customer competence[J]. Harvard Business Review,2000,78(1):79-87.

③ Martinez M G. Solver engagement in knowledge sharing in crowdsourcing communities:Exploring the link to creativity[J]. Research Policy,2015,44(8):1419-1430.

④ Ramaswamy V. Co-creation of value-towards an expanded paradigm of value creation[J]. Marketing Review St Gallen,2009,26(6):11-17.

值消费者。但是,随着社会经济环境的变化和新兴信息技术的发展,大量的实践表明,大众(用户)不仅能够在生活实践中独创价值,还可以通过有效渠道参与企业的价值创造活动,如参与产品与服务的设计、产品的生产以及营销或服务活动等,可以与企业共同创造价值。尤其随着平台经济的兴起,更加强化了价值共创的现实实践。此外,随着企业外部环境的动态变化,企业经营视角也发生了改变,不再单纯地追求自身价值的最大化,而是从整个生态系统角度出发,追求共创价值以实现共赢。可见,价值共创理论促使企业改变原有的发展理念,有助于实现跨界颠覆和获取持续竞争优势。① 目前,作为主流价值共创理论,影响较大的有基于消费者体验的价值共创理论和基于服务主导逻辑的价值共创理论。②

(1)基于消费者体验的价值共创理论。Prahalad 和 Ramaswamy③ 提出,为构建新的战略资本和核心竞争能力,企业需要与消费者共同创造价值,保证消费者能够拥有良好的体验价值。基于消费者体验的价值共创理论的基本观点:一是共创价值的核心在于如何创造最佳的消费体验,二是价值共创的基本方式为企业与消费者的对话和互动。在此理论背景下,生产者和消费者的地位是平等的,两者通过贯穿于整个体验形成过程的对话和互动,共同构建个性化的卓越体验。

(2)基于服务主导逻辑的价值共创理论。Vargo 和 Lusch④ 提出,服务主导逻辑不同于传统的产品主导逻辑,强调的是使用价值,主要体现在两个方面:一是服务是一切经济交换的基础,价值共创以服务交换为前提条件;二是消费者作为操作性资源(知识、技能、经验等)的拥有者,是价值的创造者。在服务主导逻辑下,消费者使用产品或服务的过程也是价值共创的过程,且共同创造的价值是生产者提供产品或服务与消费者使用产品或服务两个阶段所共同创造的价值总和。

从研究视角来看,基于服务主导逻辑的价值共创理论是从宏观经济视角提出的,反映了生产者与消费者在价值创造过程中的关系结构;基于消费者体验的价值共创理论是从企业经营的微观视角提出的,关注的是通过营

---

① 周文辉.知识服务、价值共创与创新绩效:基于扎根理论的多案例研究[J].科学学研究,2015,33(4):567-573.

② 武文珍,陈启杰.价值共创理论形成路径探析与未来研究展望[J].外国经济与管理,2012,34(6):66-73,81.

③ Prahalad C K,Ramaswamy V. Co-creation experiences:The next practice in value creation [J]. Journal of Interactive Marketing,2004,3 (1):5-14

④ Vargo S L,Lusch R F. Evolving to a new dominant logic for marketing[J]. Journal of Marketing,2004,68(1):1-17.

造互动环境来提高顾客体验价值。

从价值内涵来看,基于服务主导逻辑的价值共创理论以使用价值为中心,强调在产品或服务的使用和消费阶段实现价值共创;基于消费者体验的价值共创理论则是以消费者体验价值为中心,在生产、营销、销售等各阶段实现体验价值的共创。[①] 两种价值共创理论的比较如表 2-3 所示。

表 2-3　两种价值共创理论的比较

比较维度	Prahalad 和 Ramaswamy 的价值共创理论	Vargo 和 Lusch 的价值共创理论
研究视角	广义的企业战略管理和竞争	狭义的经济发展与演化
价值产生阶段	产生于产品或服务的体验阶段	产生于产品的使用和消费过程
价值创造过程	通过对话和互动创造价值	生产者提出价值主张,消费者通过使用和消费创造价值
价值创造者	生产者、消费者、合作企业	生产者、消费者、利益相关者
价值基础	共同创造体验	使用价值或情境价值
价值实现	价值共创参与方的价值实现	包括生产者、消费者及其他利益相关者在内的系统价值实现
企业的作用	提供体验和互动情境,促进顾客价值共创	提出价值主张,参与价值共创
消费者的作用	价值共创的主角	价值的共同创造者

从价值共创理论可知,大众(用户)参与价值共创的过程可以给企业带来产品创意、创新思想和创新解决方案等,使企业能够充分利用外部资源和外部大众(用户)知识,降低产品与服务的开发成本,提升竞争力。同时,大众(用户)通过向企业提供知识、技术等智力资本,也可以获得相应报酬或收益。也就是,价值共创属于企业与大众(用户)共同参与的互惠运作模式。价值共创模式的主要特点如下。

(1)价值共创的主体一般由两个或多个主体共同参与。价值共创的参与者可以是大众(用户)、供应商,也可以是合作伙伴、竞争者等其他利益相关者。企业可以通过构建多主体参与的生态系统,实现价值的协同创造。

(2)利益相关者的互动是价值共创的主要活动。价值共创需要大量的参与者,这些参与者通过平台进行互动,进而实现价值共创。有效的互动机

---

① Prahalad C K,Ramaswamy V. Co-creation experiences:The next practice in value creation [J]. Journal of Interactive Marketing,2004,3(1):5-14

制是实现价值共创的关键。也可以说,价值共创是价值创造的主体通过有效互动,实现想法交换、知识的共享和资源的整合,进而共同创造价值。

(3)知识、资源、技术等是价值共创的基础。从价值共创的过程来看,价值创造的多主体参与者,无论是大众(用户),还是供应商、合作者等,都需要通过有效的信息交流,实现知识共享和资源互用。此外,学者普遍认为大众(用户)能力在共创价值过程中发挥着越来越重要的作用。[①] 一般来说,大众(用户)能力是指大众(用户)所拥有的知识、技能、学习意愿以及参与对话的能力。大众(用户)能力的充分整合和利用是大众(用户)参与价值共创的基础,也是提升价值共创绩效的关键。

(4)多赢是价值共创的最终目的。价值共创实质上是企业通过平台与众多参与者开展互动,并整合资源和相关知识,最终实现共赢的过程。企业通过价值共创实现产品和服务的创新、运营成本的降低和创新方案的获取,参与大众通过价值共创获取相应报酬,或诸如关系价值、学习价值等收益。

可以看出,价值共创理论认为多方参与主体通过互动合作,可以协同创造多维价值。从这个视角来说,众包创新属于价值共创模式的一种特殊形式。众包创新打破了传统企业封闭式创新的边界,也重新界定了参与价值共创的相关主体,发包方通过众包平台发布任务需求,然后设计机制来吸引全社会创新资源向平台集聚,而接包方利用自身知识技能完成创新任务,最终实现创新价值、关系价值和知识价值的共同创造。因此,众包创新可以被认为是多元参与主体不确定、创新资源更广泛、价值共创目标更明确的一种价值共创模式。

2.5　知识共享

在众包创新过程中,知识转移与共享贯穿其中,营造良好环境促进大众之间的知识共享行为能够提高众包创新效率和节约成本。[②] 回顾和梳理知识共享相关理论,对理解众包创新模式下的大众持续知识共享行为具有重要意义。

知识共享作为知识管理的核心内容,不同学者对其有着不同的理解:

---

① 彭艳君,管婷婷.家装行业顾客能力对顾客参与价值共创的影响研究[J].北京工业大学学报(社会科学版),2016,16(1):27-37.
② 郝琳娜,侯文华,郑海超.基于众包竞赛的虚拟社区内知识共享行为[J].系统工程,2016,34(6):65-71.

Bart 等①指出，知识创新依靠于个体间的显性或者隐性知识的交换或共享。Zhang 等②提出知识分享是个体或组织间分享信息、经验和技能的整个过程。Tsai 等③指出，在不同部门之间进行知识整合的过程即知识共享。Lambermont④ 的研究表明，知识共享分为社会化和非社会化机制两种形式，社会化机制通过技术交易和会议的形式实现知识共享，非社会化机制主要通过调研、访谈等形式实现。刘锟发等⑤提出知识共享的过程不应只涉及知识的产生和转移，更要包括知识共享的意愿。Prusak⑥ 则对知识共享从学习和交易两个视角进行分类，认为在学习视角下，团队、组织之间的学习过程即知识共享；而在交易视角下，各个知识共享者需要获得相应的收益。Jin 等⑦提出众包竞赛中的知识共享是成员间通过发帖、留言、评价、互通交流等多种形式，相互传递、交流知识的行为。参与大众通过在众包创新社区自由地展示知识，鼓励他人在自己所分享知识的基础上进行评价与建议，并且持续的自我学习，有助于产生高质量的解决方案。

可见，虽然上述学者的研究视角不同，但知识共享所包括的内容基本一致：知识共享主体需要有共享的动机与意愿、知识的转移与共享需要参与方多维度互动、知识通过共享能实现增值等。而众包创新模式下的知识共享是指大众在参与众包创新过程中，为实现自身价值，以众包平台为媒介，通过提交创意或解决方案、评价与讨论其他大众观点、与平台及发包方等进行互动交流，最终实现知识价值增值的过程。一般来说，众包创新模式下的知识共享具有如下特征。

（1）知识共享影响因素复杂。众包创新的过程是包括接包大众、发包方

---

① Bart V D H，De J A. Knowledge sharing in context：The influence of organizational commitment，communication climate and CMC use on knowledge sharing[J]. Journal of Knowledge Management，2000，8(6)：117-130.

② Zhang A Y，Tsui A S，Wang D X. Leadership behaviors and group creativity in Chinese organizations：The role of group processes[J]. Leadership Quarterly，2011，22(5)：851-862.

③ Tsai K H，Hsu T T. Cross-Functional collaboration，competitive intensity，knowledge integration mechanisms，and new product performance：A mediated moderation model[J]. Industrial Marketing Management，2014，43(2)：293-303.

④ Lambermont-Ford J P，Lam A. Knowledge sharing in organisational contexts：A motivation-based perspective[J]. Journal of Knowledge Management，2010，14(1)：51-66.

⑤ 刘锟发，李菁楠. 国内外组织内部知识共享影响因素研究综述[J]. 图书馆学研究，2010(16)：8-12，91.

⑥ Prusak L，Davenport T H. Knowledge after the knowledge creating company：A practitioner perspective[M]. Palgrave Macmillan UK，2013.

⑦ Jin X，Zhang M，Hou X. Research on performance optimization of crowd innovation space from the perspective of participation motivation[J]. Personal and Ubiquitous Computing，2021：1-13.

和平台等诸多主体参与的知识创造过程。影响知识共享的因素复杂多样：单丽娟等[1]提出奖赏激励、任务导向和兴趣参与显著正向影响知识共享；薛娟等[2]通过采集 IdeaStorm 众包社区的相关数据，研究发现初始传播节点度、个体吸收与创新能力、众包任务持续时间等因素对知识共享也存在显著影响；吴士健等[3]则认为增强参与成员的归属感、自我身份认同和自我效能感以及保持成员间适度的知识势差有助于提升知识共享行为。可见，创新任务属性、创新任务需求表达、大众参与动机和众包平台环境等都是影响知识共享的关键因素。

（2）需要多维交流与互动。众包创新的多主体参与特征，使得要提升知识共享，需要参与多方主体开展多维交流与互动，并且这还有利于提高创新问题解决的精准性和知识的实用性。[4] Zhou[5]提出在一个多元主体参与的环境中，社区内的基本交互和补充交互，对参与主体的知识获取和知识共享有显著影响。在众包创新过程中，需要大众与大众、大众与众包平台、大众与发包方之间等开展多维度、多渠道互动，增强信任的同时，增加知识交流、共享与碰撞的机会。

（3）存在一定的知识产权风险。由于众包创新的参与主体自由自愿、组织形式较为分散，互联网虚拟社区的运作环境存在较多的不确定性，导致知识共享过程中存在一定的知识产权风险。[6][7] 会出现知识产权归属不明及核心知识与技术信息的泄露风险。此外，众包创新中容易出现大众与发包方之间信任程度较低等情形，参与双方会存在一定的机会主义倾向，从而有可能做出损害发包方和其他大众利益的行为。

---

① 单丽娟，姜鑫，杨皎平.关系嵌入视角下众包社区知识共享机理研究[J].渤海大学学报（哲学社会科学版），2017，39（1）：69-76.

② 薛娟，丁长青，陈莉莎，等.基于 SIR 的众包社区知识传播模型研究[J].科技进步与对策，2016，33（4）：131-137.

③ 吴士健，刘国欣，权英.基于 UTAUT 模型的学术虚拟社区知识共享行为研究：感知知识优势的调节作用[J].现代情报，2019，39（6）：48-58.

④ 卢新元，陈勇，王康泰，等.网络众包模式下知识转移过程及影响因素研究[J].知识管理论坛，2016，1（2）：91-99.

⑤ Zhou J，Zuo M，Yu Y，Chai W. How fundamental and supplemental interactions affect users' knowledge sharing in virtual communities? A social cognitive perspective[J]. Internet Reasearch，2014，24（5）：566-586.

⑥ Mazzola E，Acur N，Piazza M，Perrone G. To own or not to own?: A study on the determinants and consequences of alternative intellectual property rights arrangements in crowdsourcing for innovation contests[J]. Journal of Product Innovation Management，2018，25（6）：908-929.

⑦ Nonaka I，Takeuchi H. The knowledge-creating company: How Japanese companies create the dynamics of innovation[M]. Oxford：Oxford University Press，1995.

对于知识共享的一般过程,不同学者观点各异。Nonaka 等①提出 SECI
〔Socialization(社会化)、Externalization(外在化)、Combination(组合化)、
Internalization(内隐化)〕知识螺旋模式,揭示了知识创造的基本过程。
Gilbert② 则将知识共享分为知识获取、知识沟通、知识应用、知识接收与知
识同化五个阶段。Albino 等③提出了组织间知识共享过程由知识共享源、
知识共享内容、知识共享途径和知识情境四个因素构成。Szulanski④ 将知
识共享的过程分为知识需求、获取、吸收及转移四个阶段。卢新元等⑤提出
网络众包中知识的转移过程包括知识产生、知识交互、知识整合和知识反馈
四个阶段。结合众包创新的运作模式和知识共享过程的相关研究,从大众
知识分享视角,认为众包创新模式下的知识共享过程主要包括大众知识产
生、知识交互、知识评价、知识融合与创新、知识反馈五个阶段,如图 2-2 所
示。相关组成要素包括知识提供者(大众)、知识接收者(发包方)、知识共享
环境(众包创新平台)、知识本身等。

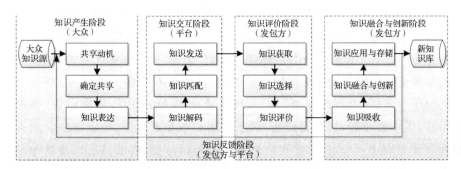

图 2-2　众包创新的知识共享全过程

知识的产生源于企业的内部创新需求,进而向外部大众提出创新任务
的要求。大众结合自身能力,产生对创新任务的接包意愿,出现知识共享动
机,并根据创新任务的类型与要求、难易程度等提出创意或方案。通过众包

①　Nonaka I,Takeuchi H. The knowledge-creating company:How Japanese companies create
the dynamics of innovation[M]. Oxford:Oxford University Press,1995.

②　Gilbert M,Cordey-Hayes M. Understanding the process of knowledge transfer to achieve
successful technological innovation[J]. Technovation,1996,16(6):301-312.

③　Albino V,Garavelli A C,Schiuma G. Knowledge transfer and inter-firm relationships in
industrial districts:The role of the leader firm[J]. Technovation,1998,19(1):53-63.

④　Szulanski G. The process of knowledge transfer:A diachronic analysis of stickiness[J].
Organizational Behavior & Human Decision Processes,2000,82(1):9-27.

⑤　卢新元,陈勇,王康泰,等.网络众包模式下知识转移过程及影响因素研究[J].知识管理论
坛,2016,1(2):91-99.

创新平台,大众知识得以转移,但需要将其知识进行编码,供发包方评估和选择。该过程涉及大众与平台、大众与大众、大众与发包方之间的交流互动。接包方根据创新任务的需求、自身吸收能力和原始知识基,对相关知识进行整合和吸收,给出相应的解决方案。发包方通过对知识进行解码,并调用企业知识库所存储的知识,采取相应的策略加以整合吸收,最后付诸实践,同时更新企业现有知识库,使之成为企业内部的新知识。知识的反馈对维持众包创新平台的正常运行起着重要的作用,构建科学的反馈机制有助于实现知识的多次交互,实现知识的深度创新与价值增值。

2.6 关系营销

"关系营销"初期被定义为"培养、维护和强化客户关系"[①]。随着市场竞争环境的改变,"客户忠诚"成为企业关注的重点,因此,有学者认为关系营销是"通过满足客户的想法和需求进而赢得客户的偏爱和忠诚"[②]。而Mckenna[③]则认为关系营销的宗旨是"将客户、供应商和其他合作伙伴整合到企业的发展和营销活动中",他进一步把"关系"的范围扩大到客户、供应商及价值链上的其他成员之间。基于此,从企业利益相关者视角,Payne[④]提出了著名的"六市场框架"模型,即企业面临六个市场:内部市场、客户市场、供应商市场、影响者市场、员工市场和推荐者市场,企业实施关系营销需要兼顾这六个市场,需要构筑和维持与供应商、内部员工以及其他相关利益人之间的良性关系。Morgan 和 Hunt[⑤]认为关系营销就是企业与客户建立、发展和保持良好关系的营销活动。

关系营销与传统的交易营销存在根本区别,可归纳如表 2-4 所示。关系营销强调维持长期关系,认为企业需要进行如下转变,即从交易驱动转为关系驱动、从以产品为中心转为以客户为中心直到以价值为中心、从单一营销转向跨部门协调等。而交易营销更加关注短期收益,注重获取新客户、保

① Berry L L. Relationship Marketing[M]. AMA, Chicago, 1982.

② Berry L L. Relationship marketing of service-growing interest[J]. Journal of the Academy of Marketing Science, 1995, 23(2):236-245.

③ Mckenna R. Relationship Marketing: Successful Strategies for the Age of the Customer [M]. Addision-Wesley Publishing Co., MA, 1991.

④ Adrian Payne, Sue Holt. Diagnosing customer value: Integrating the value process and relationship marketing[J]. British Journal of Management, 2001, 12:159-182.

⑤ Morgan R M, Shelby D H. The commitment-trust theory of relationship marketing[J]. Journal of Marketing, 1994, 58(July):20-38.

持高的市场占有率等。可见,关系营销比交易营销更加关注与客户的关系,
更加关注长期视角、长期价值的提升。

表 2-4　关系营销与交易营销的对比①

关系营销	交易营销
长期的关系	离散的关系
价值提升	价格推动
长期考虑和行动	短期考虑和行动
保留老客户	获取新客户
关注于关系	关注于销售
激励长期的交易关系和收入	激励交易的完成
奖励以建立、发展长期关系和收入为主	奖励以销售量为主
将售后服务和支持视为关系的投资	将售后服务和支持视为成本
关注客户的期望和感知	关注产品和服务
交易实现仅仅是开始,追求长期关系和结果	只追求交易的实现
组织结构支持长期关系的建立和发展	组织结构不支持长期关系的建立

基于关系营销理论探索众包模式的运行机制,以保持大众、众包平台和
发包企业之间的良好合作关系,需要关注以下几个方面。

(1)长期合作。当前市场环境动态变化,信息技术的发展日新月异,竞
争强度日趋激烈,企业的长期发展与大众的利益捆绑在一起。在众包创新
中,只有通过发包企业与参与大众的长期合作,才能不断完成创新任务,降
低创新成本。参与大众也将从中获取较多的用户价值,激发持续参与意愿。

(2)多向沟通。在关系营销过程中,企业与用户、其他利益相关者间的
信息交流强调多向沟通。只有众包创新的发包方、众包创新平台与参与大
众开展深入全面的交流沟通,才能实现创新任务相关信息的充分共享,大众
才能在理解发包企业需求的基础上完成创新任务。

(3)亲密关系。关系营销强调与利益相关者保持亲密关系以实现价值
创造。在众包创新过程中,需要全方位构建发包方、众包平台与参与大众的
亲密关系,从关系生命周期视角出发,分析各个阶段众包参与主体的利益诉
求和行为特征,采取有效的关系管理提升参与各方的关系承诺水平,实现亲
密关系的维持和发展。

---

①　郑玉香.客户资本价值管理[M].北京:中国经济出版社,2006.

（4）目标共赢。关系营销的目的是在合作的基础上更好实现各方的利益，而非通过损害某一方的利益来提升其他方的利益。在众包创新模式下，需要深入洞悉发包企业和大众的参与动机，构建科学的激励机制和保障机制，实现双方参与主体的预期价值。

2.7　本章小结

本章主要概述了众包创新的相关理论。作为面向创新任务解决的众包模式——众包创新，其理念与开放式创新、用户创新、价值共创等理念一脉相承。分析上述理论间的联系和区别，有助于理解和把握众包创新的内涵和本质。众包创新模式的组织形式开放自由、创新任务复杂多样、参与大众不确定性强和难以控制等特征，决定了要研究众包创新模式下的大众持续知识共享行为，需要结合知识共享、关系营销等多领域理论，以明确大众持续参与众包创新并贡献知识的底层逻辑和深层原因。

第3章 众包创新模式的运行过程
与大众持续知识共享的本质

本章从众包创新模式的内涵与特征出发,通过分析众包创新模式的一般运行过程,从双边视角探索了众包创新商业模式的本质内涵,并系统论证了众包创新模式下大众持续知识共享的本质及运作过程中存在的知识流。

3.1 众包创新模式的内涵及特征

自 Howe[①] 在《连线》上首次提出众包的概念,并认为众包是将传统习惯上分派给指定对象(常常是雇员)的工作任务,现在通过网络外包给众多的、不确定参与者的做法(如将产品研发、设计及诸多关键技术委托给外部大众,让大众群体提出创意并解决相关问题)。随后,Brabham[②] 描述了众包的过程:企业在线发布问题—大众群体(专业或非专业)提供解决方案—赢者获取报酬,且其知识成果归企业所有,认为众包是一种在线、分布式问题解决模式和生产模式。Jeppesen 等[③]认为众包是指将传统企业内部完成的任务通过公开招标的形式,转交给非特定的外部网络群体完成,参与个体分别提交方案后,发包方择优选择并对中标者给予奖励的问题解决模式。Afuah 等[④]认为众包是以企业外部网络群体智力资源为导向,为企业问题解决和外部资源利用提供新模式。

众包创新是一种面向创新任务解决的典型众包模式,与开放式创新、用户创新价值共创等理论一脉相承,是企业充分利用外部网络资源实现创新

① Howe J. The rise of crowdsourcing[J]. Wired Magazine,2006,14(6):1-4.

② Brabham D C. Moving the crowd at iStockphoto: The composition of the crowd and motivations for participation in a crowdsourcing application[J]. First Monday,2008,13(6):236-238.

③ Jeppesen Lars Bo, Lakhani Karim R. Marginality and problem-solving effectiveness in broadcast search[J]. Organization Science,2010,21(5):1016-1033.

④ Afuah A, Tucci, C. L. Crowdsourcing as a solution to distant search[J]. Academy of Management Review,2012,37(3):355-375.

的解决方式。Parvanta 等①描述众包创新为利用全球的知识、能量和创造力，解决创新问题的一种方法。Martinez②指出众包的概念是建立在大众比少数精英更聪明一些的基础之上的，通过整合具有不同领域专业知识、技能和经验的大众智慧，更加有利于促进创造力与创新绩效的提升。

本书认为众包创新作为一种新型创新模式，是指企业把传统由内部员工执行的创新任务，以自由自愿的形式转交给外部网络大众来完成的商业模式。根据大众参与方式不同，下面重点阐述众包竞赛与协作式众包创新两种常用的众包创新模式。

（1）众包竞赛。作为众包创新模式中最直接的一种形式，是指任务发布方在自建虚拟社区或第三方网络平台发布创新任务，广泛参与的大众以竞争方式独立解决创新任务，最终的获胜者得到相应奖励。③众包竞赛以威客模式为主，如创新中心（InnoCentive）、亚马逊土耳其机器人（Mechanical Turk）、猪八戒网和任务中国等。它们通过搭建接包方与发包方之间的在线交易平台，根据发包方的需求差异，提供多样化的众包创新服务。④以创新竞赛的形式发布创新任务，可获得广泛的大众参与，因其强调竞争性而具有较强的创新活力，创新难题被更高效解决的可能性也较高。⑤

（2）协作式众包创新。协作式众包创新过程一般涉及较复杂的创新难题，需要连接多样化的外部知识，同时需要知识之间具有较强的互补性和模块化。在激励机制方面，与"赢者通吃"为主要特征的众包竞赛不同，协作式众包创新的所有参与者皆可能对最终方案有贡献，一般会根据每个参与者提供方案的绩效水平给予其一定的奖励。因此，协作式众包创新一般能吸引到更多参与者，参与主体间会进行频繁的知识交流、技术分享等协作性行为。菲亚特公司在菲亚特 500 车型设计中采用协作式众包创新模式，获得了包括排气管造型、保险杠、后视镜等整车及部件设计方案，设计方案集聚了大众智慧，在商业上取得了较大成功。

根据研究视角的不同，也可以将众包创新模式划分为其他不同类型：

①　Parvanta C, Roth, Y, Keller, H. Crowdsourcing 101 a few basics to make you the leader of the pack[J]. Health Promotion Practice, 2013, 14(2): 163-167.
②　Martinez M G. Solver engagement in knowledge sharing in crowdsourcing communities: Exploring the link to creativity[J]. Research Policy, 2015, 44(8): 1419-1430.
③　卢新元, 王康泰, 胡静思, 等. 基于 Fuzzy-DEMATEL 法的众包模式下用户参与行为影响因素分析[J]. 管理评论, 2017, 29(8): 101-109.
④　冯剑红. 基于众包的数据查询处理关键技术研究[D]. 北京: 清华大学, 2015.
⑤　Felin T, Zenger T. R. Closed or open innovation? Problem solving and the governance choice[J]. Research Policy, 2014, 43(5): 914-925.

Schenk 等①提出,可将众包创新模式分为整合型众包创新模式和选择型
众包创新模式两大类。整合型众包主要依靠外部大众收集大量的数据和
信息,完成众包创新任务,适用于简单创新任务的众包,如维基百科
(Wikipedia)、开放式街道地图(OpenStreetMap)等;选择型众包的对象为复
杂创新任务,通常以众包竞赛的形式开展,奖励机制一般为"赢者通吃"模
式,如科研众包创新平台创新中心(InnoCentive)等。Frey 等②则将众包创
新分为基于企业自建网络社区和基于第三方平台的众包创新模式,前者如
戴尔公司的创意风暴社区(IdeaStorm)、全球创新池(Global Innovation
Jams),后者主要包括亚马逊公司的土耳其机器人(Mechanical Turk)等。

　　基于上述研究,按照大众参与众包创新活动的"协同程度",也可将众包
创新模式划分为选择型、整合型、融合型三种,如表 3-1 所示。

表 3-1　众包创新模式的类型

类型	选择型众包创新	整合型众包创新	融合型众包创新
概念	将企业研发所面临的难题外包给社会大众,并将社会大众的优秀创意商业化	将企业的核心创新任务进行分解,外包给外部创新单元(可以是动态的,也可以是固定的),形成创新群落	众多个体网络大众以第三方互联网平台为载体,形成具有一定动态性、组织相对松散的创新联盟来共同完成创新任务
特点	创新任务不局限于企业内部团队,创新方案的获取不受时空限制,大众为企业提供的知识服务多样化	形成的创新群落中,可能存在多个创新单元参与,企业需要将复杂创新任务进行分解,对获取的创新方案进行吸收和整合	在创新联盟中,大众互动交流,技术、知识、资源实现共享,共同探索创新方案;参与者之间相互学习、相互促进,不断提高自身创新能力,以此提升创新质量与效率
协同程度	低	高	最高
一般实现形式	第三方平台或自建网络社区	自建网络社区	第三方平台

---

　　① 　Schenk E,Guittard C. Towards a characterization of crowdsourcing practices[J]. Journal of Innovation Economics & Management,2011(1):93-107.

　　② 　Frey K,Lüthje C,Haag S. Whom should firms attract to open innovation platforms? The role of knowledge diversity and motivation[J]. Long Range Planning,2011,44(5):397-420.

续　表

类型	选择型众包创新	整合型众包创新	融合型众包创新
典型代表	创新中心 (Innocentive)	戴尔众包创新社区 (IdeaStorm)	维基百科开源社区

　　作为开源模式的群体参与和外包两种商业模式的结合,众包创新模式具有以上两者的典型特征,也存在着诸多不同之处。主要体现在以下几个方面。

　　(1)管理方式上,不同于外包将任务转交给外部特定群体的契约制,众包创新模式致力于吸引更多外部大众的参与,通过适当的激励机制与惩戒机制,使他们参与到创新任务中来,自由自愿而非采取合同形式。

　　(2)参与方式上,由于外包采用合同契约规范外部群体的行为义务,本质上属于雇佣关系,强制要求参与者完成规定的任务。而大众参与众包创新的动机复杂多样,一部分出于金钱奖励等外部动机,也有很大一部分因兴趣和享乐主义等内部动机而参与,并且因参与者大多利用业余时间参与众包创新,缺乏严格的契约规范。因此,会存在大众中途加入或退出等不持续现象。

　　(3)流程管理上,外包活动中企业先根据需求开展招标活动,而后确定中标对象,再由中标对象完成外包任务。而对于众包创新模式来说,发包方发布创新任务需求后,往往需要接包方基于自身能力提出创新任务的解决方案,然后发包企业再对提交的解决方案进行评估与选择,确定最佳的方案提供者,再给予报酬或奖励。

　　(4)任务类型上,外包与开源模式多适用于单一的任务,使用范围较为狭窄;而众包创新模式可解决的任务复杂多样,从简单的标识(logo)设计、软件开发到复杂的科研项目众包,可帮助企业解决复杂研发过程中遇到的各类创新难题,适用范围较广。

　　结合众包创新的内涵和总结企业管理实践,众包创新模式具有如下典型特征。

　　(1)组织模式自由开放,相对松散。如前所述,根据众包创新发起主体的不同,一般可分为基于企业自建虚拟社区和基于第三方平台的众包创新模式。而按照大众参与众包活动的"协同程度",又可分为选择型、整合型、融合型三种众包创新模式。在以上各类众包创新模式中,大众基于自身的专业知识和研究兴趣,花费一定时间参与完成创新任务。而当缺乏感兴趣的任务或没有空闲时间时,大众可以暂时退出虚拟社区或网络平台,一旦存在满足需求的相关任务时,又可以回归平台。即使在任务进行过程中,大众也可根据自身情况自由选择参与或退出。因此,相较于外包等商业模式,众包创新模式的组织形式松散,参与者自由自愿。

(2)参与主体不确定性强,难以控制。由于众包创新模式组织松散,对参与大众的限制性约束较弱,因此,大众参与众包创新的持续时间、努力水平以及所提交的方案质量等均存在较强的不确定性。而且,大众自由自愿参与众包创新,随时可能加入或退出,导致参与过程难以控制,参与程度变幻莫测,参与质量参差不齐。

(3)创新任务复杂多样,目的性强。根据 Terwiesch 等[①]的相关研究,众包创新的任务一般可分为创意类、实验类及专业知识类等多种类型。可见,众包的任务范围较广,从简单的包装设计到软件开发,再到复杂的药品研发以及企业复杂的产品与技术创新等,从某种意义上来说,企业所涉及的创新难题,均可通过众包创新的方式尝试解决。但不同于简单任务的众包,目的性强的众包创新模式聚焦的是创意或创新方案的获取以及创新难题的解决,因此,众包创新模式更加注重外部多样化、异质性的知识获取、吸收、整合和运用。

(4)外部知识获取导向,协同要求高。Howe[②] 认为,众包模式是通过互联网进行知识价值化和吸收劳动力的全新方式,是利用组织外部力量、群体智慧和多样化资源完成组织特定任务的一种无具体发包对象的委托形式。面向创新任务解决的众包创新模式无疑更加强调对外部知识的迫切需求,而外部知识源的多样性、与企业自身知识的距离大小、技术环境的健康水平等因素,要求企业以更加开放的视角去有效发掘外部创新知识源,以强化协同合作的理念与外部大众进行有效互动,以更加柔性的组织学习过程,实现知识的获取利用与再创新。

3.2　众包创新模式的一般运行过程

结合众包创新模式的内涵与特征,Whitla[③] 根据亚马逊土耳其机器人(Mechanical Turk)众包平台,将众包创新的过程分为以下几个环节:①发

---

① Terwiesch Christian, Xu Yi. Innovation contests, open innovation, and multiagent problem solving[J]. Management Science, 2008, 54(9):1529-1543.

② Howe J. The rise of crowdsourcing[J]. Wired Magazine, 2006, 14(6):1-4.

③ Whitla P. Crowdsourcing and its application in marketing activities [J]. Contemporary Management Research, 2009, 5(1):15-28.

包方在众包平台上发布任务及明确要求;②接包方在众包平台上解决问题并提交解决方案;③发包方向提交优秀方案的接包方支付相应报酬。谭婷婷等[1]提出任务发布者、众包中介与问题解决者三者共同构成了众包创新的运作基础,并认为众包创新过程包括任务提交、初始化、任务执行与任务完成四个阶段。Ipeirotis等[2]通过分析众包创新平台的运作机理,指出众包创新的基本流程应包括:发包方在众包平台上发布创新任务,接包方通过众包平台接受任务并按时完成,最后发包方通过对解决方案开展评价与选择,给予接包方相应的报酬和奖励。

可见,发包方(任务发布者)、众包平台(众包媒介)和接包方(任务解决者)是众包创新模式的主要参与主体。发包方是创新任务的需求者,既可以是企业也可以是个人;接包方为参与创新任务的网络大众,是创新任务的解决方案提供者;众包创新平台致力于营造一种良好的协作环境,以高效率、低成本完成众包创新任务,可以是发包方自建虚拟社区,也可以是第三方众包平台。进一步地,众包创新的一般运作过程可描述为以下几个阶段。

(1)任务发布者(发包方)依据其实际创新需求,设计与配置创新任务,并制定相关需求标准,包括任务描述、任务报酬、任务期限和任务自由度等。任务描述是指任务发布者对创新任务的要求,需要具体阐释;任务报酬是指任务发布者对于最终所选创新解决方案,给予解决者的相应奖励,需要明确且履行承诺;任务期限是指创新任务完成的具体时间要求;任务自由度是指接包方对创新任务的自主决策权利,对任务的自由理解与解答等。

(2)发包方将创新任务发布于众包平台,并选择合适的众包创新模式(包括悬赏型任务、招标型任务、常规任务等)。悬赏型任务是指将悬赏金预先支付给众包创新平台,待接包方提交解决方案后,筛选出最优方案,然后平台支付给方案提供者相应的承诺奖励;招标型任务的运作过程是,发包方预先在众包创新平台上缴纳一定的定金,然后对报名参与的接包方进行审核与筛选,确定参与者,待参与者提交方案后择取最优方案,并发放其承诺的奖励。招标型任务比悬赏型任务的要求更高,更适用于较为复杂、周期较

---

① 谭婷婷,蔡淑琴,胡慕海.众包国外研究现状[J].武汉理工大学学报(信息与管理工程版),2011,33(2):263-266.

② Ipeirotis P G,Gabrilovich E. Quizz:Targeted crowdsourcing with a billion (potential) users [C]. Proceedings of the 23rd International Conference on World Wide Web:ACM,2014:143-154.

长的创新型任务。

（3）接包方根据所掌握知识与自身能力，在众包平台上筛选相匹配的创新任务，并按照创新任务的具体要求，提出解决方案并在众包平台上进行提交。

（4）发包方对完成创新任务的提交方案进行评估与选择，根据创新任务发布时的具体承诺，给予最优方案的提供者奖励。

因此，众包创新模式的一般运行过程可用图 3-1 描述。

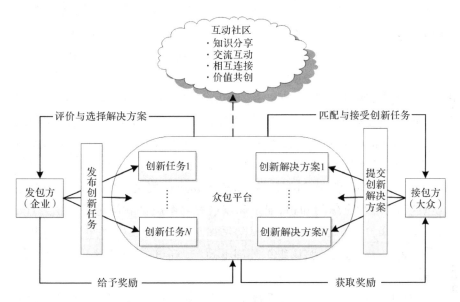

图 3-1　众包创新模式的一般运行过程

发包方与接包方之间通过众包创新平台紧密连接，众包平台通过打造良好的开放式虚拟环境，激发双方互动交流意愿，提供安全可靠的交互平台，促使高水平解决方案不断涌现。完整的众包创新运行过程离不开三方参与主体，任何一方的兴起都将会带动其他两方的迅速增长。正如众包创新平台的良好运行必将吸引大量的网络大众积极参与，也会吸引大量的发包方参与；发包方恰当的激励措施也将调动任务解决者的积极性，也将推动众包平台的快速发展。

3.3　众包创新的本质：外部网络大众知识的获取和运用

众包创新是企业通过把传统由内部员工执行的创新任务，以自由自愿的形式转交给外部网络大众来完成的商业模式。可以说，众包创新的本质

是通过获取和运用外部相关知识,进而完成创新任务的一种商业模式。这是因为:

(1)从众包创新过程来看,知识转移贯穿于整个过程。从创新任务的发布来说,任务发布方需要提供创新任务的相关知识,如任务类型、任务特征和任务具体要求,有时还需利用相关知识对复杂的创新任务进行分解并加以描述;从任务接包方(大众)来说,需要结合自身相关知识和能力,针对具体创新任务,提出解决方案,同时需提交给任务发布方或众包平台;任务发布方需要结合专家知识和自身对知识的吸收能力,评估、选择和整合所提交的解决方案,并对大众或平台进行反馈,从而形成一个闭环的知识转移和流动过程。也有学者持同样观点:Afuah 等[1]认为众包以企业外部网络大众智力资源为导向,为企业利用外部知识和解决创新问题提供了新模式;Oliveira 等[2]将众包创新活动定义为智力资产创造的过程,一定程度上可视为问题解决者分享自身知识,任务发布企业获取并吸收大众知识的过程;Sun 等[3]将众包平台定义为一种自由开放的知识交易场所,知识搜寻者(企业)发布创新任务和奖励方案,知识贡献者(大众)则利用自身多样化和专业化的知识完成创新任务,以获得相应的奖励。Parvanta 等[4]描述众包创新为利用全球的知识、能量和创造力并解决创新问题的方法。Heo 等)[5]认为众包创新是一种新型知识获取方式,企业以构建知识网络和创建知识库的形式,充分利用组织外部不确定大众的智慧和知识,完成创新任务。

(2)良好的众包创新绩效得益于外部知识的获取与运用。大量文献从不同视角反映出上述观点:Surowiecki[6]通过案例研究,提出众包创新源于优秀的外部知识群体,他们通过虚拟平台来传播知识并能有效解决相关创

① Afuah A, Tucci, C. L. Crowdsourcing as a solution to distant search[J]. Academy of Management Review, 2012, 37(3): 355-375.

② Oliveira F, Ramos I, Santos L. Definition of a crowdsourcing innovation service for the European SMEs[C]. International Conference on Web Engineering: Springer, 2010: 412-416.

③ Sun Y, Fang Y, Lim K H. Understanding sustained participation in transactional virtual communities[J]. Decision Support Systems, 2012, 53(1): 12-22.

④ Parvanta C, Roth Y, Keller, H. Crowdsourcing 101 a few basics to make you the leader of the pack[J]. Health Promotion Practice, 2013, 14(2): 163-167.

⑤ Heo M, Toomey N. Motivating continued knowledge sharing in crowdsourcing[J]. Online Information Review, 2015, 39(6): 795-811.

⑥ Surowiecki J. The wisdom of crowds: Why the many are smarter than the few and how collective wisdom shapes business[J]. Economies, Societies and Nations, 2004: 296.

新问题；Martinez[①] 指出众包是建立在大众比少数精英更聪明的认知上的，认为无论少数精英多么聪明，只要通过整合分布在不同领域、具有不同经历、拥有不同专业背景和技能的大众知识，获取群众智慧，能创造出更具创新性和价值性的解决方案。这和中国家喻户晓的谚语"三个臭皮匠，顶个诸葛亮"的表达含义一样。

（3）外部知识源的多样化是导致众包创新模式成功的关键因素。外部知识源的暴露程度、外部知识的多少以及外部知识的质量水平，是影响众包创新绩效的关键因素。Kozinets 等[②]认为外部大众所拥有的多样化知识，对众包创新项目的成功至关重要；Frey 等[③]则发现外部大众的知识多样性对众包创新绩效起重要显著作用，需要洞悉拥有多样化知识的大众参与动机并有效引导其深度参与；Papadopoulou 等[④]指出企业传统上以组织内部交流来实现知识的扩散和共享，而众包创新则通过跨越组织边界，获取外部分散的相关知识，并与自身知识基结合，从而为寻求最优创新解决方案提供一种新途径。

可见，众包创新是企业充分获取和利用外部多样化的大众知识，通过知识选择、知识获取、知识整合以及基于企业知识基的再创新等过程，产生解决创新难题的具体方案或创意。因此，可以认为众包创新的本质即企业获取和整合外部网络大众知识以实现创新目标的一种商业模式。

3.4　众包创新模式下大众持续知识共享的本质：知识承诺

考虑到众包创新的本质是企业获取和整合外部网络大众知识以实现创新的商业模式，结合关系营销和知识共享相关理论[⑤]，可以认为：大众参与众包创新的持续知识共享本质为知识承诺（knowledge commitment）。即为达到自身目标，大众持续分享技能和知识以完成创新任务；企业为获取创新

①　Martinez M G. Solver engagement in knowledge sharing in crowdsourcing communities：Exploring the link to creativity[J]. Research Policy，2015，44(8)：1419-1430.

②　Kozinets R V，Hemetsberger A，Schau H J. The wisdom of consumer crowds：Collective innovation in the age of networked marketing[J]. Journal of Macromarketing，2008，28(4)：339-354.

③　Frey K，Lüthje C，Haag S. Whom should firms attract to open innovation platforms? The role of knowledge diversity and motivation[J]. Long Range Planning，2011，44(5)：397-420.

④　Papadopoulou C-A，Giaoutzi M. Crowdsourcing as a tool for knowledge acquisition in spatial planning[J]. Future Internet，2014，6(1)：109-125.

⑤　Casimir G，Lee K，Loon M. Knowledge sharing：Influences of trust，commitment and cost [J]. Journal of Knowledge Management，2012，16(5)：740-753.

方案持续吸收大众知识,形成促使关系持续发展的知识共享保证。通过知识承诺的建立,大众自愿分享所拥有的知识,提出创新难题的最终解决方案,以获取相应报酬(既包括有形收益,也包括无形收益)并满足预期目标;企业通过交流互动,持续获取大众知识,基于自身知识基吸收并整合相关知识,实现创新目标。此外,认为大众参与众包创新的持续知识共享本质是知识承诺,还基于以下两个方面原因。

(1)知识承诺是大众持续参与众包创新的基础。基于关系营销和虚拟社区相关文献①②,认为承诺是关系双方之间关系连续性的一个隐性或显性的保证,是基于对双方发展稳定关系有信心及保持长期关系的渴望。相关学者从不同视角对承诺的维度进行了划分,一般来说承诺主要包括计算性承诺、经济性承诺和持续性承诺等,还有些学者从社会学和心理学视角出发,认为承诺还应包括情感承诺等。众包创新是企业获取和整合外部网络大众知识以实现创新的商业模式,大众的持续知识共享是众包创新模式保持活力、发挥效用的本质所在。来源于知识管理理论的知识承诺,应作为承诺的关键维度之一,在大众持续参与众包创新中发挥重要作用。只有众包创新参与大众的知识承诺建立,才能维系众包创新商业模式的健康发展。众包创新过程中的知识承诺应包括两部分:参与大众的知识承诺和发包方(企业)的知识承诺,也就是大众的持续知识共享承诺和企业的持续知识吸收承诺。一方面,出于互惠动机,企业的知识承诺会引起大众的知识持续共享意图;另一方面,大众的知识承诺保证了众包创新过程中的知识分享与知识涌现,有助于提升众包创新绩效,从而导致企业知识承诺水平的提升。

(2)多种因素作用于知识承诺,促使众包关系得以强化。众包创新过程中的知识承诺强调参与大众和发包企业之间基于长远眼光来看待所形成的众包关系,承诺参与双方应不计较短期利益得失,关注长期合作行为,维持关系持续健康发展。影响知识承诺的因素复杂多样:知识共享者期望通过知识贡献行为获取"社会声望"及其他的可能互惠行为,这是建立知识承诺的关键因素③;通过不断分享知识,有利于帮助他人,同时也能在该过程中

① Morgan R M, Shelby D H. The commitment-trust theory of relationship marketing[J]. Journal of Marketing, 1994, 58(July): 20-38.

② Shen X L, Lee M K O, Cheung C M K. Exploring online social behavior in crowdsourcing communities: A relationship management perspective[J]. Computers in Human Behavior, 2014, 40: 144-151.

③ Wasko M, Faraj S. Why should I share? Examining social capital and knowledge contribution in electronic networks of practice[J]. MIS Quarterly, 2005, 29(1): 35-57.

获得愉悦的感受,这种感受由自我效能(self-efficacy)所致,自我效能的提升是知识贡献者共享知识的内在收益[①];还有学者认为诸如报酬、互惠关系、声誉提升等感知收益对知识承诺产生重要影响,是知识持续共享的主要驱动因素[②];同时,也有研究表明,社会资本投入、互动关系形成、信任水平、认同感以及共同愿景等是影响关系承诺的关键因素,同时也会影响关系持续中的知识持续共享承诺[③]。可见,知识承诺作为承诺的关键组成维度,可以使众包关系的参与双方产生价值认同和情感依赖,将对众包创新模式的良好运行产生重要影响。只有大众持续知识共享、企业持续吸收外部网络知识,才能实现最终的创新目标,这也是众包创新模式的价值追求所在。

3.5　大众参与众包创新的知识流分析

3.5.1　大众参与众包创新的知识构成维度

由于众包创新模式的独特性和复杂性,要深入挖掘众包创新绩效的影响机理,有必要从知识管理视角,探索众包创新模式中的知识类型及流动过程。借鉴 Gibbert 等[④]的研究成果,结合众包创新的运行过程和具体实践,认为大众参与众包创新过程中存在四种类型的知识:关于大众的知识(knowledge of crowds),用于大众的知识(knowledge for crowds),来自大众的知识(knowledge from crowds)和与大众共同创造的知识(knowledge co-creation)。

(1)关于大众的知识(knowledge of crowds)

在众包创新中,关于大众的知识主要指大众个人基本信息、认证情况、历史交易记录和获得的交易评价等知识。个人基本信息具体包含学习经

---

① Kankanhalli A, Tan B C, Wei K K. Contributing knowledge to electronic knowledge repositories:An empirical investigation[J]. MIS Quarterly,2005,29(1):113-143.

② Bock G W, Zmud R W, Kim Y G, et al. Behavioral intention formation in knowledge sharing:Examining the roles of extrinsic motivators, social-psychological forces, and organizational climate[J]. MIS Quarterly,2005,29 (1):87-111.

③ Chiu C M, Hsu M H, Wang E T G. Understanding knowledge sharing in virtual communities:An integration of social capital and social cognitive theories[J]. Decision Support Systems,2006,42 (3):1872-1888.

④ Gibbert M,Leibold M,Probst G. Five styles of customer knowledge management,and how smart companies use them to create value[J]. European Management Journal,2002,20(5):459-469.

历、工作经历、学历情况等。认证情况反映大众的可靠性,通常包含手机、邮箱、身份认证等。认证程度越高,任务发布者一般会认为大众越值得信赖。历史交易记录和交易评价是衡量大众知识的重要依据。通过查看大众中标的历史任务,可以了解大众的专业技能水平和创新能力,进而判断大众的知识储备是否与自身的知识需求相关。关于大众的知识除了保密性的隐私信息外都有迹可循,一般可以从企业或平台的交易数据库中获取。任务发布者在获取关于大众的知识时需要重点关注以下内容。

一是知识水平。知识水平主要指知识型人才即大众自身所具有的专业技能知识与完成企业任务所需求的专业知识相吻合的程度,反映了完成任务的可能性。知识水平可以通过积分等级、中标率、入围率、任务收入等指标来衡量。

二是服务能力水平。服务能力水平主要是指大众在参与完成众包创新任务过程中的服务态度和服务水平。服务能力水平可以通过综合评分、好评率、退款率等指标来衡量。

三是信誉水平。信誉水平主要体现在大众的信用度和雇主评价上,比如历史任务记录上用户是否按时完成任务、保证原创及按照雇主的要求进行后期维护。

(2)用于大众的知识(knowledge for crowds)

用于大众的知识主要指任务发布者和众包平台提供给大众的相关信息,如企业发布的创新任务内容、具体要求、奖励金额以及发布者的自身信息等;众包平台提供的各种服务条款、制定的交易规则等。该类知识通常是显性知识,是大众参与众包创新活动的必备知识。用于大众的知识越充足,大众越能理解任务发布者的创新需求,进而能够创造出更好的知识成果。

(3)来自大众的知识(knowledge from crowds)

来自大众的知识即大众在众包创新过程中,主动提出的一些独特的、有价值的相关意见和建议,如对创新方案解决的建议、对平台治理的意见等。与主动参与的大众进行积极的沟通交流是获取此类知识的前提条件。这类大众会起到领先用户(leader users)的作用。这一维度的大众知识最初是隐性的,在内外条件的激励下,大众希望利用自身知识创造更大价值,主动将隐性的知识显性化。

此类知识具有专用性、动态性和独立性。大众拥有的知识从隐性变为显性的过程往往具有特定目的性,一般是针对专门的任务或用于特定用途。大众在不断学习的过程中,其拥有的知识随着经验和能力的增强而完善。

此外,大众通常是独立的个人,不以组织的形式出现,其知识往往是独立的
而非集体的。来自大众的知识对于创新问题的高效解决或众包创新管理机
制的改善往往更具创新价值。但是并非所有该维度的知识都是企业所需,
企业在获取这些知识时需要仔细筛选和甄别。

(4)与大众共同创造的知识(knowledge co-creation)

共同创造的知识主要指大众和知识需求者相互沟通、交流想法及互提
建议等,进而共同创造的新知识。该维度的知识具有互补性、链接性、互动
性和综合性等特征。大众和发包企业作为不同的参与主体,双方知识呈现
一定的互补性,为众包创新中的知识交流、分享和整合奠定了基础。在大多
数情况下,大众提供的创新方案并不能被企业直接应用,有时企业需要提出
建议,大众则需进行多次修改和完善。该维度知识存在较强的互动性,大众
与企业之间进行知识的分享交流能促使参与双方都获得启发,为知识的深
度拓展与系统化创新提供契机。

大众参与众包创新的知识构成维度,可总结如表 3-2 所示。

表 3-2　大众参与众包创新的知识构成维度

维度	具体内容	特征	获取难易程度
关于大众的知识	参与大众基本信息、服务水平、能力等级、历史交易记录等,具体如学习经历、工作经历、身份认证、中标率、好评率等	显性、客观性	容易
用于大众的知识	任务发布者和众包平台提供的相关信息,如创新任务要求、创新任务类型、奖励金额、平台规则等	显性、精确性	容易
来自大众的知识	参与大众主动提供的相关建议、意见和策略,如对创新方案的建议、对平台治理的意见等	隐性为主,显性化之后可获取,专用性、动态性、独立性	困难
与大众共同创造的知识	大众与需求企业在沟通交流和相互学习后创造的新知识,如经过双方合作多次修改完善的创新方案等	隐性,互补性、互动性、综合性	困难

3.5.2　大众参与众包创新的知识流动过程

知识流动在创新活动中一般处于核心地位[①]，如果知识失去了流动性，被静态地储存起来，不与外界进行交互，最终将会失去价值，而知识的交互则引起知识的流动，能促进知识的增值[②]。众包创新模式下的知识流动过程，主要是在三个参与主体即接包大众、众包平台和发包企业之间进行循环流动。大众的来源范围比较广，包括专业人员与非专业人员等，他们的共同特征是对企业所发布的知识需求感兴趣[③]；发包企业是那些在研发过程中遇到创新难题，而企业内部知识资源难以满足，需要从外部获取知识进行创新的企业；众包平台是促进知识需求企业与大众知识源匹配的网络平台，一般可分为企业自建虚拟社区和第三方众包网络平台。

整个众包创新的知识流动过程可描述为：首先，发包企业在众包平台上发布创新需求，众包平台将企业的知识需求传递给网络大众，实现企业知识向大众方向的转移（用于大众的知识）。创新任务需求发布后，为吸引众多感兴趣的大众参与，需求者或第三方平台可以获取这些参与大众的相关知识（关于大众的知识），完成对参与大众的吸引、引导与聚合。参与大众基于自身的知识储备（关于大众的知识）和任务要求（用于大众的知识）进行知识创造，寻求创新任务的解决方案，并按照要求在规定的时间内提交创新成果；或同时提出对具体创新问题的解决建议和对众包平台的运作意见等（来自大众的知识），促进外部大众知识向发包企业转移的高效率和匹配性。在众包创新过程中，需求企业会不断地与大众进行知识的互动交流，激发并引导大众创造出更加满足创新需求的知识（与大众共同创造的知识）。众包平台则基于接包方发布的创新任务（用于大众的知识）与大众自身的相关信息、参与经历等（关于大众的知识）开展匹配推荐，参与并促进创新难题的有效解决（与大众共同创造的知识）。发包企业从外部获取新知识后，将结合内部知识基进行知识整合与消化吸收，同时也有可能产生新的创新难题，形成新的外部大众知识需求。众包创新的知识流动过程如图3-2所示。

---

① 吴贵生,谢繟.用户创新概念及其运行机制[J].科研管理,1996,17(5):14-19.

② Geiger D, Schader M. Personalized task recommendation in crowdsourcing information systems—Current state of the art[J]. Decision Support Systems,2014,65(c):3-16.

③ 刘志迎,陈青祥,徐毅.众创的概念模型及其理论解析[J].科学学与科学技术管理,2015, 36(2):52-61.

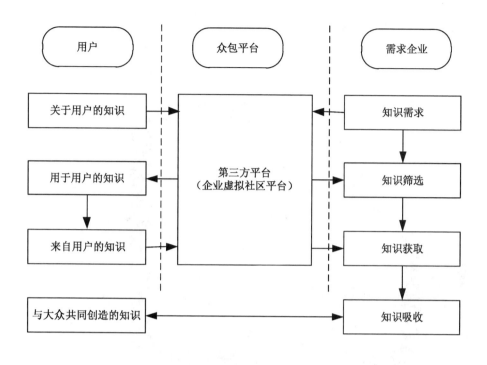

图 3-2 众包创新的知识流动过程

进一步地,基于 Oliveira 等的研究①,结合野中郁次郎(Ikujiro Nonaka)和竹内弘高(Hirotaka Takeuchi)提出的经典 SECI 模型,根据众包创新的一般运作流程,从知识流动视角来看,"创新问题识别与创建"阶段是隐性知识向显性知识的转化阶段,企业识别出创新问题需求,并进行任务创建描述,通过众包平台或自建众包创新社区公开发布,是一个知识外化的阶段。在"问题解决与方案"阶段,从接包方视角来看,是将既有的显性知识转化为新的显性知识,进行知识组合化。接包方根据创新任务需求的描述,分析自身知识储备与问题解决能力,做出创新任务是否接受的决策。通过整合自身知识,不断探索解决问题的相关知识,提出问题的具体解决方案,实现知识的组合化。在"方案吸收与学习"阶段,显性知识转化为新的隐性知识,这属于知识内隐化的阶段。接包企业需要筛选、评估与选择发包方提交的解决方案,这是一个学习探索过程。要有效实施创新解决方案,还需要结合企业自身知识基,开展知识的吸收与消化,最终实现知识的再创

---

① Oliveira F, Ramos I. Crowdsourcing: A tool for organizational knowledge creation[C]// European Conference on Information Systems. Association for Information Systems (AIS), 2014.

造。图 3-3 展现了众包创新中的知识转化过程。

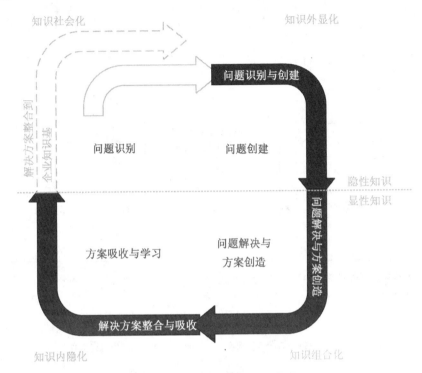

图 3-3　众包创新知识流动过程①

从组织创造理论视角,结合众包创新实践,可进一步探索众包创新过程中的知识流动与创新过程,如图 3-4 所示,具体描述为 14 个子过程(图中用序号表示)。

(1)企业在组织环境中识别出创新难题,对是否采取众包模式进行决策,一旦决定使用众包创新模式来解决该创新问题,那么发包企业需要配置一个团队来管理众包创新过程,进而在组织内创建一个"知识场"。

(2)管理团队必须对问题进行全面而清晰的描述。

(3)问题描述通过公开方式进行发布,并向网络大众披露问题的相关细节。同时,基于网络平台邀请每一个认为自己有资格解决问题的人参与进来。

(4)问题解决者,也就是接包方,需要理解创新难题的具体要求和相关细节。

(5)接包方会自行选择并尝试提出众包创新难题的具体解决方案。

① Zhao Z,Oberoi P. Designing crowdsolving Ba:A closer look at the features of crowdsolving platforms to manage organizational knowledge[J]. Information & Management,2022,59(4):103641.

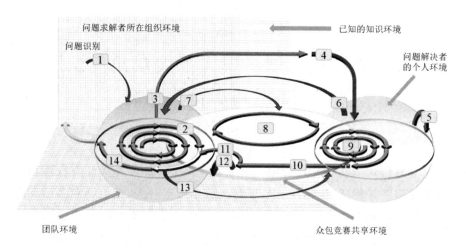

图 3-4　众包创新与知识流动过程

（6）接包方将解决方案通过众包平台传递给发包方。

（7）接包方与发包方通过互动交流，构建了一个知识共享环境，进而形成"知识场"。

（8）运用互联网平台，创建一个"私有的"虚拟工作空间，也就是众包创新虚拟社区。

（9）接包方通过自身的知识螺旋会产生一个最优的解决方案。

（10）接包方的知识螺旋一旦得到了期望的输出，他或她就向发包方提交解决方案。

（11）发包方接收并对提交的问题解决方案进行评估。

（12）发包方选择最佳的问题解决方案。

（13）发包方奖励成功的问题解决者。

（14）对所选择的解决方案进行学习和应用，以便组织在未来的知识创造中使用。

3.6　本章小结

通过分析众包创新模式的内涵与特征，系统描述了众包创新的一般运行过程，提出众包创新的本质为外部大众知识的有效获取和运用。进一步论证了众包创新模式下大众持续知识共享的本质是知识承诺的建立，并从四个维度阐述了众包创新过程中的知识构成及其流动过程，结合知识创造理论分析了众包创新中的知识创造过程，为后续研究奠定理论基础。

第4章 众包创新模式下大众角色识别及其知识共享行为研究

考虑到众包创新模式的组织形式相对松散、参与大众自由自愿和受约束性较弱等特征,深刻理解参与大众的异质性行为,是引导和激励其进行有效知识共享的基础。实践中企业实施众包创新会采用自建虚拟社区模式,通过社区集聚外部大众,设置合适的引导、互动及奖励等机制,达到有效获取创意和解决创新难题的目的。在此情境下,理解参与大众在虚拟社区的角色地位及其异质性参与行为对众包创新社区的有效治理显得十分重要。Füller 等[①]发现在众包竞赛过程中,参与大众的主动性、自身经验、技能及个人背景存在高度异质性,致使整个众包社区呈现出复杂化的网络结构;David[②]指出众包社区的稳定性、持久性和有效性取决于社区发起人的调动、适应和管理参与大众的异质性的能力;Welser 等[③]和 Pedersen 等[④]则认为理解参与大众的角色类型和行为特征(知识共享行为、创新贡献行为和社交行为等)是有效管理众包创新社区的前提。可见,识别参与众包创新的大众角色及探索其异质性行为,对深层次理解众包创新模式并引导激励大众持续参与显得十分必要。

为此,本章通过梳理大众参与众包创新的角色研究相关文献,构建众包创新模式下的大众角色识别过程模型,结合分层聚类与 K-means 聚类分析方法,以国内外两个典型众包创新社区——戴尔公司的 IdeaStorm 与小米 MIUI 社区为研究对象,实证探索大众参与众包创新的角色识别及其知识共享行为问题,为进一步探索众包创新过程中的大众持续知识共享管理机

---

① Füller J, Hutter K, Hautz J, et al. User roles and Contributions in Innovation-Contest Communities[J]. Journal of Management Information Systems,2014,31(1):273-308.

② David P A,Shapiro J S. Community-based production of open-source software:What do we know about the developers who participate? [J]. Information Economics & Policy,2008,20(4):364-398.

③ Welser H T,Dan C,Kossinets G,et al. Finding social roles in Wikipedia[C]. Iconference ACM,2011:122-129.

④ Pedersen J,Kocsis D,Tripathi A,et al. Conceptual foundations of crowdsourcing:A review of is research[C]. Hawaii International Conference on System Sciences. IEEE,2013:579-588.

制提供决策支持。

4.1　众包创新模式下大众角色识别相关研究

　　虚拟社区中参与大众角色识别问题受到广泛关注,开源软件社区(如Linaro 社区等)、分布式协作社区(如维基百科等)、消费交易社区(如亚马逊等)等诸多运作实践也表明社区中的参与大众具有不同角色并表现出差异化参与行为。为了更好地开展虚拟社区的有效治理,社区管理者需要了解大众在所有参与群体中扮演的角色并找到引导与激励不同类型大众的方法:早期Robert 等[①]使用参与的频率和贡献数量作为划分大众角色类型的指标,将参与大众划分为游客、奉献者、内部人员和混合者;Koch[②] 则通过分析开源软件社区的大众参与频率和参与数量发现,极少数的"活动程序员"提供了大部分代码,开发活动高度集中在部分大众身上;Nonnecke[③] 认为开源软件社区不仅由论坛中的开发人员和讨论者组成,还包括不积极参与的被动的外围听众和观察者(潜伏者)。而在开放式创新环境下,创新社区的构建背景与目的也会对大众的类型与参与行为产生影响[④],Martin[⑤] 将遵循社会创新目标而不是个人利益进行创新的贡献者定义为创新推动者,并指出这类大众具有极大的内在动力来实现社会公益,并且受到利他主义驱动。还有部分文献整合社会网络理论与社会资本理论于大众角色识别研究:Kim[⑥] 根据参与者的整个生命周期,将大众角色划分为新手、常客、领导者、长老;Viegas[⑦] 将在线对话社区中的大众类型分为授粉者、辩论者、突发贡献者、

　　① 　Robert V Kozinets. E-tribalized marketing: The strategic implications of virtual communities of consumption[J]. European Management Journal,1999,17(3):252-264.

　　② 　Stefan Koch, Georg Schneider. Effort, co-operation and co-ordination in an open source software project:GNOME[J]. Information Systems Journal,2002,12(1):27-42.

　　③ 　Nonnecke B,Preece J. Lurker demographics:Counting the silent[C]. Proceedings of the SIGCHI Conference on Human Factors in Computing Systems. 2000:73-80.

　　④ 　Hautz J,Hutter K,Füller J,et al. How to establish an online innovation community? The role of users and their innovative content[C]. 43rd Hawaii International Conference on System Sciences,IEEE,2010:1-11.

　　⑤ 　Roger Martin. How successful leaders think? [J]. Harvard Business Review,2007,85(6):60.

　　⑥ 　Kim A J. Community building on the Web: Secret Strategies for Successful Online Communities[M]. London:Peachpit Press,2006.

　　⑦ 　Viegas F B. Newsgroup crowds and authorlines: Visualizing the activity of individuals in conversational cyberspaces[C]. HICSS 2004,2004:1-10.

新来者和提问者;Toral 等①在对开源社区中特定参与者的微观结构分析中,提出了"经纪人"的角色,并指出"经纪人"充当专家、软件开发人员和外围大众之间的中介,他们通过促进信息流和知识共享来弥合这种专业人员与非专业人员知识上的差距。

与开源软件、社交消费类社区不同,众包创新社区中相关创新任务由发包方发起,大多数情况下参与大众之间呈现"竞合"关系,既有参与早期的相互合作,也有参与后期为了奖励报酬产生的激烈竞争②。此外,众包创新社区的创新任务复杂多样,参与大众背景各异,分布广泛。有研究表明,最佳解决方案的提出者通常不是领域内的人,而是"局外人"。③ 因此,众包创新虚拟社区中的大众角色及其参与行为具有一定的独特性④⑤;Hautz 等⑥通过分析施华洛世奇珠宝在线设计众包竞赛参与大众的相关数据,将参与众包创新的社区大众分为激励型、引人注目型、被动型和创意生产型等八种角色。Koch 等⑦着眼于开放式创新政府平台,运用社会网络分析法(SNA)发现平台的整体网络结构呈现核心—边缘结构,并以大众得到的评论数衡量其入度,以大众提交的评论数衡量其出度,以大众提交的创意数衡量其贡献度,将大众角色划分成六类:激励型、引人注目型、创意产生型、社交型、精通型和被动型。Lu 等⑧以众包支持论坛为例,探究核心—边缘网络结构对知识共享有效性的影响,把大众角色分为核心大众与边缘大众两类,并指出核

---

① Sergio L Toral, María del Rocío Martínez-Torres, Federico Barrero. Analysis of virtual communities supporting OSS projects using social network analysis[J]. Information and Software Technology,2010,52(3):296-303.

② Füller J, Hutter K, Hautz J, et al. User roles and Contributions in Innovation-Contest Communities[J]. Journal of Management Information Systems,2014,31(1):273-308.

③ Lakhani K R,Jeppesen L B. Getting unusual suspects to solve R&D puzzles[J]. Harvard Business Review,2007,85(5):30-32.

④ Viegas F B. Newsgroup crowds and authorlines: Visualizing the activity of individuals in conversational cyberspaces[C]. HICSS 2004,2004:1-10.

⑤ Sergio L Toral, María del Rocío Martínez-Torres, Federico Barrero. Analysis of virtual communities supporting OSS projects using social network analysis[J]. Information and Software Technology,2010,52(3):296-303.

⑥ Hautz J,Hutter K,Füller J,et al. How to establish an online innovation community? The role of users and their innovative content[C]. Hawaii International Conference on System Sciences,2010,6(1):1-11.

⑦ Koch G, Hutter K, Decarli P, et al. Identifying participants' roles in open government platforms and its impact on community growth[C]. Hawaii International Conference on System Sciences. IEEE,2013:1900-1910.

⑧ Lu Y, Singh P V, Sun B. Is core-periphery network good for knowledge sharing? A structural model of endogenous network formation on a crowdsourced customer support forum[J]. MIS Quarterly,2017,41(2):607-628.

心—边缘网络结构阻碍了众包社区的知识流动,不利于大众间的知识共享。李立峰①以小米众包社区为例,依据该众包创新社区的环境特点,以大众的参与强度等相关指标进行聚类分析,提出存在发烧友型、积极参与型和需求型三种大众角色。大众角色的相关研究文献梳理归纳如表 4-1 所示。

表 4-1　大众角色的相关研究

相关学者	分类准则	大众角色类型	识别方法
Hautz 等②	社区大众的点出度、点入度以及贡献数量	激励型、激励及引人注目型、被动型、引人注目及激发创意型、激励及创意生产型、创意生产型	基于社会网络的聚类分析
Koch 等③	大众的获得评论数、提交评论数、提交创意数	激励型、引人注目型、创意产生型、社交型、精通型和被动型	社会网络分析
Lu 等④	大众在社区网络中的位置	核心、边缘	社会网络分析
李立峰⑤	大众提交的创新主题数量、BUG 反馈数量、新功能讨论数量、回帖数量、创新比例、发帖频率	发烧友型大众、积极参与型大众、需求型大众	聚类分析
Toral 等⑥	关系网络中大众的平均出度和中间中心度	边缘型、一般型和核心型	社会网络分析

　①　李立峰.基于社会网络理论的顾客创新社区研究:成员角色、网络结构和网络演化[D].北京:北京交通大学,2017.
　②　Hautz J,Hutter K,Füller J,et al. How to establish an online innovation community? The role of users and their innovative content[C]. Hawaii International Conference on System Sciences,2010,6(1):1-11.
　③　Koch G,Hutter K,Decarli P,et al. Identifying participants' roles in open government platforms and its impact on community growth[C]. Hawaii International Conference on System Sciences. IEEE,2013:1900-1910.
　④　Lu Y,Singh P V,Sun B. Is core-periphery network good for knowledge sharing? A structural model of endogenous network formation on a crowdsourced customer support forum[J]. MIS Quarterly,2017,41(2):607-628.
　⑤　李立峰.基于社会网络理论的顾客创新社区研究:成员角色、网络结构和网络演化[D].北京:北京交通大学,2017.
　⑥　Toral S L,Martínez-Torres M R,Barrero F. Analysis of virtual communities supporting OSS projects using social network analysis[J]. Information and Software Technology,2010,52(3):296-303.

续　表

相关学者	分类准则	大众角色类型	识别方法
刘梦婷等①	大众参与行为（贡献价值、参与程度）	潜力型、核心型、普通型和实力型	回归分析
戚桂杰等②	大众提交的创意数、创意得分、提交评论数和获得评论数	核心型、积极社交型、魅力社交型、积极创新型、有效创新型和边缘型	聚类分析
Guo 等③	大众的创造数量、受欢迎程度和影响程度	领袖型、积极型、全能型、社交型、消极和观望型	K-means 聚类
Fuger 等④	社区大众的点出度、点入度和贡献量	协作型、贡献型、多面手型和消极型	社会网络和聚类分析

可见，部分学者结合众包创新社区的特性，从社区的网络结构、大众活跃程度和创新贡献等维度发现在众包创新过程中存在多种类型的大众角色，并表现出差异化的参与行为。但上述文献过多关注参与大众在众包创新虚拟社区的关系网络属性，对大众的创新贡献行为与知识共享行为的关注还不够，且缺乏探索参与大众的角色类型与知识共享问题的系统化实证，这也为本章的研究提供了探索空间。

4.2　众包创新模式下大众角色识别过程

为深入了解众包创新虚拟社区的大众异质性及其知识共享行为，结合众包创新的创新目的性强、奖励机制较为明确和知识分享需求高等典型特征，构建大众参与众包创新的角色识别过程，主要包括大众角色识别体系构建、分层聚类与 K-means 聚类的整合分析方法、大众角色类型及其知识共享行为特征分析等三个关键子过程。

---

① 刘梦婷,李海刚,祝效国. 虚拟社区中用户知识共享水平与参与行为的实证研究[J]. 科技管理研究,2016,36(16):155-159.

② 戚桂杰,李奕莹. 企业开放式创新社区在线用户贡献度研究[J]. 科技进步与对策,2016,33(14):81-87.

③ Guo W, Zheng Q, An W, et al. User roles and contributions during the new product development process in collaborative innovation communities[J]. Applied Ergonomics,2017,63:106-114.

④ Simon Fuger, Robert Schimpf, Johann Füller, et al. User roles and team structures in a crowdsourcing community for international development—a social network perspective[J]. Information Technology for Development,2017,23(3):438-462.

4.2.1　众包创新模式下大众角色识别体系构建

如前所述,众包创新的本质即对外部网络大众知识的有效获取与运用,而引导和激励大众持续知识分享对提升众包创新绩效十分关键。为此,从知识共享视角分析参与大众在众包创新过程中的角色问题显得尤为必要。有文献指出[①],参与大众的关系行为对知识共享有重要影响,如社会压力、社会认同度、社会参与度和社会关系等;还有文献认为[②],识别大众的角色和分析其知识共享行为,还需要综合考虑大众参与创新的贡献行为,如提交的创意、解决的创新难题、被采纳的建议等。结合众包创新模式的运行特征,从知识共享的关系行为和贡献行为两个维度探索众包创新模式下的大众角色识别问题,构建如表 4-2 所示的大众角色识别体系。

表 4-2　众包创新模式下的大众角色识别体系

目标	主要维度	测量指标	指标具体含义	具体测度
众包创新模式下的大众角色识别	知识共享的关系行为	知识共享强度	大众在社区主动参与知识共享的强度	大众在特定时间段内发表的主题数、提交的创意数
		知识共享热度	大众在社区共享知识的受欢迎程度	大众在特定时间段内收到的评论数、增加的关注数、获得的点赞数
		知识共享意愿	大众在社区参与知识共享的主观能动性(自主驱动性)	大众在特定时间段内为保持某个知识共享主题热度而投的票数、充当知识"桥梁"的次数
		知识共享广度	大众在社区参与知识共享的范围	大众在特定时间段内对其他大众发表主题进行的评论数、建立知识共享关系的数目
	知识共享的贡献行为	社区认可度	官方对大众在社区的知识共享行为给出的综合评分	大众在特定时间段内获得的平台积分
		共享知识质量	官方以及其他大众对该大众共享知识的质量的判断	大众在特定时间段内所获得的投票、贡献值等

① 肖云鹏. 在线社会网络用户行为模型与应用算法研究[D]. 北京:北京邮电大学,2013.
② 李立峰. 基于社会网络理论的顾客创新社区研究:成员角色、网络结构和网络演化[D]. 北京:北京交通大学,2017.

（1）参与大众知识共享的关系行为：考虑到众包创新虚拟社区的典型特征，结合社会网络分析方法，从知识共享强度、知识共享热度、知识持续共享意愿以及知识共享广度四个维度表征众包创新模式下大众知识共享的关系行为。在众包创新模式下，参与大众可以提出创意、对别人的创意进行评论以及接收其他大众对自己创意的评论，也可以对某些话题进行投票等。采用大众在特定时间段内提交发表的主题数、提交的创意数来衡量大众知识共享强度；用大众在特定时间段内收到的评论数、增加的关注数、获得的点赞数来衡量大众知识共享热度；用大众在特定时间段内给某个知识共享主题的投票数、充当知识"桥梁"的次数来衡量大众知识持续共享意愿；用大众在特定时间段内对其他大众发表主题进行的评论数、建立知识共享的关系数来衡量大众知识共享广度。

（2）参与大众知识共享的贡献行为：众包创新模式的创新目的性强、时间约束紧，需要充分考虑参与大众对众包创新绩效的实际贡献。主要从大众共享知识质量和社区认可度两方面来表征大众对创新的直接贡献行为与间接贡献行为。大众共享知识质量可以采用大众在特定时间段内所获得的投票和创意并得到官方认可而获得的创意贡献值来衡量；社区认可度（平台积分）取决于大众提交的未获得认可的总创意数和对其他大众所提出创意的建议总数量，虽然这些创意与建议未被企业采用而产生直接贡献，但在某种程度上对企业众包创新理念的导入和品牌影响力的扩展等起到了重要作用，可以认为对最终创新绩效起间接影响。[1][2][3]

4.2.2 分层聚类与 K-means 聚类的整合分析方法

在诸多聚类分析方法中，K-means 聚类方法因执行效率高而被广泛应用，其基本思想为：把 n 个对象分成 K 个簇，使簇内具有较高的相似度，而簇间的相似度较低。K-means 聚类分析法一般分为以下几个步骤。[4]

（1）任取聚类数 K，定义样本的初始聚类中心点。

（2）计算所有个案数据点到 K 个类中心点的距离，并将其标记为距。

① 戚桂杰,李奕莹.企业开放式创新社区在线用户贡献度研究[J].科技进步与对策,2016,33(14):81-87.

② Satish Nambisan, Robert A Baron. Virtual customer environments: Testing a model of voluntary participation in value co-creation activities[J]. Journal of Product Innovation Management, 2009,26(4):388-406.

③ Dominik Mahr, Annouk Lievens. Virtual lead user communities: Drivers of knowledge creation for innovation[J]. Research Policy,2012,41(1):167-177.

④ 于秀林,任雪松.多元统计分析[M].北京:中国统计出版社,1999.

（3）根据距离最近原则将个案归类，得到第一次迭代形成的 K 个类；接着根据组成每一类的样本计算各变量的均值，每一类的 n 个均值在 n 维空间中又形成 K 个点，这就是第二次迭代的类中心。

（4）按照该方法依次迭代下去，直到类别中心的变化小于某个阈值，结束迭代，聚类过程结束。

可以看出，K-means 聚类分析法的关键是选择初始聚类中心，不同的初始分类往往导致不同的分类结果。一般可采用主观经验判断和分层聚类两种方法来确定[1]，考虑到分层聚类方法的客观性，本研究采用分层聚类分析方法以确定聚类数目 K。分层聚类方法的一般分析步骤为[2]：

（1）针对 n 个研究对象，聚类分析时先分成 n 类，计算对象之间的距离，并将距离最近的对象并成一类。

（2）定义并计算类与类之间的距离，并将距离最近的两类合并，若类的个数大于 1，则继续，直到所有的研究对象并为一类为止。

可见，距离是聚类分析的基础，而常用的定义距离的方法有：

（1）欧氏距离（Euclidian distance）：$d_{ij} = \sqrt{\sum_{k=1}^{p} (X_{ik} - X_{jk})^2}$

（2）平方欧氏距离（squared Euclidian distance）：$d_{ij} = \sum_{k=1}^{p} (X_{ik} - X_{jk})^2$

（3）切比雪夫距离（Chebyshcv）：$d_{ij} = \max_{1 \leqslant k \leqslant p} \{ |X_{ik} - X_{jk}| \}$

（4）绝对值距离（block）：$d_{ij} = \sum_{k=1}^{p} |X_{ik} - X_{jk}|$

（5）自定义距离（customized）：$d_{ij} = \left(\sum_{k=1}^{p} |X_{ik} - X_{jk}|^q \right)^r$，其中参数 q、r 为大众选项。

X_{ij} 表示 i 个样品的第 j 个指标，第 j 个指标的均值和标准差为 $\overline{X}_j$ 和 S_j；用 d_{ij} 表示 i 个样品和 j 个样品之间的距离。

类与类之间的距离，常用的聚类方法有如下几种：

（1）最短法：$D(a,b) = \min\{\overline{x}_i \in G_a, x_j \in G_b\}$。两类的距离定义为一类的所有个体与另一类的所有个体之间的距离最小者。

（2）最长法：$D(a,b) = \max\{d_{ij} | x_i \in G_a, x_j \in G_b\}$。两类的距离定义为一类的所有个体与另一类的所有个体之间的距离最大者。

---

① 郑丹，王潜平. K-means 初始聚类中心的选择算法［J］.计算机应用，2012,32(8):2186-2188,92.

② 杜强、贾丽艳. SPSS 统计分析从入门到精通［M］.北京：人民邮电出版社,2009.

（3）重心法（质心聚类法）：称 $\bar{x}_a = \frac{1}{n_a}\sum_{x_i \in G_a}\bar{x}_i$，$\bar{x}_b = \frac{1}{n_b}\sum_{x_j \in G_b}$ 分别为类 G_a 和 G_b 的中心，其中的 n_a 和 n_b 分别是 G_a 和 G_b 所含观测的个数，记 $D(a, b) = d_{ab}$。将两类的距离定义为两类中心之间的距离。

（4）类平均法（组内连接法）：$D_{a,b} = \frac{1}{n_a n_b}\sum_{x_i}\in G_a\sum_{x_j}\in G_b d_{ij}$。将两类的距离定义为两类元素之间的平均平方距离。

（5）离差平方和法（Ward 法）：首先定义某个类 G_s 的直径为 $D_s = \sum_{x_k \in G_s}(\bar{x}_k - \bar{x}_s)(\bar{x}_k - x_s)$，设 G_a、G_b 和 $G_{a+b} = G_a \bigcup G_b$ 的直径分别为 D_a、D_b 和 G_{a+b}，记 $D^2(a,b) = D_{a+b} - D_a - D_b$。

表 4-3　分层聚类与 K-means 聚类的比较[1][2][3]

比较维度	分层聚类（系统聚类）	K-means 聚类（快速聚类）
基本思想	每一个样本点视为一个簇；计算各个簇之间的距离，最近的两个簇聚合成一个新簇；重复以上过程直至最后只有一簇	以 k 为参数，把 n 个对象分成 k 个簇，使簇内具有较高的相似度，而簇间的相似度较低
优点	可以综合利用多个变量的信息对样本进行分类；分类结果是直观的，聚类谱系图非常清楚地表现其数值分类结果；聚类分析所得到的结果比传统分类方法更细致、全面、合理	执行效率高，在对大规模数据进行聚类时被广泛应用
缺点	计算量比较大，因为每次都要计算多个簇数据点的两两距离	需要先确定聚类数目 k，聚类的最终结果跟初始中心值有关，往往需要尝试多个初始值

可见，两种聚类分析方法各有千秋，各自既有优点又存在不足。为此，本章提出通过整合分层聚类与 K-means 聚类分析方法来开展大众参与众包创新的角色识别研究：首先采用分层聚类分析方法确定合适的分类范围，为 K-means 聚类分析方法的 K 值确定提供参考，然后运用 K-means 聚类对大众角色进行聚类，以实现大众角色的有效识别。

---

① 于秀林，任雪松. 多元统计分析［M］. 北京：中国统计出版社，1999.

② 郑丹，王潜平. K-means 初始聚类中心的选择算法［J］. 计算机应用，2012，32（8）：2186-2188，2192.

③ 杜强，贾丽艳. SPSS 统计分析从入门到精通［M］. 北京：人民邮电出版社，2009.

4.2.3　大众参与众包创新的角色类型及其异质性知识共享行为分析

由于参与大众的知识背景、技术能力、价值取向、参与经历等特征的差异性,其在众包创新过程中会承担不同角色,产生差异化的知识共享行为。如前所述,有些大众的参与具有较强的"关系行为"特征,经常与其他大众进行互动,如不断发布评论、主题帖,并对其他创意进行多次浏览与评价等,会对活跃众包创新社区的互动氛围产生重要影响,有助于促进社区内大众之间的知识共享。有些大众表现出较强的"贡献行为"特征,提交了较多创意,完成了较多创新任务。这类大众与"领先用户"的特征类似,他们具有较强的创新意愿,也表现出了较强的创新能力,对产品、服务以及前沿技术等发展趋势具有一定的远见,对提升众包创新绩效具有重要作用。通过系统化识别参与大众的不同角色,深层次分析与理解不同角色大众的参与行为和知识共享特征,挖掘出不同大众角色的参与背景、参与经历和个性化偏好,有利于采取针对性引导和激励策略,激发其持续参与意愿,实现创新任务与参与大众的有效匹配,进而提升众包创新绩效。

4.3　实证研究

选择国外著名众包创新平台戴尔公司 IdeaStorm 与国内典型众包平台小米公司 MIUI 社区为例,开展实证研究。不仅可以证实探索大众参与众包创新的角色识别与知识共享行为相关问题,而且还能进一步从国内外比较视角分析可能存在的差异,相互借鉴以促进众包创新实践的有益开展。

4.3.1　戴尔公司 IdeaStorm

戴尔公司于 2007 年推出 IdeaStorm 众包创新平台,向大众征求有关产品设计、市场营销以及技术支持等方面的意见与建议,大众可以通过平台发布创意、宣传创意、评价和评论创意。截至目前,该平台已有超过28300 条创意被提交,550 多条创意得到实施,同时还显示有超过 748000 次投票和 103000 条评论。

4.3.1.1　数据获取与描述性统计分析

基于所构建的大众角色识别体系,利用网络爬虫软件八爪鱼采集器(7.5.4 版)获取戴尔公司 IdeaStorm 已实施项目中的 1232 名大众相关数据,其中 75 位大众提交了 98 条创意,1195 位大众提交了 4128 条评论。采集六项用于大众角色识别的指标(大众在该平台的得分、获得投票数、获得评论数、提交创意数、提交投票数与参与不同创意的讨论数),如表 4-4 所示,具体详细数据见附录。

表 4-4　戴尔公司 IdeaStorm 大众参与数据

大众 ID	知识共享强度	知识共享热度	知识共享意愿	知识共享广度	社区认可度	共享知识质量
	提交创意数	获得评论数	提交投票数	参与不同创意讨论数	平台得分	获得投票数
03codyn	0	0	7	0	0	0
0tim0	0	0	9	1	0	0
202780	2	11	368	8	28	26
3dvirus	4	28	22	1	168	164
……	……	……	……	……	……	……
zufoo	0	0	35	1	0	0

为了更好地理解参与大众的异质性,首先对数据集进行描述性统计分析,如表 4-5 所示。由于数据集标准差分布差异较大,因而在进行数据分析之前有必要对样本数据进行 Zscore 标准化处理。同时,为保证聚类结果的有效性,运用 SPSS21.0 箱图识别异常值,对于 $\pm 3\sigma$ 以外的数据,即一组观测数据中与平均值的偏差超过三倍标准差范围的数据为高度异常值,应予剔除,如图 4-1 所示。最终剔除 24 个极端异常值,得到 1208 个有效样本数据作为最终的研究对象。

表 4-5　描述性统计分析

指标	N	均值	标准差	方差	峰度	标准误
提交创意数	1232	3.51	17.75	315.13	210.73	0.139
获得评论数	1232	40.93	285.00	81226.97	225.80	0.139
提交投票数	1232	133.62	823.15	677573.06	207.41	0.139
提交评论数	1232	54.23	340.90	116209.27	166.87	0.139
平台得分	1232	307.52	1831.11	3352957.67	214.54	0.139

续　表

指标	N	均值	标准差	方差	峰度	标准误
获得投票数	1232	167.19	1000.54	1001080.92	242.42	0.139
有效的 N（列表状态）	1232					

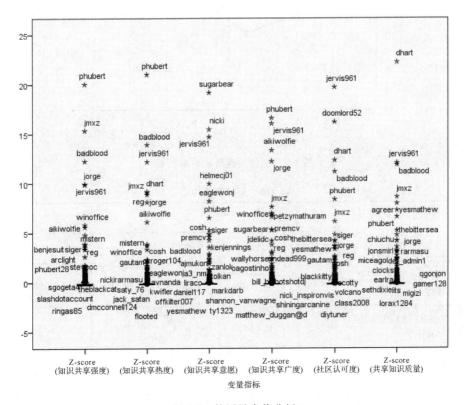

图 4-1　箱图异常值分析

4.3.1.2　大众角色的识别结果

采用基于平方欧氏距离的 Ward 最小方差法进行分层聚类,确定数据集应分成的聚类数目。根据分层聚类结果,运用 K-means 聚类分析方法,将 K 取值为 3、4、5、6、7 和 8,创建每个集群解决方案直到满足收敛条件所需的迭代次数。通过对参与大众的 6 个变量指标（知识共享强度、知识共享热度、知识共享意愿、知识共享广度、社区认可度、共享知识质量）进行聚类,在 6 个可能的集群解决方案中,发现当 $K=5$ 时,迭代次数最少,K 值与迭代次数关系如图 4-2 所示。最终聚类中心如表 4-6 所示,聚类结果的方差分析如表 4-7 所示。根据 F 值大小可判断出变量对聚类结果的贡献:共享知识质量＞社区认可度＞知识共享广度＞知识共享热度＞知识共享强度＞知识共享意愿，且各变量均有显著贡献。

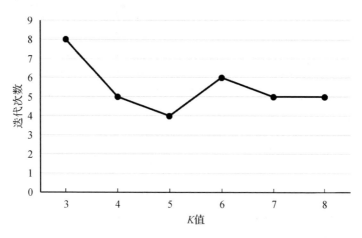

图 4-2 K 值与迭代次数的关系

表 4-6 最终聚类中心

	聚类				
	1	2	3	4	5
Zscore（知识共享强度）	0.44897	0.14005	0.41044	**0.49104**	−0.15157
Zscore（知识共享热度）	0.39593	**0.66533**	0.19742	0.10644	−0.12770
Zscore（知识共享意愿）	−0.04041	−0.11846	**1.07536**	0.15517	−0.12008
Zscore（知识共享广度）	0.05223	−0.09160	**2.52563**	0.19576	−0.12965
Zscore（社区认可度）	0.73509	**2.57786**	0.03100	0.05847	−0.14530
Zscore（共享知识质量）	−0.04041	−0.11846	**1.07536**	0.15517	−0.12008
案例数/个	31	9	5	78	1085
百分比/%	2.6	0.7	0.4	6.4	89.8

表 4-7 聚类结果的方差分析

	聚类		误差		F	Sig.
	均方	df	均方	df		
Zscore（知识共享强度）	10.295	4	0.027	1203	379.209	0.000
Zscore（知识共享热度）	4.354	4	0.011	1203	380.031	0.000
Zscore（知识共享意愿）	3.128	4	0.017	1203	179.388	0.000
Zscore（知识共享广度）	10.725	4	0.017	1203	623.966	0.000
Zscore（社区认可度）	14.612	4	0.016	1203	911.667	0.000
Zscore（共享知识质量）	22.568	4	0.009	1203	2509.728	0.000

表 4-6 是各集群的最终聚集中心值以及各集群的数量统计。可见，在戴尔公司 IdeaStorm 社区中，主要存在五类大众角色：多面手型、明星型、创新型、活跃型和边缘型。图 4-3 从知识共享强度、知识共享热度、知识共享意愿、知识共享广度、社区认可度以及共享知识质量 6 个维度描述了 5 类大众角色的参与行为特征。

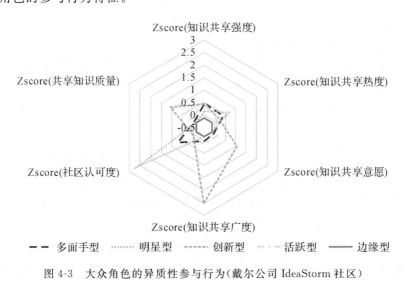

图 4-3 大众角色的异质性参与行为（戴尔公司 IdeaStorm 社区）

（1）多面手型。在该实证研究中，多面手型大众共有 31 人，占比 2.6%。该类大众角色的每项聚类中心指标值均处于中等水平，在 6 个知识共享维度上都有一定表现，但未有突出特征，因而将其界定为"多面手型"。这类大众角色的社区认可度聚类中心指标值（约为 0.73）、知识共享强度聚类中心指标值（约为 0.45）以及知识共享热度聚类中心指标值（约为 0.39）相对较高，而其他 3 个指标的相对聚类中心指标值相对偏低，显示出这一类大众角色在知识共享的贡献行为和关系行为等方面均有一定表现，是创新社区知识共享的主力军之一，但还需要结合这类大众角色的偏好特征，适当引导与激励，提升其创新贡献。

（2）明星型。这类大众角色在实证中共有 9 人，占比 0.7%，数量较少。明星型大众角色的知识共享热度聚类中心指标值（约为 0.67）最高，社区认可度的最终聚类中心指标值约为 2.58，远高于其他大众角色。依据关注热度和社区认可度将其界定为"明星型"大众角色。可见，这类大众角色的观点与评论总是能够得到社区中大多数用户的认同，能够吸引众多用户的参与互动与讨论。然而，其知识共享强度、知识共享意愿与知识共享广度的聚集中心指标值较低，表明该类大众角色主动分享知识的次数较少，意愿不足，也不会主动去评论或者投票其他用户提出的知识话题，符合典型的"明星"特征。

（3）创新型。在本实证研究中人数最少，共有 5 人，占比 0.4%。这类大众的共享知识质量最终聚类中心指标值（约为 1.08）、知识共享意愿最终聚类中心指标（约为 1.08）与知识共享广度聚类中心指标值（约为 2.53），均远高于其他集群的大众，表现出较强的创新贡献特征，因而将其界定为创新型大众角色。可见，该类大众角色具有"创新用户"特征，贡献了较多的创新知识，也表现出了强烈的创新意愿。

（4）活跃型。该类大众共有 78 人，占比 6.5%。其知识共享强度的最终聚类中心指标值约为 0.49，在所有集群中最高。而在共享知识质量、知识共享广度和知识共享意愿等方面也表现突出（在 5 类大众角色中排名第二），表明该类大众角色在创新社区中共享了较多的知识，在创意提交方面表现突出，但其知识质量与认可度方面还存在不足，对创新绩效的直接贡献与其他类型大众角色相比还存在一定差距。这类大众角色也是创新社区知识共享的关键大众之一，他们的存在对获取多样化的知识和营造活跃的知识共享氛围十分重要。

（5）边缘型。这类角色的大众最多，所占比例也最高，共有 1085 人，占比 89.8%。可以看出，这类大众角色的 6 个变量最终聚类中心指标值均是所有集群中最低的，对创新社区的知识共享贡献最少，属于"大多数"，界定为"边缘型"大众。在虚拟社区中这类大众角色属于"必然的存在",也与很多文献的研究结果相似。①②③④

4.3.1.3　异质性大众角色的知识共享行为

进一步从知识共享的关系行为与贡献行为两个维度来讨论每类大众角色的知识共享行为特征。以社区认可度、共享知识质量两个指标衡量大众的贡献行为;以知识共享强度、知识共享热度、知识共享意愿、知识共享广度四个指标衡量大众的关系行为,并以大众聚类中心每项指标值的大小对其知识共享行为特征水平排序,如表 4-8 所示。

表 4-8　戴尔 IdeaStorm 不同大众角色的知识共享行为

维度	指标	多面手型	明星型	创新型	活跃型	边缘型
贡献行为	社区认可度	2	1	4	3	5
	共享知识质量	3	4	1	2	5
关系行为	知识共享强度	2	4	3	1	5
	知识共享热度	2	1	3	4	5
	知识共享意愿	3	4	1	2	5
	知识共享广度	3	4	1	2	5

(1)多面手型大众角色的互动行为与贡献行为均处于中等水平。从关系行为角度来说,他们不够积极,但是也并不是很被动;从贡献行为角度来看,他们也会主动分享一些知识,也获得社区大众的一些认可。

(2)明星型大众角色在众包创新平台很少分享知识,知识共享意愿与共享知识的质量也相对较低,但是他们分享的知识总能吸引其他大众的关注。虽然该类大众角色的知识共享行为表现并未处于较高水平,但这些用户属于"焦点"大众,在众包创新网络中有较大的影响力,应采取科学引导策略,激发其知识持续共享意愿,提升其共享知识质量。

(3)创新型大众角色的共享知识质量、知识共享热度、知识共享广度的

① 刘军.整体网分析:UCINET 软件实用指南[M].2 版.上海:格致出版社,上海人民出版社,2014.

② Afuah A, Tucci, C. L. Crowdsourcing as a solution to distant search[J]. Academy of Management Review,2012,37(3):355-375.

③ Jeppesen Lars Bo, Lakhani Karim R. Marginality and problem-solving effectiveness in broadcast search[J]. Organization Science,2010,21(5):1016-1033.

④ Estellés-Arolas Enrique, González-Ladrón-de-Guevara Fernando. Towards an integrated crowdsourcing definition[J]. Journal of Information Science,2012,38(2):189-200.

水平较高,但是社区认可度较低。表明该类大众角色紧跟当前知识分享热点,参与多类知识分享,愿意分享自身相关知识,同时也更加关注分享知识的质量。但是,其共享的知识价值认可度不高,或与创新任务需求的知识匹配度可能不够。

(4)活跃型大众角色的知识共享强度很高,但知识共享热度偏低,说明此类大众角色更加注重分享自身的知识,而对大众当前热点讨论的知识方向较少关注。因此,会导致这类大众分享的知识虽然具有很高的质量,但很难吸引其他大众的关注与认同。这需要有效引导该类大众在分享知识的同时,强化与其他用户的互动,提升知识分享的有效性。

(5)边缘型大众角色的数量最多,占比最大,接近 90%。也就是说众包创新社区中的大部分用户属于边缘型角色,无论是从贡献行为还是关系行为视角来看,这类大众的知识持续共享意愿不强,知识共享行为表现不足。

4.3.2 小米公司 MIUI 社区

MIUI 社区是小米公司为方便其手机用户交流、咨询、求助、投诉、提供建议而搭建的自有平台,是国内目前运行较好的众包创新社区之一,该平台累计注册用户 2252 万人次,累计发帖 1035 万次。MIUI 社区共分为 12 个板块,其中"开发者交流"板块是社区用户与开发者之间交流的主要板块,其中获得"官方版务组""荣誉开发组""内测粉丝组"称号的用户可以通过完成小米官方发布的任务,赢得小米官方给予的相关奖励。

4.3.2.1 数据获取与描述性统计分析

利用网页数据爬虫软件八爪鱼采集器(7.5.4 版)获取"开发者交流"板块的大众相关数据,数据获取界面如图 4-4 所示。

图 4-4　数据获取界面

共获取 114 位大众提交的 120 条创意/建议、6988 位大众提交的 10511
条评论,采集到 7023 位大众(其中有 39 位用户既提交创意/建议又提交评
论)的角色识别相关指标数据(发表主题数、受到其他用户关注数、充当知识
共享中间人的次数、参与不同创意讨论数、平台得分、贡献值),如表 4-9 所
示,具体详细数据见附录。

描述性统计分析如表 4-10 所示。Zscore 标准化处理后的箱图异常值
分析如图 4-5 所示,最终剔除 7 个极端异常值,共得到 7016 个有效样本数据
作为本书的研究对象。

表 4-9　小米 MIUI 社区的参与大众相关数据

大众 ID	知识共享强度	知识共享热度	知识共享意愿	知识共享广度	社区认可度	共享知识质量
	发表主题数	受到其他用户关注数	充当知识共享中间人的次数	参与不同创意讨论数	平台得分	贡献值
531	87	0	2	1853	15938	0
2511	49	0	1	1058	5529	18
6689	12	0	1	576	1778	0
8689	0	0	1	36	1694	0
17748	24	42	42	936	2565	1
74080	271	2	2	11873	77241	190
……	……	……	……	……	……	……
2260548807	2	0	2	14	8	0
2260565341	2	0	1	21	17	0

表 4-10　描述性统计分析

指标	N	均值	标准差	方差	峰度	标准误
发表主题数	7023	18.92	44.82	2008.66	165.98	0.058
受到其他用户关注数	7023	1.11	17.03	290.08	958.87	0.058
充当知识共享中间人的次数	7023	2.50	17.02	289.75	953.96	0.058

续　表

指标	N	均值	标准差	方差	峰度	标准误
参与不同创意讨论数	7023	386.21	1323.37	1751312.71	284.55	0.058
平台得分	7023	2591.83	4569.26	20878135.68	113.09	0.058
贡献值	7023	0.70	9.55	91.24	711.17	0.058
有效的 N(列表状态)	7023					

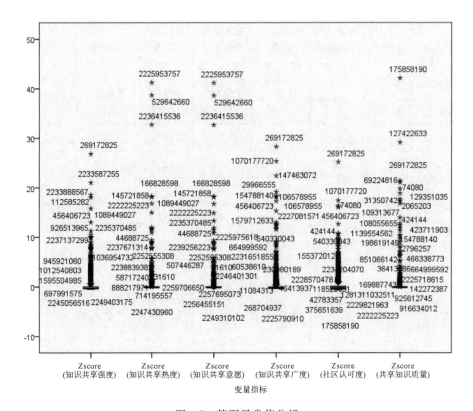

图 4-5　箱图异常值分析

4.3.2.2　大众角色的识别结果

采用分层聚类与 K-means 聚类的整合分析方法,发现当 $K=5$ 时,MIUI 社区数据满足收敛条件所需的迭代次数最少,K 值与迭代次数关系如图 4-6 所示。最终聚类中心如表 4-11 所示。基于聚类结果的方差分析如表 4-12 所示,根据 F 值大小可判断出变量对聚类结果的贡献:共享知识质量>知识共享热度>知识共享意愿>知识共享广度>社区认可度>知识共享强度,且各变量均有显著贡献。

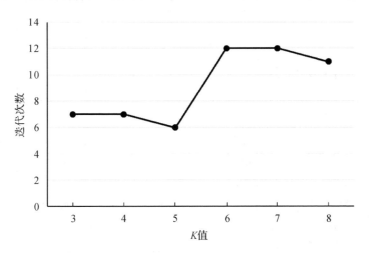

图 4-6 *K* 值与迭代次数的关系

表 4-11 最终聚类中心

	聚类				
	1	2	3	4	5
Zscore(知识共享强度)	2.35169	0.20176	3.13377	**6.40833**	−0.15416
Zscore(知识共享热度)	0.01176	**17.25914**	−0.07809	−0.07809	−0.04728
Zscore(知识共享意愿)	0.03170	**17.24643**	−0.04769	0.02784	−0.04869
Zscore(知识共享广度)	1.48087	0.73210	5.92382	**13.32744**	−0.13342
Zscore(社区认可度)	2.29581	0.80324	5.62844	**9.59206**	−0.16775
Zscore(共享知识质量)	0.39800	0.02859	**17.54645**	0.75689	−0.07162
案例数/个	361	18	18	17	6602
百分比/%	5.15	0.26	0.26	0.24	94.10

表 4-12　聚类结果的方差分析

	聚类		误差		F	Sig.
	均方	df	均方	df		
Zscore（知识共享强度）	757.265	4	0.569	7011	1331.834	0.000
Zscore（知识共享热度）	1344.206	4	0.234	7011	5750.189	0.000
Zscore（知识共享意愿）	1342.494	4	0.235	7011	5718.980	0.000
Zscore（知识共享广度）	1142.512	4	0.349	7011	3275.327	0.000
Zscore（社区认可度）	1058.627	4	0.397	7011	2668.742	0.000
Zscore（共享知识质量）	1410.652	4	0.196	7011	7202.246	0.000

　　表 4-11 是各集群的最终聚集中心值以及各集群数量统计。同样地,将参与大众分为多面手型、明星型、积极型、创造型、边缘型五种类型。图 4-7从知识共享强度、知识共享热度、知识共享意愿、知识共享广度、社区认可度以及共享知识质量 6 个维度描述了 5 类大众角色的行为特征。

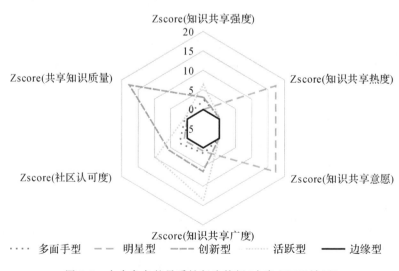

图 4-7　大众角色的异质性行为特征(小米 MIUI 社区)

（1）多面手型。共有 361 人，占比 5.15％。该类角色的大众每项聚类中心指标值均处于中等水平，其中知识共享热度聚类中心指标值（约为 0.012）、知识共享意愿聚类中心指标值（约为 0.032）相对较高，而其他指标的聚类中心指标值相对偏低。表明这类角色的大众显示出了较好的知识共享关系行为，但其知识共享的贡献行为还需提升。

（2）明星型。实证中的总体数量较少，共有 18 人，占比 0.26％。这类角色的大众知识共享热度最终聚类中心指标值约为 17.26、知识共享意愿最终聚类中心指标值约为 17.25，远高于其他大众角色。显示明星型角色的大众知识共享得到创新社区其他用户的高关注度，其共享的知识能吸引众多用户的参与互动与讨论。难能可贵的是，这类大众还具有很强的知识共享意愿，能引导社区的知识共享方向和提升知识共享的活力。

（3）创新型。这类角色的大众人数也较少，共有 18 人，占比 0.26％。其共享知识质量的最终聚类中心指标值约为 17.55，是所有集群当中最高的。表明该类角色的大众贡献了高质量知识，属于典型的"领先用户"。而且，该类角色的大众在知识共享广度、社区认可度以及知识共享强度方面也表现出了较高水平，对提高整个创新社区的绩效起着重要作用。

（4）活跃型。共有 17 人，占比 0.24％，整体数量也较少。该类角色的大众知识共享广度最终聚类中心指标值约为 13.33、社区认可度最终聚类中心指标值约为 9.59、知识共享强度聚类中心指标值约为 6.41，均高于其他大众角色。而其他维度的中心指标值也处于相对中等偏上水平，表明该类角色的大众拥有多样化的知识，知识面较为宽广，且具有较强的知识共享交流意愿，知识共享次数也较多，也能得到社区其他用户的广泛认可。该类角色的大众对营造社区知识共享氛围和激发知识共享活力具有重要促进作用，也对创新绩效的提升做出较好的贡献。但缺乏对某些专业方面的知识的持续共享，且分享的知识质量还需提升。

（5）边缘型。该类角色的大众数量最多，占比最高，共有 6602 人，占比 94.10％。如前所述，边缘型大众对创新社区的知识共享贡献较小，处于社区网络结构的"边缘"，属于社区大众中的"大多数"。

4.3.2.3　异质性大众角色的知识共享行为

小米 MIUI 社区 5 类大众角色的聚类中心每项指标值大小排序如表 4-13 所示。

表 4-13 小米 MIUI 社区不同大众角色的知识共享行为

维度	指标	多面手型	明星型	创新型	活跃型	边缘型
贡献行为	社区认可度	3	4	2	1	5
	共享知识质量	3	4	1	2	5
关系行为	知识共享强度	3	4	2	1	5
	知识共享热度	2	1	4	3	5
	知识共享意愿	2	1	4	3	5
	知识共享广度	3	4	2	1	5

(1)多面手型大众的知识共享热度和知识共享意愿相对较高,在五类大众角色中位居第二,但是其他四项指标均排名第三。进一步分析发现,这类大众的注册时间比较短,在知识共享强度和知识共享广度等创新贡献行为上表现不足。但是由于其知识共享意愿比较强烈,分享的知识也能获得其他用户的关注,应受到重点关注,因为他们也是创新社区中的知识共享主力军之一。

(2)明星型大众在众包创新社区中表现出受关注度最高、最为强烈的知识共享意愿,并具有强大的信息控制能力和话题引领能力,是企业领先用户或创新用户的重要组成部分,需要社区管理者重点关注。[①]

(3)创新型大众的知识共享质量最高,社区的认可程度也较高。这些角色的大众对产品、服务的创新和潜在需求有较好的把握,具有较为强烈的创新动机以及寻求问题解决方案的欲望,但其知识共享热度和知识共享意愿处于较低水平。进一步分析发现,这类大众一般具有较为深厚的专业技术背景,他们所提交的创意、建议或评论虽能得到官方认可,但由于知识过于专业,导致难以吸引非专业领域大众的普遍关注与认同,其知识交流意愿也较低。

(4)活跃型大众具有最高水平的知识共享强度、知识共享广度和社区认可度。该类大众拥有多样化的知识,涉及知识范围比较广,并热衷于整合不同知识并进行二次传播,是创新用户的重要组成部分。同时,其在众包创新社区中发挥了较强的"桥梁"作用,能得到社区其他用户的广泛关注。但是由于其共享的知识涉及面宽,深度不足,且部分分享的知识并非原创,进而

---

① Brem A, Bilgram V. The search for innovative partners in co-creation: Identifying lead users in social media through netnography and crowdsourcing[J]. Journal of Engineering and Technology Management, 2015, 37: 40-51.

影响其知识共享的热度和知识的共享质量。

（5）边缘型角色的大众特征与 IdeaStorm 社区中识别的边缘型大众角色特征类似，无论是从知识共享的贡献行为还是关系行为来看，这类大众角色的表现都是不足的，但其数量较多，是虚拟社区关系网络的组成部分。

4.3.3　比较分析

戴尔公司 IdeaStorm 与小米公司 MIUI 社区虽然都是众包创新社区的典型代表，但是由于企业的战略定位、社区的建立背景和发展历程不同，虽然其总体网络结构大体相似，均属于"核心—边缘"结构，也主要存在 5 类大众角色，但除了多面手型和边缘型角色的大众特征相似之外，两个社区中的明星型、创新型和活跃型三类大众角色的行为特征存在较大差异，如表 4-14 所示。

表 4-14　两个社区大众角色的比较

角色类型	IdeaStorm 社区	MIUI 社区
多面手型	六项指标均处于相对中等偏上水平	六项指标处于相对中等偏上水平
明星型	具有最高水平的知识共享热度和社区认可度，但是知识共享意愿较低	具有最高水平的知识共享热度和知识共享意愿，但是社区认可度较低
创新性	具有最高水平的知识共享质量，知识共享意愿和知识共享广度较高	具有最高水平的知识共享质量，知识共享意愿与知识共享热度较低
活跃型	具有最高水平的知识共享强度，但知识共享热度偏低	具有最高水平的知识共享广度、知识共享强度以及社区认可度，其他指标均处于中等水平
边缘型	六项指标均处于相对最低水平	六项指标处于相对最低水平

（1）针对明星型大众角色来说，IdeaStorm 社区的明星型大众具有最高水平的社区认可度，但是缺乏强烈的知识共享意愿；而 MIUI 社区的明星型大众则具有强烈的知识共享意愿，但并未获得较高的社区认可度。其主要原因可能是两个社区的运行模式存在较大差异。IdeaStorm 社区运行过程中更加偏重获取大众用户的产品创意，而明星型大众具有较为深厚的技术背景，往往能够快速准确地分享当前社区热门问题所需要的知识，因此其社区认可度和知识共享热度都很高，但也由于技术背景产生的限制，这类用户一般专注于有限专业领域，其知识共享强度、知识共享意愿、知识共享广度

都比较低;MIUI 社区则兼具交流、咨询、求助、投诉等功能,运行过程中更加偏重与大众用户进行互动并获取用户的多样化需求。因此,该社区明星型大众的知识共享热度与知识持续共享意愿水平均很高。

(2)对于创新型大众角色来说,两个社区创新型大众的差异主要集中在知识共享意愿上。IdeaStorm 社区创新型大众的知识持续共享意愿较为强烈,而 MIUI 社区创新型大众的知识共享意愿较弱。主要有两方面原因:一方面,如前所述,IdeaStorm 社区中大众聚焦主要产品,对于知识的需求"专"而"精",这需要对某一方面知识的强烈交流意愿;而 MIUI 社区中大众的知识分享普遍采用整合创新模式,针对问题聚焦和专业知识等方面的交流意愿不足。另一方面,考虑到社会背景不同,MIUI 社区中主要以中国用户为主,受传统思想文化影响,知识共享的交流意愿较弱。[①] 同时,两个社区中的大众参与动机、奖励机制和反馈机制也会对创新型大众角色的参与行为产生影响。

(3)对于活跃型大众角色,两个社区的积极型大众都有最高水平的知识共享强度,但是在社区认可度、知识共享广度等维度存在较大差异。其根本原因还是在于两个社区的差异化运行模式。IdeaStorm 社区由于其强烈的创新获取目的性,大众对于知识的需求"专"而"精",因此活跃型大众分享知识的社区认可度与知识共享广度表现相比 MIUI 社区大众较弱;而由于 IdeaStorm 社区大众对知识需求的特性,该类大众针对某一个热点知识话题会具有强烈的知识共享意愿。相较于 IdeaStorm 社区,MIUI 社区的交流属性与获取用户需求属性较为突出,因此该社区活跃型大众热衷于广泛交流以寻求解决共性问题,涉及知识面比较广,缺乏对某个知识话题的持续性探讨,因此 MIUI 社区活跃型大众社区认可度和知识共享广度较高。

4.4 管理启示

大众角色识别的目的是深刻洞悉众包创新社区中的大众异质性知识共享行为,为开展有效的众包创新社区治理提供决策支持。根据实证结果,提

---

① Huo W,Cai Z,Luo J,et al. Antecedents and intervention mechanisms:A multi-level study of R&D team's knowledge hiding behavior[J]. Journal of Knowledge Management,2016,20(5):880-897.

出如下管理启示。

（1）为提升众包创新贡献，需要重点关注"明星型""活跃型""创新型"三类关键大众角色。在众包创新社区中，这三类大众虽然承担不同角色，但对众包创新的贡献相对较多，属于"核心大众"。通过关注"明星型"大众角色的参与行为，可以了解大众的知识关注热点，也可以获取产品或服务的相关创新方向；"创新型"大众是社区知识创新的重要来源，需要重点维系，提升其创作积极性；"活跃型"大众角色能够激发社区活力，需要采取科学的引导策略，进一步激发该类大众的"社交"属性，汇聚更多用户，提升社区影响力。

（2）采取有效的社区治理策略，实现"多面手型"和"边缘型"大众向关键大众的转化。"多面手型"和"边缘型"大众在社区中的数量最多，对创新贡献较少。① 但作为企业产品或服务的"消费基础"，也是促进社区良好发展的重要组成部分，而"核心大众"正是从这些"边缘大众"中孕育而生的，因此，社区管理者需要从奖惩机制设计、互动反馈机制构建和关系引导等方面采取有效的治理策略，促进这些大众角色的高级进化。

（3）从时空视角关注大众角色的动态演化，以引导众包创新社区的健康发展。不仅从空间视角关注众包创新社区的整体网络结构、大众角色的构成与行为特征，还需要从时间视角关注社区整体网络和大众角色的动态演进。从网络结构的动态变化和不同大众角色的转化状态，对众包创新社区进行动态监测和实时预警，洞悉社区的演变趋势，并从大众社区关系承诺的建立②、机会主义行为的规避③、创新贡献的激励④等方面采取有效的管理策略，以引导社区平台的健康发展。

---

① Lu Y, Singh P V, Sun B. Is core-periphery network good for knowledge sharing? A structural model of endogenous network formation on a crowdsourced customer support forum[J]. SSRN Electronic Journal, 2017, 41(2).

② Xiao-Liang Shen, Matthew KO Lee, Christy MK Cheung. Exploring online social behavior in crowdsourcing communities: A relationship management perspective[J]. Computers in Human Behavior, 2014, 40: 144-151.

③ Audhesh K Paswan, Tanawat Hirunyawipada, Pramod Iyer. Opportunism, governance structure and relational norms: An interactive perspective[J]. Journal of Business Research, 2017, 77: 131-139.

④ Bayus B L. Crowdsourcing new product ideas over time: An analysis of the Dell IdeaStorm community[J]. Management Science, 2013, 59(1): 226-244.

4.5 本章小结

探究众包创新参与大众的异质性行为,是针对性引导与激励大众持续知识共享的基础。本章通过构建众包创新模式下大众角色的识别过程模型,整合运用分层聚类和 K-means 聚类分析方法,以戴尔公司 IdeaStorm 与小米公司 MIUI 社区为例,实证探索了众包创新参与大众的角色识别及其知识共享行为,发现主要存在 5 类大众角色:多面手型、明星型、创新型、活跃型和边缘型,不同的大众角色在创新社区中表现出差异化的知识共享行为,需要社区管理者区别化对待不同类型角色的参与大众,深层次挖掘不同类型大众知识共享行为的关键影响因素,为提升众包创新参与大众的持续知识共享水平提供决策支持。

第5章 众包创新模式下大众持续知识共享行为影响因素扎根研究

为进一步探析众包创新模式大众持续知识共享的影响因素,本章结合大众持续知识共享的本质内涵,运用扎根理论研究方法,基于众包创新参与大众的访谈资料,深层次探索影响大众参与众包创新持续知识共享行为的关键因素,构建大众参与众包创新的持续知识共享行为影响因素模型,奠定开展众包创新模式下大众持续知识共享行为管理机制研究的理论基础。

5.1 研究设计

5.1.1 研究方法

如前所述,考虑到相关文献对众包创新模式下大众持续知识共享行为影响因素的研究比较匮乏,可借鉴研究成果不多。扎根理论作为一种重要的质性研究方法,可以通过对现实实践的资料收集或访谈等,挖掘出影响大众持续知识共享的相关因素,并在不断比较中提炼出相关范畴,进而可构建理论概念模型。[①] 扎根理论主要包括问题界定、文献讨论、资料收集与整理、译码和理论构建等主要步骤。在构建出初步理论模型后,需要进一步搜集新的材料,通过对其整理、分析和编码,检验是否有新的概念和范畴出现,实现对理论模型的饱和检验,具体流程如图5-1所示。

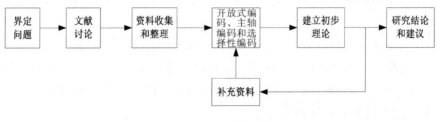

图 5-1 扎根理论流程

---

① 杜晓君,刘赫.基于扎根理论的中国企业海外并购关键风险的识别研究[J].管理评论,2012,24(4):18-27.

采用扎根理论对访谈资料进行编码时，可借助由澳大利亚 QSR 公司开发的质性分析软件 Nvivo11。扎根理论中的开放式编码、主轴编码和选择性编码步骤在 Nvivo11 中被映射成建立自由节点、树节点、案例、矩形、关系和模型等操作流程。

5.1.2 研究过程

（1）理论抽样

考虑到资料收集的代表性与完整性，选取国内四个著名的综合性众包创新平台猪八戒网（www. zbj. com）、时间财富（www. 680. com）、一品威客（www. epwk. com）和任务中国（www. taskcn. com）作为数据来源。搜集的资料主要是四个平台上大众分享的中标经验、想法和访谈记录等数据。在"猪八戒网"上获取相关数据资料的来源有"威客故事""服务商访谈""八戒圈子"，在"一品威客"上获取资料的来源包括"VIP 经验分享"和"优秀威客"，在"时间财富"平台上获取数据来源于"威客明星访谈""威客日志"等栏目，"任务中国"上则是"威客承接任务经验"和"威客访谈"。资料来源汇总如表 5-1 所示。

表 5-1　资料来源

众包创新平台	资料来源
猪八戒网	威客故事、服务商访谈、八戒圈子
一品威客	VIP 经验分享、优秀威客
时间财富	威客明星访谈、威客日志
任务中国	威客承接任务经验、威客访谈

从上述栏目中获取的相关资料构成了开展扎根理论分析的数据来源，在搜集资料的过程中，主要遵循以下原则。

①资料的来源对象是具有中标经验的参与大众；

②资料的来源尽可能包含各种类型的创新任务，以确保资料收集的全面性；

③搜集的资料是关于大众参与众包创新活动过程中的具体体验；

④由于扎根理论研究方法要求对资料不断地进行概括、比较和分析，因此，还需要不断地补充与研究主题相关的访谈资料，直到分析过程不再出现新的概念，达到概念饱和为止。

从四个众包创新网站上共收集到访谈记录 99 份，以文本形式进行保存，详细数据见附录。搜集的研究资料均为多次参与众包创新活动的大众，适合用于探究众包创新模式中大众持续知识共享行为的影响因素。

（2）编码过程

按照扎根理论开放式编码、主轴编码和选择性编码的研究步骤进行。

1）开放式编码

开放式编码是对导入 Nvivo11 中的资料发掘出与研究主题相关的概念，并将概念进行整合的过程。该过程需要对材料内容进行客观真实的呈现，摒弃主观臆想，用一种开放的心态去挖掘概念及相应的概念属性。整个过程需要对材料逐句逐段编码，开始时可供编码范围比较宽泛，随着不断编码，可编码范围逐渐变小，最终达到饱和状态。

具体流程是对导入的资料进行逐句研读，并与研究主题进行比较，然后将与主题相关的句子进行编码，提炼出概念，整个编码过程需要一直持续到没有新的概念出现。该阶段的编码对应于 Nvivo11 分析软件的操作是构建自由节点。本章对"明细视图"中呈现的材料进行逐句分析，每遇到一个相关语句，就建立一个自由节点，并对自由节点的名称进行命名即初始概念。在对自由节点进行命名时，尽量选用资料的原始语句，使得概念名称能够对访谈对象要表达的含义进行真实反映。将 99 位访谈对象的经验资料以文本的形式导入构建的项目中，同时通过备忘录的形式将构建的资料分析思路导入项目中，如图 5-2 所示。

图 5-2　导入 Nvivo11 中的访谈资料

由于资料内容较多,本章选取了部分材料展示概念化过程,如表 5-2 所示。在挖掘出初始概念后,通过前后比较以及删除或合并等操作,明确初始编码间的关系。

表 5-2　资料编码过程中初始编码举例

访谈内容	概念化
……木木表示,自己非常喜欢当威客的感觉,这让自己有机会创造价值(a_1 提升自身价值),未来,他还要继续当威客,攒钱给父母买大房子,供弟弟上大学(a_2 任务奖励金额)。	a_1 提升自身价值 a_2 任务奖励金额
……这段时间我们的压力很大,还好我们的设计师在配合软件开发之余,设计方面的项目也做得很出色,也得到了客户的认可(a_3 认同感),创业计划得以继续迈步向前。	a_3 认同感
……入驻一个月,周经理一直在跟踪我的接单情况,督促我装修商铺;陈小姐在我遇到问题时一直耐心地为我解答,这样的服务让我放心(a_4 平台服务水平),让我更有信心继续往前走。	a_4 平台服务水平
……第二天我们将汇报材料送到客户公司后,公司领导对我们提交的汇报材料和总体推广成效表达了高度认可和赞扬(a_5 满意度),并表达了希望能够长期合作的意愿,这为双方的继续深入合作奠定了良好的基础。	a_5 满意度
……本站对于极个别作弊者(不管是雇主套稿还是工作者抄袭)继续加大打击力度,现在已经做得很好了,希望继续加强监督(a_6 发包方欺诈);建议发布底价,比如设计类任务最低 500～1000 元,让威客模式能健康发展下去,抵制超低价任务(a_7 任务奖励机制)。	a_6 发包方欺诈 a_7 任务奖励机制
……我们选择继续解答,本身有制作印刷合作商的我们,针对客户的问题,能够通过自身经验,或者向合作厂商咨询获得答案,然后第一时间回复客户。时间就是金钱,我们可以拒绝,但我们没有,因为客户的肯定(a_8 认同感),客户的感谢以及后续的长期合作远比这眼前的利益来得珍贵得多。	a_8 认同感
……庆幸的是,客户十分配合,第一单顺利结束后,客户对我的服务也给予了很高的评价(a_9 满意度),我们互相留下了联系方式,客户还透露了继续合作的想法。	a_9 满意度

当编码到第 65 份访谈资料时,不再出现新的编码,停止对材料的编码。由于众包创新模式下参与者都是基于特定情境阐述参与众包创新活动的经历,在编码过程中往往会出现偶然因素,为了确保研究结论的科学性,本章只保留了材料来源数大于等于 20 次的编码,将 Nvivo11 中得到的自由节点进行汇总得到本章的开放式编码,如表 5-3 所示。

表5-3　编码一览

主轴编码名称	开放式编码名称	材料来源数	参考点数
信任	对发包方的信任	41	92
	对平台的信任	31	46
感知价值满足水平	满意度	33	53
	成就感	38	66
	提升自身价值	25	48
	认同感	31	57
知识获取投入	任务奖励机制	44	76
	任务奖励金额	47	96
	平台奖励	29	42
机会主义倾向	发包方欺诈	37	64
	交易纠纷	38	49
	平台欺诈防范机制	42	58
知识共享环境	参与大众互动	25	39
	平台服务水平	21	27

2）主轴编码

主轴编码是对开放式编码中获得的概念或范畴进行关联性分析，找出共同属性进行归类的过程。其目的是通过建立主轴编码，将开放式编码阶段形成的概念或范畴通过某种关系连接起来，以进一步解释研究现象。在建立主轴编码过程中，按照如下思路进行：选择一个概念或范畴，然后围绕该概念或范畴展开分析，寻找与其他概念或范畴间的关联性，最后发掘出共同特质，形成主题并进行命名。

主轴编码在Nvivo11中对应的操作是在自由节点基础上构建树节点，并探寻树节点间的相互关系。具体操作是对自由节点进行反复的比较分析，对具有相似属性或共同属性的自由节点进行编码聚类，并提炼核心特征，构建树节点。将那些具有隶属关系的自由节点分别添加到对应的"父节点"中。本章采用自下而上的分类方法，把具有共同属性或特征的自由节点归为一类，最终将上文获得的14个开放式编码归类成信任、感知价值满足水平、知识共享环境、知识获取投入、机会主义倾向5个主轴编码，如表5-3和图5-3所示。

图 5-3 树节点之间的关系连接

3）选择性编码

选择性编码主要是对所发现的概念型范畴进行综合分析，采用归纳总结的方法概括出核心范畴。该类范畴必须具备统领性，能够与其他范畴进行连接，形成完整的概念模型。核心范畴反映的是研究问题中最重要的研究现象，通过对已发掘的概念范畴的不断比较和理论概括，进一步提升概念的抽象层次，该抽象概念能够在比较广的理论范围内涵盖几乎全部的研究结论。

在 Nvivo11 中选择性编码对应的操作是在已构建的树节点的基础上，分析树节点之间以及树节点与项目存在的关系，通过定义这种关系，进而将核心范畴与其他范畴连接起来。本章通过对信任、感知价值满足水平、知识共享环境、知识获取投入、机会主义倾向 5 个主轴编码进行概括提炼，认为"知识承诺影响因素"是本章中具有提纲挈领地位的核心范畴。

（3）理论模型构建

通过对众包创新参与大众经验访谈资料的获取、编码和分类，影响众包创新模式下大众持续知识共享行为的因素被有序、抽象和系统地展现出来。为了使研究结论更加清晰，采用 Nvivo11 中提供的模型创建功能，构建大众参与众包创新的持续知识共享行为影响因素模型。经过分析，本章研究问题中的树节点间存在着双向影响关系、单向影响关系和类型关系三种关系：
（1）信任、感知价值满足水平、知识共享环境、知识获取投入、机会主义倾向
与"知识承诺影响因素"呈现类型关系；（2）信任与感知价值满足水平存在双
向影响关系；（3）信任与知识获取投入、知识共享环境与机会主义倾向、感知
价值满足水平与机会主义倾向、机会主义倾向与知识获取投入之间呈现单
向影响关系，如图 5-4 所示。

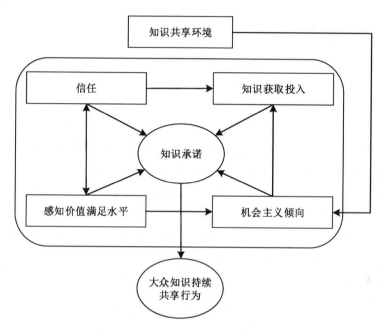

图 5-4　大众参与众包创新的持续知识共享行为影响因素模型

　　可见，信任、感知价值满足水平、知识共享环境、知识获取投入、机会主
义倾向都隶属于知识承诺影响因素；信任与感知价值满足水平之间呈现双
向影响关系，发包方信任水平越高，会提升大众的感知价值满足水平，而较
高的感知价值满足水平同样会提升双方的信任水平，故呈现双向影响关系。
机会主义倾向会直接削弱双方的信任、感知价值满足水平、知识共享环境以
及知识获取投入，呈现单向影响关系；知识获取投入受到信任的直接影响，
也呈现单向影响关系。

　　（4）理论饱和检验

　　为进一步验证构建理论模型的科学性和合理性，有必要对上述编码过
程进行理论饱和检验。所谓理论饱和检验是通过搜集新的资料数据，按照
上述编码过程进行编码，以检验是否有新的编码和范畴出现，以及产生新的
理论。本章将剩余的 34 份访谈资料用于理论饱和检验。经过系统梳理，发

现材料中没有新的概念及范畴出现,而且结果也符合上述构建的大众参与众包创新的持续知识共享行为影响因素模型。综上表明,得到的范畴编码和影响因素模型通过了理论饱和检验。

5.2 众包创新模式下大众持续知识共享行为影响因素的作用机制

5.2.1 信 任

信任作为众包创新中各参与主体长期关系发展的基础,其对于众包创新知识承诺的建立起到关键作用。研究过程中共获得有关信任的编码 2 个,如图 5-5 所示。具体编码有:(1)对发包方的信任:网络环境的虚拟性、信息不对称性等因素导致众包创新活动中知识交易供需双方之间缺乏了解和信任,大众在与发包方的长期接触过程中,若能对发包方产生一定程度的信任,这对于双方关系的长期发展具有重要的推动作用;(2)对平台的信任:大众的持续知识共享行为不仅受与接包方关系的直接影响,同时还受到众包平台的影响。大众在参与众包创新的过程中,由于对发包方的信息缺乏相应的了解,对众包创新平台产生信任,可快速帮助其建立关系,并持续在众包创新平台共享知识。

节点		
✦ 名称	🗒 材料来源	参考点
⊟ ● 信任	50	138
● 对发包方的信任	41	92
● 对平台的信任	31	46

图 5-5 信任的开放式编码及频次

5.2.2 感知价值满足水平

感知价值满足水平反映的是大众在分享自身知识过程中,获得的感知价值能否达到其预期水平的衡量标准。研究过程中共获得有关感知价值满足水平的编码 4 个,如图 5-6 所示,具体包括:(1)成就感:大众进行知识分享并完成创新任务后,不仅能获得方案奖励,而且能够获取解决难题的成就感;(2)满意度:大众在分享自身知识过程中,往往将分享知识时获得的奖励与学习知识时所投入的努力进行比较,若两者之间的比较结果超过了自身期望,则大众获得较大程度的满意;(3)认同感:在大众提交最终的任务方案时,若发包方对所提交的知识成果表示认可,大众可获得较大的认同感,有助于其后续在众包创新平台上持续分享知识;(4)提升自身价值:在众包创新平台分享知识的同时,大众也获得了与职业发展相关技能、能力锻炼和地位提升等机会,在分享自身知识时,自身价值也得到了显著提升。

节点		
◤ 名称	◧ 材料来源	参考点
□ ○ 感知价值满足水平	62	224
○ 成就感	38	66
○ 满意度	33	53
○ 认同感	31	57
○ 提升自身价值	25	48

图 5-6　感知价值满足水平的开放式编码及频次

5.2.3　知识获取投入

知识获取投入指的是众包创新平台与发包方在引导并激励大众积极参与众包创新并分享自身知识的过程中,投入的相关资源与所付出的努力。共获得有关知识获取投入的编码 3 个,如图 5-7 所示,具体包含:(1)任务奖励机制:按照分配方式的不同,奖励机制可分为多奖项奖励和赢者通吃奖励两种形式,不同的奖励机制所对应的任务类型存在差异,对于大众获得最终奖励的影响也不同;(2)任务奖励金额:任务奖励金额的高低直接影响参与者的参与动力和努力程度,进而影响活动中吸引到的参与者数量及获得的方案质量;(3)平台奖励:平台奖励指的是在大众完成创新任务后,大众获得的积分、荣誉等方面的奖励。平台赋予大众的奖励越多,越可能给大众带来极大程度的成就感与认同感。

节点		
◤ 名称	◧ 材料来源	参考点
□ ○ 知识获取投入	59	214
○ 平台奖励	29	42
○ 任务奖励机制	44	76
○ 任务奖励金额	47	96

图 5-7　知识获取投入的开放式编码及频次

5.2.4 机会主义倾向

机会主义倾向是大众持续知识共享的主要障碍之一,大众在参与众包创新过程中,若发包方的机会主义倾向较高,则存在较大的中途退出可能,同样,接包方的机会主义行为倾向也会影响众包创新中稳定关系的持续与发展。共获得有关机会主义倾向的编码 3 个,如图 5-8 所示,具体包含:(1)发包方欺诈:发包方欺诈作为大众参与众包创新的最大威胁,指的是发包方盗用大众知识成果而不给予奖励等形式的机会主义行为。大众在众包创新平台分享知识过程中,奖金激励是其参与的主要动机,发包方欺诈不仅损坏了大众的合法利益,而且破坏了众包创新平台良好的创新氛围,不利于大众的持续知识共享。(2)交易纠纷:在大众与发包方知识交易过程中,就任务的具体要求、奖励形式等可能产生一定的纠纷情况,这就需要众包创新平台理清纠纷根源,妥善处理纠纷事件,否则容易出现大众不忠诚并且迁移等现象。(3)平台欺诈防范机制:作为机会主义行为的有利防范措施,欺诈防范机制可有效识别接包方的机会主义行为并起到威慑作用。健全的欺诈防范机制可起到保护大众知识产权、抑制机会主义倾向的作用,为大众的持续知识共享行为保驾护航。

节点			
名称	材料来源	参考点	
机会主义倾向		51	172
平台欺诈防范机制		42	58
发包方欺诈		37	64
交易纠纷		38	49

图 5-8　机会主义倾向的开放式编码及频次

5.2.5 知识共享环境

知识共享环境反映的是整个众包创新过程中促进知识从外部知识源向知识需求者转移的外部环境条件。共获得有关知识共享环境的编码 2 个,如图 5-9 所示,具体包含:(1)参与大众互动:知识需求者与参与大众的沟通,一方面能够促进大众对创新任务需求的理解,提出高价值的创意或创新解决方案;另一方面,参与大众之间的互动加快知识的传播与共享,激发众包创新平台活力,有助于提高众包创新绩效。(2)平台服务水平:众包平台作为连接知识源与知识需求者的桥梁,其良好的服务水平直接影响着参与者的工作效率,进而影响着知识获取的效率。

图 5-9　知识共享环境的开放式编码及频次

为了更好地理解和把握大众参与众包创新的持续知识共享行为影响因素对知识承诺的影响程度,本章对数据资料进行统计分析,并根据统计分析结果对大众持续知识共享行为影响因素的重要度进行区分,如表 5-4 所示。其中,对发包方的信任、满意度、任务奖励金额、发包方欺诈是 4 个提及频率较高的编码。综合比较,信任提及频率(25.18%)要高于感知价值满足水平提及频率(23.18%)、知识获取投入提及频率(21.90%)、机会主义倾向提及频率(21.35%)和知识共享环境提及频率(8.39%),是影响大众参与众包创新的持续知识共享行为的主要影响因素。

表 5-4　大众持续知识共享行为影响因素编码统计分析

范畴	编码	频次	频率		合计 /%
			范畴内频率 /%	总体频率 /%	
信任	对发包方的信任	92	66.67	16.79	25.18
	对平台的信任	46	33.33	8.39	
感知价值 满足水平	满意度	33	25.98	6.02	23.18
	成就感	38	29.92	6.93	
	提升自身价值	25	19.69	4.56	
	认同感	31	24.41	5.66	
知识获取投入	任务奖励机制	44	36.67	8.03	21.90
	任务奖励金额	47	39.17	8.58	
	平台奖励	29	24.17	5.29	
机会主义倾向	发包方欺诈	37	31.62	6.75	21.35
	交易纠纷	38	32.48	6.93	
	平台欺诈防范机制	42	35.90	7.66	

续　表

范畴	编码	频次	频率		合计 /%
			范畴内频率 /%	总体频率 /%	
知识共享环境	参与大众互动	25	54.35	4.56	8.39
	平台服务水平	21	45.65	3.83	

5.3　管理启示

根据众包创新模式下大众持续知识共享行为影响因素的扎根研究成果,结合我国众包创新模式的发展现状和应用实践,提出以下管理启示。

(1)打造开放、诚信的创新环境是众包平台持续健康发展的关键。众包平台需要进一步融合新兴信息技术与先进基础设施,为平台的高质量运行奠定基础。同时,还需要加强开放、诚信等创新文化的营造,不断提升平台服务水平,吸引知识供需双方的积极参与。要结合不同众包创新平台的业务定位与自身特点,探索设置科学的信誉机制、诚信保障和奖惩机制,提升平台综合治理能力,确保平台可持续健康发展。

(2)构建有效的众包平台双边供需匹配机制以提升感知价值满足水平。由于众包创新任务复杂多样、对多样化知识需求高、任务完成时间要求紧等,设计高效的参与主体供需匹配机制十分重要。一方面,在众包创新过程中,参与大众要基于自身的专业知识、工作技能、参与经验等去筛选任务,以提升中标率并获得预期奖励。倘若众包平台设计出有效的任务推荐机制,基于大众自身特征快速推荐匹配的创新任务,无疑能大大降低搜索成本和提升大众参与意愿;另一方面,通过科学有效的大众推荐机制,发包企业可以快速鉴别高质量的创新解决方案,大大节约筛选和评估方案的时间和精力。可见,构建科学的双边匹配机制,促进接包大众和发包企业之间的精准匹配,提升大众的任务中标率和发包企业的创新效率,可促进双方感知价值满足水平的提高。

(3)多措并举规避众包创新参与主体的机会主义行为,引导其知识获取持续投入。通过设置一定的准入门槛或缴纳保证金制度,同时引导发包企业对复杂创新任务进行模块化分解以降低创新难度等,提高发包企业的知识获取投入成本,可在一定程度上规避其机会主义行为;通过设计积分卡或声誉积分制度,吸引接包大众广泛参与,加大其知识共享范围;系统整合强调刚性的契约治理与强调柔性的关系治理机制,对大众参与众包创新的整个过程实施有效监管,规避其机会主义行为,最终实现提升众包创新绩效的目的。

(4)多维度提升参与大众之间的互动水平,激发大众持续知识共享活力。众包创新社区的参与大众来源广泛,兴趣各异,知识背景多样化显著,参与大众之间的观点碰撞、互动交流为知识创造提供契机,有助于产生高质量解决方案。为此,企业需要倾力打造能提供开放自由互动环境的众包创新虚拟社区,设置有效的奖励激励机制,引导大众之间开展多维度互动交流,同时构建有效的反馈机制促进大众深度互动,进而提升其持续知识共享水平。

5.4　本章小结

众包创新任务的高质量完成离不开大众的深度参与和持续知识共享。本章采用自下而上逐层概括归纳的研究路线,运用扎根理论探索了众包创新模式下大众持续知识共享行为的影响因素及作用机制。通过对访谈资料的仔细研读和提炼概括,按照开放式编码、主轴编码和选择性编码的过程,获得了信任、感知价值满足水平、知识共享环境、知识获取投入、机会主义倾向 5 个主轴编码,并抽象出"知识承诺影响因素"这一核心范畴,最终获得了众包创新模式下大众的持续知识共享行为影响因素理论模型,为后续研究提供理论支持。

第6章　众包创新模式下大众互动对其持续知识共享行为的影响机制研究

　　结合上一章的大众持续知识共享行为影响因素扎根研究成果,可以发现,在众包创新模式下,影响大众持续知识共享行为的因素十分复杂,知识共享环境的营造对于大众持续共享知识至关重要。众包创新参与大众之间的互动是形成良好知识共享环境、激发大众参与活力并确保众包创新平台持续健康发展的关键。Wu 等①等发现参与大众间的有效互动能增强个体间信任,从而促进知识共享。Chang 等②的实证研究表明,大众之间通过网络发表意见进行互动,有助于促进知识共享,进而提高创意质量。雷静③的研究显示,在众包创新环境下,兴趣相同的接包大众围绕任务解决会提出个人见解或发表评论,一方面将自身相关知识与他人分享,另一方面也可以参考或学习他人的见解与提议,以获取新知识来满足个人需求,有利于创新任务的完成。Dong 等④提出构建开放式创新社区的目的就是引导参与用户通过自我表达、互动交流、知识学习等行为实现知识积累与创造。王海花等⑤的研究发现,用户间积极互动能提高结果期望,进而提高个体知识的共享意愿。社区中用户间的开放性交流和给彼此提供建设性反馈等积极互动,使得参与互动的多方主体实现价值的提升,而且积极互动的氛围也会使其他用户感知到社区用户间的亲密关系,而互动产生的思想碰撞与共鸣会促进用户间相互学习,提升分享知识的热情与知识共享意愿,进而产生积极的知识共享行为。可见,众包创新模

---

　　① Wu W L,Lin C H,Hsu B F,et al. Interpersonal trust and knowledge sharing:Moderating effects of individual altruism and a social interaction environment [J]. Social Behavior and Personality:An International Journal,2009,37(1):83-93.

　　② Chang H H,Chuang S S. Social capital and individual motivations on knowledge sharing:Participant involvement as a moderator[J]. Information & Management,2011,48(1):9-18.

　　③ 雷静. 基于社会网络的虚拟社区知识共享研究[D]. 上海:东华大学,2012:16-137.

　　④ Dong J Q,Wu W. Business value of social media technologies:Evidence from online user innovation communities[J]. The Journal of Strategic Information Systems,2015,24(2):113-127.

　　⑤ 王海花,谭钦瀛,李烨. 间接互动对在线知识社区知识共享意愿影响研究:基于价值共创和价值共毁的整合视角[J]. 软科学,2022,36(10):138-144.

式下参与大众之间的互动交流，能使多样化的知识不断分享、碰撞与整合，从而促进新知识产生，有助于提升众包创新绩效。

　　因此，为进一步探究众包创新模式下大众间互动对其持续知识共享行为的影响，利用社会网络分析法（social network analysis，SNA），基于戴尔公司的 IdeaStorm 众包平台相关数据，分析众包创新模式下大众互动的网络结构，运用基于最小二乘法的多元线性回归分析方法，实证探索大众间互动对其持续知识共享行为的影响机理。

6.1　社会网络分析方法

6.1.1　SNA 基本思想及主要参数

　　社会网络分析法是一种常用的社会学研究方法，认为社会不是由个人而是由网络构成，网络中包含节点与节点之间的复杂关系。社会网络是社会行动者及其之间关系的集合，它是由多个行动者和各行动者之间的关系连线所构成[1]；有学者把以对社会行动者之间的互动研究为基础的结构性方法称为社会网络分析，它关注行动者之间的关系，因为这些关系的模式会影响他们的行动[2]；社会网络分析融合了自然科学与社会科学，其最早见于涂尔干的社会结构理论："社会中个体的互动关系，以及互动中所产生的结构，支撑着社会的运转。"[3]在社会活动中，社会成员身陷一张看不见的网，彼此相连，既有封闭性，也有开放性，其本质就是各主体间的交错互连。

　　社会网络分析能够满足对于复杂社会关系的量化探讨，有力拓展了社会结构相关研究。[4] 社会网络分析范式下的研究认为任何个体行为都嵌在一个具体的、实时的社会系统中，而社会网络是社会行动者以及关系的集合。[5] 通常以"点"来表示一个行动者，以"边"来表示行动者之间建立的关系。社会网络可以分为两类：个体网与整体网，主要利用数学领域的社群图与矩阵两种工具进行社会网络关系数据的表达。[1]根据关系的方向可分为有

　　① 刘军.社会网络分析导论[M].北京：社会科学文献出版社，2004.
　　② 林顿·C.弗里曼.社会网络分析发展史[M].张文宏，刘军，王卫东，译.北京：中国人民大学出版社，2008.
　　③ 吴江.社会网络计算基础理论与实践[M].北京：科学出版社，2015.
　　④ 刘军.整体网分析讲义：UCINET 软件实用指南[M].上海：格致出版社，2009.
　　⑤ Scott J. Social network analysis[J]. Sociology，1988，22(1)：109-127.

向图和无向图。如果两个节点的关系是有方向的,比如 A 关注了 B,B 没有关注 A,则 A 到 B 的关系与 B 到 A 的关系是不同的,形成如图 6-1(a)所示的有向图。无向图即由一种对称关系引申出来的。根据关系的紧密程度,可以把关系图分为二值图、符号图和赋值图。二值图的数据只有两个取值,例如,两个人之间的朋友关系:是朋友与不是朋友。刻画两人关系好坏时,在符号图中用"＋"表达关系好,用 0 表示没关系,用"－"表示关系不好。而赋值图则是为了表现出两个节点之间的关系强度,强度即可以通过赋予线相应的数值得以显现。此外,根据网络中行动者之间的联系紧密度,可以分为完备图和非完备图。完备图意味着网络中任意两个行动者之间都是相连的。当然,这样的情况较为少见,所以,一般情况下都是非完备图。

在社会网络分析中,常用的矩阵表达形式是方阵,方阵中的行和列排列的顺序相同,且都表示完全相同的行动者。这样的矩阵被称为邻接矩阵(adjacency matrix),也叫社群矩阵,矩阵中各元素用"0""1"表示行动者之间的关系存在与否,如图 6-1(b)所示。此外还存在二模网络的隶属矩阵,此处不再赘述。

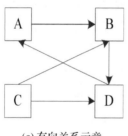

(a)有向关系示意   (b)邻接矩阵表达形式

图 6-1   有向关系的两种表达方式

社会网络分析方法有助于实现行动者互动数据的量化分析,主要从个体层面和整体层面两个方面去理解对象的社会网络特性。就网络个体属性而言,常用的测量指标有度数中心度、中间中心度、接近中心度和结构洞等。就网络整体属性来说,常用参数有凝聚子群、小世界特性、网络密度等。[1]各参数含义汇总如表 6-1 所示。

① 林顿·C.弗里曼.社会网络分析发展史[M].张文宏,刘军,王卫东,译.北京:中国人民大学出版社,2008.

表 6-1 社会网络分析主要参数含义①

网络层次	参数	含义	作用
网络个体属性	度数中心度	与该节点直接相连的其他节点的个数	在无向图中,度数中心度表示与某节点直接相连的节点数;在有向图中,度数中心度分为点出度和点入度。点出度表示某节点的输出关系,点入度表示某节点的输入关系
	中间中心度	测量经过一个点占据网络中最短路径的数量	刻画的是行动者对资源的控制程度,中间中心度越高,就越占据信息资源流通的关键位置
	接近中心度	指某节点与图中所有其他点的捷径距离之和,总和越小说明这个点距离其他所有点越近。一个节点到所有其他节点的最短路径距离累加起来的倒数表示接近性中心性	刻画一个节点不受他人控制的程度。在有向图中分为入接近中心度和出接近中心度。前者刻画的是到达该节点的容易程度;后者则表示该节点到达其他节点的容易程度
	结构洞	社会网络中的空隙	占据结构洞使两个节点间的联系从无到有,起到"桥梁"的作用
网络整体属性	凝聚子群分析	通过网络中行动者自己的一些特征来刻画、研究社会群体	可以根据多种网络属性对群体的凝聚性进行量化处理,所以存在多种形式化的定义,目的在于解释群体内部的子结构
	小世界特性	把具有相对较小的平均最短路径,相对较大的聚类系数的网络特性称为小世界特性	某个网络具有小世界特征,就说明该网络的信息传递流畅,节点间能够进行有效快捷的沟通交流
	网络密度	指图中各个点之间联络的紧密程度	固定规模的点之间的连线越多,该图的密度就越大

6.1.2 SNA 是分析众包创新模式下大众互动的适合方法

众包创新虚拟社区作为一种典型众包运行模式,是企业为有效获取大众创意或解决创新难题创建的一种使企业与大众以及大众间进行互动合作

---

① 刘军.社会网络分析导论[M].北京:社会科学文献出版社,2004.

的虚拟开放式创新环境。[①] 而 SNA 既是一种研究方法,也是一种分析视角,它以结构化的观点对关系数据开展定量研究,不仅通过个体内在因素解释参与行为,而且根据结构对行为的制约来解释现象。分析众包创新模式下大众互动网络结构可以洞悉参与大众之间的互动关系模式,有助于理解大众的相关参与行为。因此,运用 SNA 分析众包创新模式下的大众互动网络结构,定量化描述大众间互动特征,对深刻理解大众参与行为的真实动因,具有独特优势。

此外,相关文献的研究也验证了运用 SNA 分析众包创新社区中大众互动的优势:Lu 等[②]以一个呈现"核心—边缘"网络结构的大众支持论坛为研究对象,指出绝大部分网络中大量用户位于边缘位置,但是不同的节点位于不同的网络位置并发挥不同的作用;Koch 等[③]基于政府开放式创新平台,运用 SNA 测度大众的相关参数,发现不同类型大众的创新解决方案质量存在较大的差异;Fuger 等[④]从社会网络视角探索了众包社区中不同大众角色对团队绩效的影响,指出众包活动的背景与目的会显著影响大众的参与行为模式。

同时,还不乏学者从社会网络视角,探究了个体在网络关系中的特征及其对结果的影响:Zhang 等[⑤]借助对维基百科的自然实验,获取中国维基百科的面板数据,证明了编辑者在协作网络中的位置对其贡献行为存在影响;袁庆宏等[⑥]表明处于不同网络位置的个体,其获取资源的能力也不同;邵帅[⑦]指出网络位置中处于关键节点的用户对信息传播起着重要作用,激发

① Martinez M G. Inspiring crowdsourcing communities to create novel solutions:Competition design and the mediating role of trust[J]. Technological Forecasting and Social Change,2017,117:296-304.

② Lu Y,Singh P V,Sun B. Is core-periphery network good for knowledge sharing? A structural model of endogenous network formation on a crowdsourced customer support forum[J]. MIS Quarterly,2017,41(2):607-628.

③ Koch G,Hutter K,Decarli P,et al. Identifying participants' roles in open government platforms and its impact on community growth[C]. Hawaii International Conference on System Sciences. IEEE,2013:1900-1910.

④ Fuger S,Schimpf R,Füller J,et al. User roles and team structures in a crowdsourcing community for international development-a social network perspective[J]. Information Technology for Development,2017,23(3):438-462.

⑤ Zhang X,Wang C. Network positions and contributions to online public goods:The case of Chinese Wikipedia[J]. Journal of Management Information Systems,2012,29(2):11-40.

⑥ 袁庆宏,王利敏,丁刚. 个体的网络位置对其制度创业的影响研究[J]. 管理学报,2013,10(11):1634-1640.

⑦ 邵帅. 基于社会网络分析的短期微博营销效果评价[D]. 武汉:华中科技大学,2014.

关键用户的转发行为能够提升效果；赵颖斯[①]在研究企业合作创新网络时，表明高中心度的企业不仅具备获取与控制创新资源的优势，而且拥有多元化的信息源与信息渠道，容易争取到与优秀企业合作的更多机会；郭道猛[②]研究了众筹项目融资成功的影响因素，指出项目发起人的网络位置显著影响众筹项目的支持数和筹资额；吴煜山[③]以知识型社区——知乎为研究对象，发现社区成员之间的联系越多，越有助于社交属性对成员激励效应的发挥，引发群体智慧的涌现。相关文献梳理如表 6-2 所示。

表 6-2　SNA 在虚拟社区中的研究文献梳理

社区类型	实证对象	研究主题	主要作者
在线论坛型社区	BBS 论坛	运用社会网络分析 BBS 社区的人际互动关系，发现该社区中存在着稳定且密切的互动关系	高功敬（2005）[④]
	ChinaASP	采集 2001—2011 年跨度 10 年的历史数据，分析该社区知识共享网络的演化和知识共享水平的变化过程	雷静（2012）[⑤]
交易型社区	蘑菇街	从社会网络视角探讨导购类社区（蘑菇街）用户间互动特性，考究用户互动对在线产品销售的作用	田雨晴（2014）[⑥]
	淘宝网	从点度中心度、中间中心度、接近中心度三方面分析交易型社区（淘宝）的网络结构属性	王玲（2011）[⑦]
	众筹网	从总体网络特征（网络密度、网络直径、关系强度、核心节点）、中心度分析、中间人分析、社群分析四个方面考察众筹平台的网络结构	郭道猛（2018）[⑧]

①　赵颖斯.创新网络中企业网络能力、网络位置与创新绩效的相关性研究[D].北京:北京交通大学,2014.

②　郭道猛.基于社会网络分析的众筹支持网络结构特征研究[J].信息资源管理学报,2018,8(2):76-86.

③　吴煜山.基于社会网络分析的知识型社区群体智慧涌现的影响因素研究[D].广州:华南理工大学,2016.

④　高功敬.BBS 虚拟社区的人际互动:对"泡网俱乐部江湖论剑"虚拟社区的个案研究[D].济南:山东大学,2005.

⑤　雷静.基于社会网络虚拟社区知识共享研究[D].上海:东华大学,2012:16-137.

⑥　田雨晴.分享导购类社区用户间互动对在线产品销售的影响[D].北京:北京邮电大学,2014.

⑦　王玲.基于社会网络的交易型社区结构及演化研究[D].哈尔滨:哈尔滨工业大学,2011.

⑧　郭道猛.基于社会网络分析的众筹支持网络结构特征研究[J].信息资源管理学报,2018,8(2):78-88.

续　表

社区类型	实证对象	研究主题	主要作者
社交型社区	新浪微博	运用社会网络分析交友社区中成员之间的人际互动关系,发现用户在互动过程中呈现群体特征	周智勇等①
	新浪微博	运用社会网络分析方法识别传播过程中的关键用户	邵帅(2014)②
创新型社区	维基百科	基于网络游戏和社会角色理论,分析维基百科的中文版面板数据,揭示了网络位置对贡献行为的影响	Zhang等③
	Local Motors	结合社会网络分析与聚类分析,将在线创新社区用户划分为六类,并分析不同用户角色在社区中的贡献形式和质量	Guo等④
	MIUI 社区	选取"小米公交"专题收集用户互动数据,分析互动网络、社交网络、知识共享网络的网络结构以及三者间关系	李立峰⑤
	施华洛世奇珠宝设计大赛	基于社会网络视角探究创新竞赛中参与用户的异质性,并识别出关键用户,分析不同用户类型对支持社区健康运行的不同重要性	Hautz等⑥
	知乎	通过构建 27 个话题的成员—问题网络,研究网络联系强度、凝聚程度以及网络中心性对群体智慧影响	吴煜山⑦

① 周智勇,宋国琴,谷峰.虚拟学习社区中知识转移的社会网络分析[J].软件导刊,2012,11(2):68-70.

② 邵帅.基于社会网络分析的短期微博营销效果评价[D].武汉:华中科技大学,2014.

③ Zhang X,Wang C. Network positions and contributions to online public goods:The case of Chinese Wikipedia[J]. Journal of Management Information Systems,2012,29(2):11-40.

④ Guo W,Zheng Q,An W,et al. User roles and contributions during the new product development process in collaborative innovation communities[J]. Applied Ergonomics,2017,63:106-114.

⑤ 李立峰.基于社会网络理论的顾客创新社区研究:成员角色、网络结构和网络演化[D].北京:北京交通大学,2017.

⑥ Hautz J,Hutter K,Füller J,et al. How to establish an online innovation community? The role of users and their innovative content[C]. Hawaii International Conference on System Sciences,2010,6(1):1-11.

⑦ 吴煜山.基于社会网络分析的知识型社区群体智慧涌现的影响因素研究[D].广州:华南理工大学,2016.

续　表

社区类型	实证对象	研究主题	主要作者
组织内与 组织间关 系网络	组织内部 正式与非 正式网络	将组织内部个体按其网络位置划分为 4 种 类型,以分析不同网络位置个体资源获取、 利益期望、制度创业能力、意愿的差异	袁庆宏等①
	齐鲁软 件园中 的企业	从个体在企业创新网络中的网络位置(网络 中心度、中介度)和企业网络能力两个维度, 分析对创新绩效的影响	赵颖斯②

众包创新模式下大众参与自由自愿,组织形式开放松散,大众基于众包创新社区(平台)可以自由提交创意与想法,也可以主动参与他人创意的讨论、投票和评价等,进而形成了一个巨大而复杂的社会网络,该网络为大众参与众包创新实现知识共享与创造提供了便利,也为高质量创意或任务解决方案的提出提供了契机。

6.2　众包创新模式下大众互动网络结构分析

基于戴尔公司 IdeaStorm 众包创新平台的相关数据,根据 SNA 基本原理与主要研究参数,探究众包创新模式下的大众互动网络结构。

6.2.1　数据获取

利用网络爬虫软件八爪鱼采集器(6.4 版)获取 IdeaStorm 社区已实施项目中 75 个发起人提交的创意项目,以及 1195 个用户提交的 4128 条评论。将数据整理成"评论者"与"被评论者"两列,去除评论用户和发起人用户 ID 的重复项。数据基本模式如表 6-3 所示,如第一行表示,用户"03codyn"向用户"rarmasu"提交了评论,以此类推。具体样本数据详见附录。

表 6-3　关系数据基本模式

序号	评论者 ID	被评论者 ID
1	03codyn	rarmasu
2	03codyn	avnanda

① 袁庆宏,王利敏,丁刚.个体的网络位置对其制度创业的影响研究[J].管理学报,2013,10(11):1634-1640.
② 赵颖斯.创新网络中企业网络能力、网络位置与创新绩效的相关性研究[D].北京:北京交通大学,2014.

续　表

序号	评论者 ID	被评论者 ID
3	0tim0	sernovitz
4	202780	javaprog07
5	3dartist	gautam
……	……	……
1677	zmjjmz	siger
1678	zorath	jervis961
1679	zufoo	qgonjon

当一个用户 ID 对另一个用户 ID 的创意提交了评论，就认为该两个用户之间建立了互动关系。去除评论用户和发起人用户的重复项以及孤立点，将处理后的 Excel 数据导入 UCINET 6.212，生成 1226×1226 互动关系矩阵，如图 6.2 所示（只显示部分数据）。在矩阵中，若 $a_{ij}=0$，表明用户 i 没有对用户 j 进行评论，无互动关系；若 $a_{ij}=1$，表明用户 i 对用户 j 进行了评论，在社会网络图中表现为 i 指向 j 的有向线段，构成有向社会网络。

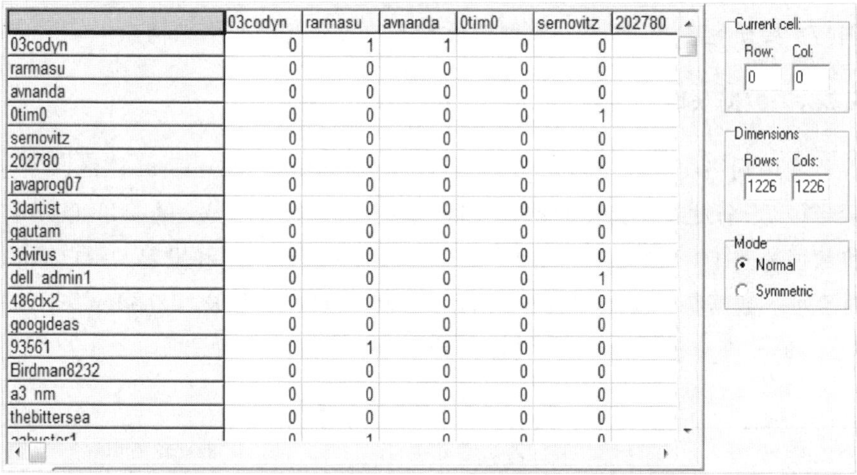

	03codyn	rarmasu	avnanda	0tim0	sernovitz	202780
03codyn	0	1	1	0	0	
rarmasu	0	0	0	0	0	
avnanda	0	0	0	0	0	
0tim0	0	0	0	0	1	
sernovitz	0	0	0	0	0	
202780	0	0	0	0	0	
javaprog07	0	0	0	0	0	
3dartist	0	0	0	0	0	
gautam	0	0	0	0	0	
3dvirus	0	0	0	0	0	
dell admin1	0	0	0	0	1	
486dx2	0	0	0	0	0	
googideas	0	0	0	0	0	
93561	0	1	0	0	0	
Birdman8232	0	0	0	0	0	
a3 nm	0	0	0	0	0	
thebittersea	0	0	0	0	0	

图 6-2　IdeaStorm 社区大众互动关系矩阵（部分）

运用 UCINET 6.212 的网络可视化功能绘制社会网络图，如图 6-3 所示。在这个有向网络图中，每个节点代表一个用户，共有 1226 个节点、1679 条连接。同时，运用中间中心度测度进行社会网络可视化分析，图中节点的形状越大表明其中间中心度越高，越可能居于网络的核心位置。网络的整体属性指标值如表 6-4 所示，整体网的密度很低，说明社区大众联系不够紧密,而且整体网络的互惠性也很低。

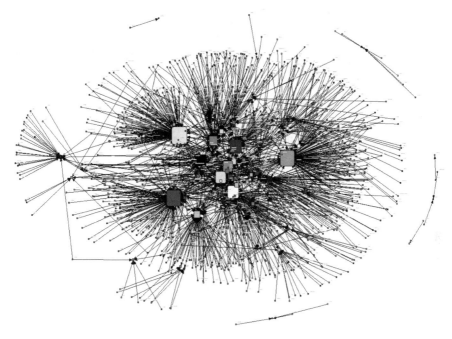

图 6-3　IdeaStorm 社区的网络可视化

表 6-4　网络的基本情况

测度参数	数值
网络节点数	1226
网络边数	1679
网络互惠性/%	0.66
网络密度/%	0.11
平均路径长度	3.736

6.2.2　网络中心度分析

网络中心度是社会网络分析的重点内容之一,代表个体行动者在其社会网络中拥有怎样的权力或者是居于怎样的网络位置。个体并非独立存在,与其周围点的人有多种复杂的关系,甚至有些人可以影响或者控制其他的社会行动者。社会科学将这样的现象定义为权力(power)。从社会网络理论出发,一个社会行动者之所以拥有权力,是由于他嵌入一个网络关系中,其具备了权力就说明其他人对他产生依赖性。社会网络分析中的中心度就是基于行动者们的关系对其权力进行量化的指标。表 6-5 为网络中心度分析常用参数的计算表达式,中心度的探讨主要集中于中心度与中心势的定量分析。度数中心度直观反映节点的交互活动,中间中心度测量的是节点对资源的控制能力,接近中心度测量的是某节点多大程度不受他人控制。中心势衡的是一个整体网络图的中心度,测量的是一个网络图多大程度上是以某个节点或者某些节点而建立的,换句话说,就是考察一个图多大程度上向某个或某些节点集中的趋势。

表 6-5　网络中心度表达式①

指标名称	度数中心度	中间中心度	接近中心度
绝对中心度	$C_{AD}(x) = x$ 的度数	$C_{ABi} = \sum\limits_{j}^{n} \sum\limits_{k}^{n} b_{jk}, j \neq k \neq i,$ 并且 $j < k$	$C_{APi}^{-1} = \sum\limits_{j=1}^{n} d_{ij}$
相对中心度	$C_{RD}(x) = C_{AD}(x)/(n-1)$	$C_{RBi} = \dfrac{2C_{ABi}}{n^2 - 3n + 2}$	$C_{RPi}^{-1} = \dfrac{C_{APi}^{-1}}{n-1}$
图的中心势	$C_{RD} = \dfrac{\sum\limits_{i=1}^{n}(C_{RD\max} - C_{RDi})}{n-2}$	$C_B = \dfrac{\sum\limits_{i=1}^{n}(C_{RB\max} - C_{RBi})}{n-1}$	$C_c = \dfrac{\sum\limits_{i=1}^{n}(C'_{RC\max} - C'_{RCi})}{(n-2)(n-1)}$

（1）度数中心度

在社会网络中,行动者的度数中心度可以分为两类,即绝对中心度和相对中心度。绝对中心度是与该点直接相连的点数,相对中心度是绝对中心度的标准化形式。在本研究中,社会网络表现为大众间评论关系的有向网络,因而从点出度(out-degree)与点入度(in-degree)来分析节点的度数中心度。在戴尔公司 IdeaStorm 社区中,出度表示大众提交的评论数量,入度则表示大众获得的评论数量。将"关系矩阵"输入社会网络分析软件 UCINET 6.212 中可计算度数中心度。节点的出入度分布如图 6-4 与图 6-5 所示,每个节点均表现出不同的出入度。入度中心度指标值分布范围较广,即各用户间的入度中心度差异较大。出度中心度指标值分布范围相较于入度中心度小很多。

① 刘军.社会网络分析导论[M].北京:社会科学文献出版社,2004.

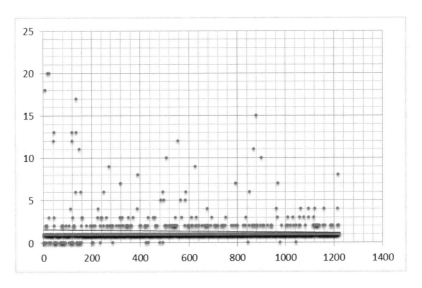

图 6-4　出度中心度分布

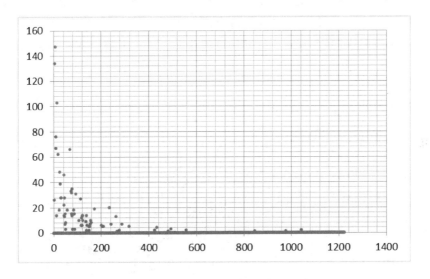

图 6-5　入度中心度分布

出入度描述统计结果如表 6-6 所示。该网络的点出度中心势为
1.522％,其值较小,说明网络中大众的出度差异较小,善于主动评论的大众
群体集权的现象不明显。同时,该网络的点入度中心势为 11.898％,显然
远高于点出度中心势,其方差值均大于点出度的方差值,总体来说大众的入
度差异较大,表明被"评论"的大众有着更明显的集中趋势。点出度与点入
度的差异也说明了大众提交与获得评论数的不对称性,间接反映了网络的
互惠性较低。

表 6-6　出、入度描述性统计

序号	统计量	点出度	点入度	相对点出度	相对点入度
1	平均值	1.369	1.369	0.112	0.112
2	标准差	1.661	9.322	0.136	0.761
3	总和	1679.000	1679.000	137.061	137.061
4	方差	2.760	86.902	0.018	0.579
5	欧式范数	75.386	329.911	6.154	26.931
6	最小值	0.000	0.000	0.000	0.000
7	最大值	20.000	147.000	1.633	12.000

网络中心势（点出度）＝1.522%

网络中心势（点入度）＝11.898%

分析结果显示,在该网络中编号 21(jervis961)和编号 27(winoffice)的大众出度(等于 20)最高,其入度中心度分别为 62 和 48,处于较高水平,表明其在社区中能够积极主动参与讨论,并且已经建立相对稳定的互动关系;编号 21(jervis961)的大众个体网络可视化如图 6-6 所示。编号 9(gautam)

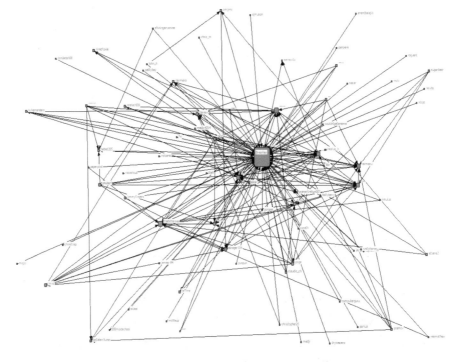

图 6-6　编号 21(jervis961)的度数中心度测度个体网可视化

的入度达 147，为最大值，但是其出度却为 0，其个体网络中心度可视化如图 6-7 所示。可以看出其输入关系远大于输出关系，也就是在社区能够获得较多的评论，说明该用户在社区中的想法创意能够吸引他人的积极关注与评价，但是自己却不主动向其他用户发表评论。

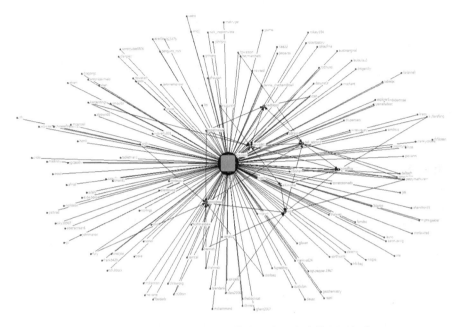

图 6-7　编号 9(gautam)的度数中心度测度个体网可视化

（2）中间中心度

中间中心度测量的是一个节点在多大程度上位于网络图中其他点的中间，如果一个行动者处于许多其他行动者的最短路径上，就说明该行动者具有较高的中间中心度。中间中心度的大小表示某个节点对网络中资源控制的程度，节点中间中心度越高，说明该节点占据资源和信息流的关键位置越多，对资源的控制能力越强。该社区网络中大众的中间中心度描述性统计结果如表 6-7 所示，各个节点的中间中心度分布情况如图 6-8 所示。不难看出 98％大众的中间中心度为 0，也就是说在该网络中大部分用户均为边缘大众。网络图的中间中心势指数为 0.91％，该值比较小，表明该网络趋近于环形网，即大部分节点处于网络边缘，无法控制其他行动者的交往与互动。

表 6-7　中间中心度描述性统计

序号	统计量	中间中心度	相对中间中心度
1	平均值	43.230	0.003
2	标准差	543.824	0.036
3	总和	53000.000	3.535
4	方差	295744.250	0.001
5	欧式范数	19101.666	1.274
6	最小值	0.000	0.000
7	最大值	13740.270	0.916

网络中心势＝0.91%

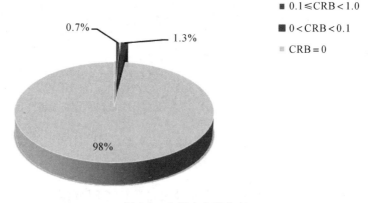

图 6-8　中间中心度分布

　　分析结果显示,编号为 11(dell_admin1)的大众中间中心度最高,为
0.916,其中间中心度测度的个体网络可视化如图 6-9 所示。编号为 17
(thebittersea)、27(winoffice)、13(googideas)、21(jervis961)、45(aikiwolfie)、
123(jmxz)、46(reg)的大众中间中心度分布于 0.1~0.9,而其他用户的中间
中心度均小于 0.1。节点的中间中心度越接近于 1,意味着该用户在社区网
络中处于关键的连接性位置,居于网络核心位置,意味着用户具有很强的社
区资源控制能力。

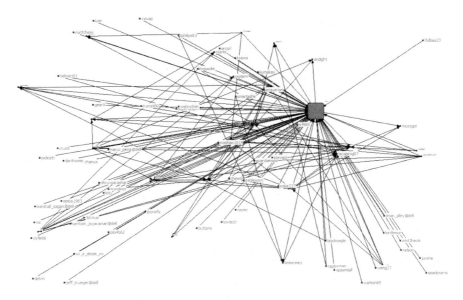

图 6-9 编号 11(dell_admin1)的中间中心度测度个体网可视化

（3）接近中心度

接近中心度是指一个行动者与网络中其他行动者的距离，测度的是行动者在多大程度上不受其他行动者的控制。如果一个节点与网络中所有其他节点的"距离"都很短，则该节点具有较高的整体中心度，也称接近中心度。一个节点的接近中心度是该节点与网络图中其他节点的捷径距离之和，其测度值越小，则接近中心度越高，该节点在网络中越可能处于核心地位，不受其他节点控制的能力也越强。

接近中心度分析结果如表 6-8 所示。对于有向关系网络，分析结果给出了入接近中心度（inCloseness）与出接近中心度（outCloseness）[分别是节点进入捷径距离（inFarness）之和与发出捷径距离（outFarness）之和的标准化处理结果]。接近中心度描述性统计结果如表 6-9 所示，不难发现无论是出接近中心度还是入接近中心度，一个节点与其他网络节点的捷径距离之和均很大，即节点之间较难到达，这一结果间接反映了该网络的联系是稀疏、不够紧密的。

表 6-8 接近中心度分析结果

编号	用户 ID	入捷径距离	出捷径距离	相对入接近中心度	相对出接近中心度
9	gautam	767547	1501850	0.16	0.082
7	javaprog07	786110	1501850	0.156	0.082

续　表

编号	用户 ID	入捷径距离	出捷径距离	相对入接近中心度	相对出接近中心度
2	rarmasu	792488	1501850	0.155	0.082
72	falbert	868132	1501850	0.141	0.082
81	tablet205	879300	1501850	0.139	0.082
……	……	……	……	……	……
1224	zhaney_3	1501850	1446845	0.082	0.085
1225	zorath	1501850	1446797	0.082	0.085
1226	zufoo	1501850	1500625	0.082	0.082

表 6-9　接近中心度描述性统计

统计量	入捷径距离	出捷径距离	相对入接近中心度	相对出接近中心度
平均值	1479598.375	1479598.375	0.084	0.083
标准差	112851.945	26313.342	0.010	0.001
总和	1813987712	1813987712	102.464	101.536
方差	12735562752	692392000	0.000	0.000
欧式范数	51957552.000	51815268.000	2.948	2.900
最小值	767547.000	1438208.000	0.082	0.082
最大值	1501850.000	1501850.000	0.160	0.085

　　从入接近中心度来看,其他节点到编号 9(gautam)的捷径距离之和最小(如表 6-7 所示),紧跟其后的有编号 7(javaprog07)、编号 2(rarmasu)等,接近中心度分别为 0.16、0.156 和 0.155,表明其他节点到达这类节点是相对容易的,即获取信息不受他人控制的能力较强。编号 7(javaprog07)的接近中心度测度个体网可视化如图 6-10 所示。从出接近中心度来看,编号为 152(bill_b)的大众到达其他节点的捷径距离最短,紧跟其后的有编号 139(bennish)、276(cosh)和 323(deanr14),接近中心度均约等于 0.085,表明该节点到达其他节点相对容易,即能够较快地获得信息;编号 152(bill_b)的接近中心度测度个体网可视化如图 6-11 所示。此外,相较于入接近中心度,出接近中心度指标值要小,且指标值分布差异较小,表明该网络中大众较少积极提交创意或评论,这与上述的度数中心度分析结果一致。

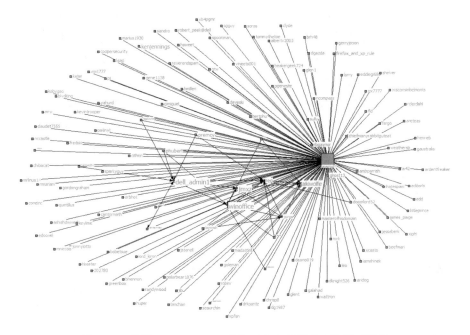

图 6-10　编号 7(javaprog07)的接近中心度测度个体网可视化

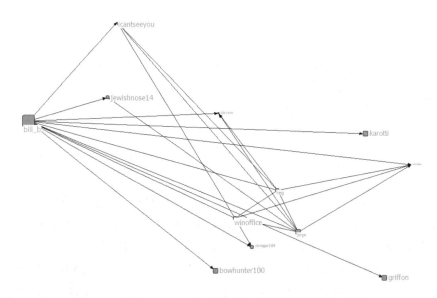

图 6-11　编号 152(bill_b)的接近中心度测度个体网可视化

6.2.3　结构洞分析

结构洞用来表示非冗余的联系,一个结构洞是两个节点间的非冗余联系。如图 6-12(a)所示,A 与 B、C、D 三者均分别相连,而 B、C、D 之间均不存在联系,这样 B、C、D 任意两者之间就形成了一个结构洞。即 A 在传递信息时需要分别通知 B、C、D,这时就称 A 与 B、A 与 C、A 与 D 之间的关系是非冗余的,而 A 就是结构洞的中间人或者占据者。而在图 6-12(b)图中,A_1、B_1、C_1、D_1 任意两者都是相连的,A_1 只需要把信息传递给 B_1、C_1、D_1 中的任意一个就能够达到信息有效扩散的目的,这时就称 A_1 与 B_1、A_1 与 C_1、A_1 与 D_1 之间的联系是冗余的。具有结构洞的网络结构很大可能会给中间人带来重要的信息资源,从而提升个人的权力与地位。对于一个虚拟社区中的参与大众来说,占据结构洞位置非常有利于非冗余、多元信息的流动以及对信息流的控制,从而有助于提高自身的贡献度。①②

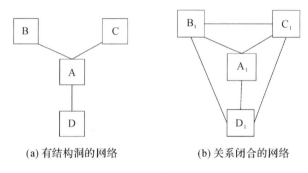

(a) 有结构洞的网络   (b) 关系闭合的网络

图 6-12　结构洞网络

结构洞指数通常包含以下四个指标。

(1)有效规模(effective size):等于节点的个体网规模(不包括自我)减去网络的冗余度,一个节点的冗余度就是该节点所在个体网络中成员的平均度数(连接到中心点度的线不算在内)。

(2)效率(efficiency):一个节点的效率就等于该节点的有效规模与实际规模之比。

(3)限制度(constraint):也称约束系数,是指目标节点在自身的个体网络中多大程度上具备利用与开发所存在的结构洞的能力。其主要构成有两个部分,即直接投入与间接投入,也就是说自身受到的限制度取决于自身曾经投入了时间和精力的一个接触者又在多大程度上对他的接触者关系投入精力。限制度是最重要的衡量指标,限制度越高,约束性越强,网络的闭合

①　姜鑫.基于"结构洞"视角的组织社会网络内隐性知识共享研究[J].情报资料工作,2012(1):32-36.

②　谢英香,冯锐.结构洞:虚拟学习社区信息获取行为研究[J].软件导刊,2010,9(8):19-21.

性就越高。限制度越小,行动者越能跨越结构洞接触非冗余联系,可获取多样化信息源。

(4)等级度(hierarchy):指的是限制性在多大程度上集中于一个行动者身上,等级度越高,表明该节点越受到限制。

运用 UCINET 6.212 对样本数据进行结构洞分析,结果显示如表 6-10所示。编号 2(rarmasu)、编号 7(javaprog07)、编号 9(gautam)和编号 17(thebittersea)的有效规模分别为 140.546、133.694、146.612、102.867。这4 个用户占据网络大量的结构洞,是网络中潜在的意见领袖,意味着如果他们离开网络社区,则网络中的连接会出现中断,从而不利于社区中信息与知识的传播与扩散。此外,还可以发现这 4 个用户的限制度分别为 0.008、0.008、0.008 和 0.013,等级度分别为 0.031、0.009、0.029 和 0.045。编号17 的限制度最大,表明其受约束性最大,较其他 3 位用户利用与开发非冗余关系的能力更弱,不容易积累社会资本。同时,他的等级度也较大,相对而言其受到的限制更集中于某个行动者。此外,还可以发现该网络中许多用户的限制度与等级度达到 1,表明网络中的这些用户的信息资源获取受到了很大限制,而且较高水平集中到个体网中的某一行动者身上。

表 6-10　个体网结构洞分析结果

编号	用户 ID	有效规模	效率	限制度	等级度
1	03codyn	2.000	1.000	0.500	0.000
2	rarmasu	140.546	0.997	0.008	0.031
3	avnanda	24.000	1.000	0.042	0.000
4	0tim0	1.000	1.000	1.000	1.000
5	sernovitz	25.904	0.996	0.040	0.006
……	……	……	……	……	……
1224	zhaney_3	1.000	1.000	1.000	1.000
1225	zorath	1.000	1.000	1.000	1.000
1226	zufoo	1.000	1.000	1.000	1.000

需要指出的是,一般情况下网络限制度小的节点,其网络的有效规模值就会大,但是当与该节点相连的节点之间存在彼此联结时,产生了重复联结,具有多条通路,则网络有效规模与网络限制度之间的关系规律就会被打破。

图 6-13 展示了编号 2(rarmasu)的中间中心度测度个体网可视化,很显

然该网络中呈现大量的结构洞,同时一些与之相连的其他节点之间也彼此连接。

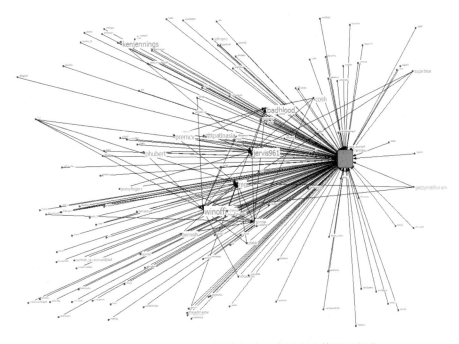

图 6-13　编号 2(rarmasu)的中间中心度测度个体网可视化

值得一提的是,网络中结构洞的存在既有优势也有劣势。优势在于针对行动者而言,处于结构洞位置的社区大众可以高效获取信息,占据资源优势及其带来的控制利益,从而能够保持较强的竞争优势。对于众包创新社区而言,其劣势也显而易见,它对社区信息资源的流动以及其他大众在社区的身份或地位提升等具有负向影响。

6.2.4　小世界特性分析

现实中的网络既不是完全规则也不是完全随机的,往往是介于规则与随机网络之间的一种现象。在社交网络中,小世界现象意味着一些彼此并不相识的人,可以通过一条很短的熟人链被联系到一起。引入平均路径长度与平均聚类系数来定量分析网络的小世界特性。平均路径长度指的是连接网络中任意两个点之间最短途径的平均长度;聚类系数指的是实际存在的边数除以最多可能存在的边数得到的分数值。一般来说,具有小世界特性的网络整体是稀疏的,具有相对较小的平均最短路径,相对较大的聚类系数。

对于众包创新社区而言,如果该网络具有小世界特性,就说明该网络的信息传递流畅,节点间能够进行有效快捷的沟通交流;反之,则表明该社区中大众之间沟通困难,信息交流不畅,不利于创新社区的健康发展。表 6-11 给出网络图的距离信息,由结果可以看出,距离是 1 的情况出现了 3336 次,以此类推,发现距离为 4 的时候,出现的频次最大,为 784592 次,占总数的 54%,这说明了大部分节点之间的距离是 4。

表 6-11　网络的距离信息

路径长度	频次	占比
1	3336.000	0.002
2	111962.000	0.077
3	371326.000	0.256
4	784592.000	0.540
5	142864.000	0.098
6	38900.000	0.027
7	316.000	0.000

表 6-12　距离矩阵描述统计

序号	参数	数值
1	总数	5429538.000
2	平均距离	3.736
3	方差	0.722
4	标准差	0.850
5	范数	4618.882
6	最小值	1.000
7	最大值	7.000

基于距离的聚类系数=0.276

由表 6-12 可见,在这个 1226×1226 的距离矩阵中,网络节点之间的平均距离(mean)为 3.736,最小距离为 1,最大距离为 7;即在该众包创新社区中每两个大众平均仅需要 3.736 个用户来建立联系。基于距离的聚类系数(distance-based cohesion)(取值在 0~1 之间,聚类系数越大则表示具有更大的内聚性)为 0.276。根据小世界效应理论,平均距离小于 10,即可判定该社区中大众之间形成的网络具有小世界特性。这也就意味着该社区中信息传播速度较快,影响面较广,大众之间的交流互动得到有效支持。此外,聚类系数指标值并不是很大,表明大众间的互动深度还不够,也说明了大众之间建立的连接不是随机的,而是根据具体需求或独特偏好而产生的。

6.3　大众互动对其持续知识共享行为影响的实证研究

通过分析众包创新模式下大众互动的网络结构,可知每个用户在互动网络中承担不同的角色,并处于不同的网络位置,而不同网络位置的大众往往在关系网络资源的数量与控制能力方面存在巨大差异,并影响众包创新社区中的知识传播,从而大众会表现出不同的知识共享行为。为进一步探索众包创新模式下大众互动对其持续知识共享行为的影响机理,将继续基于戴尔公司 IdeaStorm 众包创新平台相关数据,以大众的出度中心度、入度中心度、中间中心度、入接近中心度和出接近中心度为大众互动的测度指标,以大众在众包创新平台中提交的创意数量－1(以表征其持续性)、获得的投票数和平台得分来表征大众的持续知识共享行为,构建理论假设模型,运用多元回归分析法开展实证研究。

6.3.1　理论模型构建与相关假设

(1)众包创新模式下大众持续知识共享行为的度量

众包创新的目的就是挖掘集体智慧,通过多样化的知识共享与碰撞以产生新的创意和创新解决方案,其本质在于外部知识的获取与利用。而企业建立众包创新模式的目标在于通过利用来源于外部广泛大众的想法创意,获取能够满足企业需求的创新知识,降低创新成本并提升自身创新能力。因此,众包创新模式成功的关键在于如何维持大众持续参与众包创新活动,不断分享知识与创意,保持创新活力。

持续知识共享行为是大众对于是否继续在众包创新网络中分享知识所做出的具体外在表现,如继续活跃在众包创新平台中并提交创意、转发评论、对其他创意进行评价等。在众包创新相关研究文献中,大多数学者主要研究虚拟社区持续知识共享意向或持续知识共享意向与持续知识共享行为的影响等①②③④⑤,缺乏对持续知识共享行为的关注。毕竟持续知识共享意向只是大众所表达出来的意图,并不是最终的行为结果。在众包创新实践中,客观的大众持续知识共享行为才是影响众包创新绩效的关键因素。Wasko 等⑥采用知识有用性和数量作为知识持续共享的绩效衡量指标;王婷婷等⑦以大众在社区持续发表的创意个数衡量该大众的持续知识共享行为。

基于此,结合 IdeaStorm 众包创新社区的运作特点,在有利于获取大众持续知识共享行为客观数据的基础上,从大众的持续知识共享贡献数量和质量两个方面确定众包创新模式下大众持续知识共享行为的测量维度:以大众提交的创意数量直观反映其知识持续共享数量,为强调"持续"知识共享,在实证研究过程中,用大众提交的总创意数量－1;以大众的平台得分和获得的投票数来衡量大众的持续知识共享质量。

（2）众包创新模式下大众互动的测量及相关假设

参与大众在众包创新社区中基于共同的语言、兴趣和价值观等,通过交流互动而建立网络关系。个体在众包创新社区中充当不同的角色,也处于不同的网络位置。Ibarra 等⑧指出从网络视角理解网络环境下的参与行为至关重要,群体在互动和从事生产性工作时都会被嵌入网络环境之中;孙永磊等⑨以社会化创新环境为背景,剖析了知识权力对网络惯例形成的影响,指出网络位置是行动者之间建立关系的结果,并认为网络位置相对稳定区域的合作意愿较强;陈远等⑩指出在社会网络中部分节点甚至可以影响或者控制其他节点（称为权力）,而权力的大小对信息与知识的传递扩散起到一定的作用,并进

①　吴士健,刘国欣,权英.基于 UTAUT 模型的学术虚拟社区知识共享行为研究:感知知识优势的调节作用[J].现代情报,2019,39(6):48-58.
②　Kim J,Lee C,Elias T. Factors affecting information sharing in social networking sites amongst university students[J]. Online Information Review,2015,39(3):290-309.
③　Chua A Y K,Balkunje R S. Beyond knowledge sharing:Interactions in online discussion communities[J]. International Journal of Web Based Communities,2013,9(1):67.
④　郑伟伟.基于信任关系的虚拟学术社区知识共享研究[D].重庆:西南大学,2015.
⑤　张克永.开放式创新社区知识共享研究[D].长春:吉林大学,2017.
⑥　Wasko M,Faraj S. Why should I share? Examining social capital and knowledge contribution in electronic networks of practice[J]. MIS quarterly,2005,29(1):35-57.
⑦　王婷婷,戚桂杰,张雅琳,等.开放式创新社区用户持续性知识共享行为研究[J].情报科学,2018,36(2):139-145.
⑧　Ibarra H,Kilduff M,Tsai W. Zooming in and out:Connecting individuals and collectivities at the frontiers of organizational network research[J]. Organization Science,2005,16(4):359-371.
⑨　孙永磊,党兴华.基于知识权力的网络惯例形成研究[J].科学学研究,2013,31(9):1372-1380,1390.
⑩　陈远,李韫慧,张敏.基于节点度测度 SNS 用户信息传播贡献的实证研究:以腾讯微博为例[J].情报杂志,2014,33(10):159-164.

一步提出以常用的社会网络中心度测量指标(度数中心度、中间中心度与接近中心度)来刻画社区中大众互动的结果。

一是度数中心度与大众的持续知识共享行为。度数中心度刻画的是大众间的直接联系,主要描述大众间的互动活动。吴煜山[①]以知乎为研究对象,指出社区大众的互动与联系越多,对大众越会产生好的激励效应,从而涌现更多的群体智慧。通过文献梳理进一步发现,大部分学者认为当一个节点建立的连接越多,则越可能产生显著的知识共享行为。所以,针对众包创新模式下的大众行为表现,结合上述对大众互动网络结构的相关研究,提出以下假设:

H1a:出度中心度对众包创新参与大众的创意数量有正向影响。

H1b:出度中心度对众包创新参与大众在社区的得分有正向影响。

H1c:出度中心度对众包创新参与大众获得的投票数有正向影响。

H2a:入度中心度对众包创新参与大众的创意数量有正向影响。

H2b:入度中心度对众包创新参与大众在社区的得分有正向影响。

H2c:入度中心度对众包创新参与大众获得的投票数有正向影响。

二是中间中心度与大众的持续知识共享行为。中间中心度刻画的是网络中的大众对社区资源与信息的控制能力,其值越大说明其越可能处于核心位置,拥有更大的权力。Zaheer 等[②]指出网络位置会影响行动者从网络中识别、获取和利用知识资源的机会,占据优势位置时进行的创新活动往往呈现更优的结果。因此,提出以下假设:

H3a:中间中心度对众包创新参与大众的创意数量有正向影响。

H3b:中间中心度对众包创新参与大众在社区的得分有正向影响。

H3c:中间中心度对众包创新参与大众获得的投票数有正向影响。

三是接近中心度与大众的持续知识共享行为。接近中心度刻画的是大众独立于其他节点的能力,显示出其对于信息传递的独立性或有效性。接

---

① 吴煜山.基于社会网络分析的知识型社区群体智慧涌现的影响因素研究[D].广州:华南理工大学,2016.

② Zaheer A,Bell G G. Benefiting from network position:Firm capabilities, structural holes, and performance[J]. Strategic Management Journal,2005,26(9):809-825.

近中心度的大小能反映大众在网络中传递或获取信息的能力。在众包创新社区中,大众获取知识资源的能力受到网络位置的影响,入接近中心度小的用户离其他用户的距离比较近,容易获取多源信息,进而在互动网络中便利获取相关知识,保持自身创新优势。出接近中心度小的用户由于距离其他大众也比较近,可以有效降低其知识共享过程中知识传输缺失的可能性,进而提高社区中其他用户获取并分享知识的可能性。因此提出以下假设:

　　H4a:入接近中心度对众包创新参与大众的创意数量有正向影响。

　　H4b:入接近中心度对众包创新参与大众在社区的得分有正向影响。

　　H4c:入接近中心度对众包创新参与大众获得的投票数有正向影响。

　　H5a:出接近中心度对众包创新参与大众的创意数量有正向影响。

　　H5b:出接近中心度对众包创新参与大众在社区的得分有正向影响。

　　H5c:出接近中心度对众包创新参与大众获得的投票数有正向影响。

基于以上假设,构建如下理论模型,如图 6-14 所示。

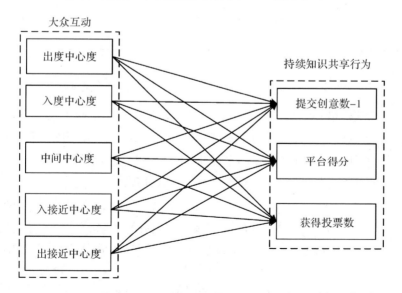

图 6-14　大众互动对其持续知识共享行为的影响理论模型

表 6-13　相关变量及假设

变量	编号	相关假设
度数中心度	H1a	出度中心度对众包创新参与大众的创意数量有正向影响
	H1b	出度中心度对众包创新参与大众在社区的得分有正向影响
	H1c	出度中心度对众包创新参与大众获得的投票数有正向影响
	H2a	入度中心度对众包创新参与大众的创意数量有正向影响
	H2b	入度中心度对众包创新参与大众在社区的得分有正向影响
	H2c	入度中心度对众包创新参与大众获得的投票数有正向影响
中间中心度	H3a	中间中心度对众包创新参与大众的创意数量有正向影响
	H3b	中间中心度对众包创新参与大众在社区的得分有正向影响
	H3c	中间中心度对众包创新参与大众获得的投票数有正向影响
接近中心度	H4a	入接近中心度对众包创新参与大众的创意数量有正向影响
	H4b	入接近中心度对众包创新参与大众在社区的得分有正向影响
	H4c	入接近中心度对众包创新参与大众获得的投票数有正向影响
	H5a	出接近中心度对众包创新参与大众的创意数量有正向影响
	H5b	出接近中心度对众包创新参与大众在社区的得分有正向影响
	H5c	出接近中心度对众包创新参与大众获得的投票数有正向影响

6.3.2　数据分析方法

采用基于最小二乘法的多元线性回归分析方法来检验上述假设,模型如式(6.1)、(6.2)、(6.3)。为了提高回归模型的拟合度,并消除回归方程中异方差的影响,在保证各变量的多重共线水平不升高的前提下,以残差序列绝对值的倒数为权重,对回归模型进行了加权处理。[1][2]

$$Y_1 = \beta_{10} + \beta_{11}X_{11} + \beta_{12}X_{12} + \beta_{13}X_{13} + \beta_{14}X_{14} + \beta_{15}X_{15} + \varepsilon_1 \tag{6.1}$$
$$Y_2 = \beta_{20} + \beta_{21}X_{21} + \beta_{22}X_{22} + \beta_{23}X_{23} + \beta_{24}X_{24} + \beta_{25}X_{25} + \varepsilon_2 \tag{6.2}$$
$$Y_3 = \beta_{30} + \beta_{31}X_{31} + \beta_{32}X_{32} + \beta_{33}X_{33} + \beta_{34}X_{34} + \beta_{35}X_{35} + \varepsilon_3 \tag{6.3}$$

[1]　李子奈,潘文卿.计量经济学-第二版[M].北京:高等教育出版社,2005.
[2]　尹光霞.多元线性回归模型中的异方差性问题[J].湖北大学学报(自然科学版),2003,25(2):121-125.

其中,Y_1 代表大众在众包创新社区中提交的创意数-1,Y_2 表示大众在众包创新社区的得分,Y_3 表示大众所获得的投票数。X_1 表出度中心度,X_2 表示入度中心度,X_3 表示中间中心度,X_4 表示入接近中心度,X_5 表示出接近中心度,β_i 表示系数,ε_i 代表误差。

6.3.3　假设检验与结果分析

6.3.3.1　描述性统计分析与回归模型检验

(1)描述性统计分析。分析结果如表 6.14 所示,同时对变量之间的相关关系进行检验,可以看出,所有自变量都与因变量在 $p<0.01$ 的水平上存在着显著的相关关系。

表 6-14　变量的均值、标准差与相关系数

指标	均值	标准差	1	2	3	4	5	6	7	8
出度中心度	1.369	1.66	1							
入度中心度	1.369	9.33	0.163**	1						
中间中心度	43.23	544.05	0.478**	0.472**	1					
入接近中心度	0.083	0.010	0.156**	0.712**	0.370**	1				
出接近中心度	0.083	0.001	0.268**	−0.007	0.098**	−0.021	1			
得分	306.24	1835.49	0.480**	0.295**	0.297**	0.303**	0.094**	1		
提交创意数−1	3.06	17.65	0.643**	0.153**	0.258**	0.254**	0.137**	0.637**	1	
获得投票数	167.68	1002.96	0.419**	0.305**	0.299**	0.298**	0.075**	0.826**	0.573**	1

(注:** $p<0.01$;* $p<0.05$)

(2)回归方程显著性检验。如表 6-15 所示,回归模型 1 到模型 3 的 F 值都高度显著($p<0.001$),表明自变量整体上对因变量有高度显著线性影响。

表 6-15　回归分析结果

变量	因变量		
	提交创意数	得分	获得投票数
	模型 1	模型 2	模型 3
自变量			
常数项	−25.745*** (2.938)	−720.785** (−3.454)	−217.940* (−1.832)
出度中心度	0.956*** (82.523)	0.802*** (69.564)	0.484*** (26.243)
入度中心度	−0.094*** (−6.164)	0.181*** (13.113)	0.380*** (15.840)
中间中心度	−0.039*** (−3.743)	−0.037*** (−3.807)	0.087*** (0.031)
入接近中心度	0.236*** (15.231)	0.156*** (14.912)	0.236*** (10.268)
出接近中心度	−0.033** (−2.877)	−0.079*** (−8.421)	−0.122*** (−7.271)
调整后 R^2	0.882	0.919	0.659
F	1828.601***	2787.483***	474.057***
DW	1.969	2.023	2.040
N	1226	1226	1226

（注：*** $p<0.001$；** $p<0.01$；* $p<0.05$；括号中为对应系数 t 统计值。）

（3）异方差检验。在利用基于最小二乘法的回归方程模型分析时，通过参照因变量预测值与残差散点图发现，残差呈现一定的趋势，表明模型中可能存在异方差。为消除异方差的影响，引入残差绝对值的倒数为权重，进一步采用了加权最小二乘法（WLS）对相关假设进行验证。

（4）序列相关检验。根据模型回归结果中的 DW 值检验序列相关性，如表 6-15 所示的回归模型 DW 值均在 2 附近，因此不存在序列相关。

（5）多重共线性分析。对于多重共线性的检验，主要通过方差膨胀因子指数（VIF）来判断。VIF 越大，表示共线性越严重。一般认为，VIF＞10 时，有严重的多重共线性存在。从表 6-16 所示的共线性统计结果可知，各变量的 VIF 值均小于 10，即不存在多重共线性。

表 6-16　共线性统计数据分析

指标	提交创意数		得分		获得投票数	
	模型 1		模型 2		模型 3	
	VIF	容差	VIF	容差	VIF	容差
出度中心度	0.719	1.390	0.497	2.014	0.820	1.220
入度中心度	0.412	2.425	0.347	2.882	0.485	2.063
中间中心度	0.910	1.098	0.683	1.464	0.696	1.438
入接近中心度	0.401	2.492	0.606	1.649	0.527	1.897
出接近中心度	0.745	1.342	0.742	1.347	0.995	1.005

6.3.3.2　回归分析结果及假设检验

（1）度数中心度对大众持续知识共享行为影响的检验结果

回归分析结果如表 6-15 所示，表中呈现的是标准化回归系数，括号内为对应系数的 t 统计值。由模型 1—3 可知，出度中心度对大众的提交创意数、得分以及获得的投票数均有显著正向影响，回归系数分别为 0.956***、0.802*** 和 0.484***，假设 H1a、H1b、H1c 得到支持。此外，不难发现，出度中心度在三个模型中的影响系数均为最高，也就是说，出度中心度对大众的持续知识共享行为影响最大。而入度中心度对大众的提交创意数有显著负向影响，回归系数为 -0.094***，假设 H2a 未得到支持；同时，它对大众得分以及获得的投票数表现出显著正向影响，回归系数分别为 0.181*** 和 0.380***，假设 H2b、H2c 得到支持。

（2）中间中心度对大众持续知识共享行为影响的检验结果

从表 6-15 中回归模型 1—3 的结果发现，中间中心度对提交创意数以及得分有显著负向影响，回归系数分别为 -0.039*** 和 -0.037***，假设 H3a、H3b 未得到支持。而其对于大众获得的投票数有显著正向影响，回归系数为 0.087***，假设 H3c 得到支持。而且，在三个模型中，中间中心度回归系数绝对值低于其他变量的回归系数绝对值，这表明中间中心度对大众持续知识共享行为的影响程度较小。

（3）接近中心度对大众持续知识共享行为影响的检验结果

由表 6-15 中模型 1—3 的回归分析结果可知，入接近中心度对大众的提交创意数、得分和获得投票数均有显著正向影响，回归系数分别为 0.236***、0.156*** 和 0.236***，假设 H4a、H4b、H4c 得到支持。而出接近中心度对大众的提交创意数、得分和获得投票数均有显著负向影响,回归系数分别为-0.033^{***}、-0.079^{***}、-0.122^{***},假设 H5a、H5b、H5c 未得到支持。

6.3.4 假设模型修正

综上分析,得到最终的假设检验结果,如表 6-17 所示。可见,大部分研究假设得到支持,但也存在一些假设需要修正:

修正 H2a:入度中心度对众包创新参与大众的创意数量呈显著负向影响。

修正 H3a:中间中心度对众包创新参与大众的创意数量呈显著负向影响。

修正 H3b:中间中心度对众包创新参与大众在社区的得分呈显著负向影响。

修正 H5a:出接近中心度众包创新参与大众的创意数量呈显著负向影响。

修正 H5b:出接近中心度众包创新参与大众在社区的得分呈显著负向影响。

修正 H5c:出接近中心度对大众众包创新参与大众的投票数呈显著负向影响。

可见,出接近中心度对大众的持续知识共享行为呈显著负向影响。
修正假设后的理论模型如图 6-15 所示。

表 6-17　假设检验结果

自变量		假设	预测符号	因变量	结果
度数中心度	出度中心度	H1a	＋	提交创意数	支持
		H1b	＋	得分	支持
		H1c	＋	获得投票数	支持
	入度中心度	H2a	－	提交创意数	不支持
		H2b	＋	得分	支持
		H2c	＋	获得投票数	支持

续　表

自变量		假设	预测符号	因变量	结果
中间中心度		H3a	－	提交创意数	不支持
		H3b	－	得分	不支持
		H3c	＋	获得投票数	支持
接近中心度	入接近中心度	H4a	＋	提交创意数	支持
		H4b	＋	得分	支持
		H4c	＋	获得投票数	支持
	出接近中心度	H5a	－	提交创意数	不支持
		H5b	－	得分	不支持
		H5c	－	获得投票数	不支持

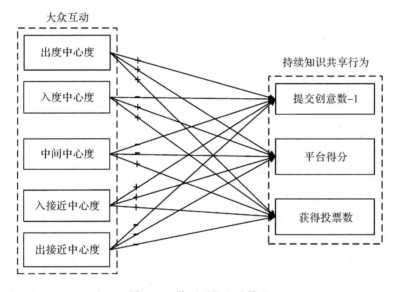

图 6-15　修正后的理论模型

6.3.5　结果讨论与管理启示

通过对众包创新模式下大众互动对其持续知识共享行为的影响实证研究,得出以下结论。

(1)在众包创新模式下,大众的交互行为越多,越能够提升大众在众包创新社区中的持续知识共享行为。度数中心度代表的是大众之间相连的直接关系,在本研究的有向网络中,以出度中心度和入度中心度两个测量指标进行考察。结果显示,节点的出度中心度显著正向影响持续知识共享行为,而且影响程度相较于其他变量最大,表明在社区中,如果一个用户的输出关系越多,其持续知识共享行为越突出。对于 IdeaStorm 众包创新平台来说,就是大众提交的评论较多,则说明其持续知识共享行为越强。同时,也很清楚地看到入度中心度对于创意数量的影响是负向的,但影响程度较小;对于得分与获得投票数的影响则是正向影响。可以这样认为:由于点入度越高表明输入关系越多,当一个用户能够吸引其他用户专注于讨论他所提交的创意时,则可能会花费较少的精力去重新提交创意,而更注重创意的质量,即该用户倾向于持续共享高质量的相关知识。与此同时,他会获得社区较高的得分以及其他大众的投票。因此,对于众包创新平台来说,应当采取恰当的措施不断激励大众主动参与互动讨论,引导其积极学习来自他人的知识,提升自身技能,增强其持续知识共享能力,以提高众包创新绩效。

(2)进一步加强对边缘型大众的关注,并提高其参与互动的积极性。中间中心度刻画的是一个节点在网络中对资源的控制程度。某节点的中间中心度越高,就代表越多的用户需要通过它才能建立连接,实现知识的分享与传递。回归结果显示,中间中心度对创意数量与得分有显著负向影响,而对获得投票数具有正向影响;同时也可以发现,中间中心度在三个模型中表现出较其他变量最低的回归系数,说明中间中心度对大众的持续知识共享行为影响程度较小。究其原因,通过前文对大众互动网络结构的研究发现,网络中绝大部分用户的中间中心度为 0,说明了众包平台的知识分享与传递只掌握在少部分核心大众手中;回归结果呈现负向影响,表明较高的中间中心度并不利于参与大众的持续知识共享。这与学者 Lu[①] 的研究发现结果相一致,即核心边缘结构并不利于众包创新社区的知识共享,因为资源掌握在了少数用户手中。

(3)鼓励核心大众整合资源,开展协作式创新,促进新知识的产生。接近中心度体现的是一个节点与其他点的近邻程度。一个节点的入接近中心度越大,网络中其他节点到达这个点就越容易,反映的是众包创新参与大众的整合力;出接近中心度代表一个节点到达其他节点的容易程度,反映的是众包创新参与大众的辐射力。回归结果显示,入接近中心度对大众的持续知识共享行为有显著正向影响,而出接近中心度对大众的持续知识共享行为具有显著负向影响。此结果说明整合能力较强的大众会产生更强的持续

① Lu Y, Singh P V, Sun B. Is core-periphery network good for knowledge sharing? A structural model of endogenous network formation on a crowdsourced customer support forum[J]. MIS Quarterly, 2017, 41(2): 607-628.

知识共享行为,而较大的辐射能力反而降低其持续知识共享行为。也有相关学者的研究表明该观点[①],并认为具有较强整合能力的用户拥有较强的自我展示程度,这对大众持续知识共享行为产生正向影响;同时,发现其他参与方对自己的认可也会激发大众的持续知识共享行为。此外,Zhang[②]以维基百科为实证对象,研究发现维基百科作为大众高度协作的众包社区,那些具有高接近中心度的用户会将自身的时间与精力分配在协同他人的创新上,花费较少精力进行原始创新,换句话说,这些用户花费主要精力用于整合相关资源,提出高质量的创意,而不愿意持续分享自身相关知识,尽管自身具有较强的辐射能力。但值得注意的是,出接近中心度虽是负向影响大众的持续知识共享行为,但是其影响系数相对较低。因此,对于众包创新平台来说,建立有效的大众评分机制,鼓励大众进行自我展示,尤其是具备较强资源整合能力的大众,促进其知识持续分享行为。但众包平台也要努力保证大众的信息安全,使大众能够安心地参与众包创新活动,进行持续知识分享,产生有价值的创意知识和创新解决方案。

6.4　本章小结

本章主要探索了众包创新模式下大众互动对其持续知识共享行为的影响机理。大众互动是打造众包创新知识共享环境、激发大众参与活力的关键因素,分析大众互动的网络结构,明确众包创新参与大众的角色和网络位置,对洞悉大众的众包创新参与行为至关重要。结合戴尔 IdeaStorm 众包平台相关数据,利用社会网络分析方法,分析众包创新模式下大众互动的网络结构,实证研究了大众互动对其持续知识共享行为的影响机理,为设计有效的管理机制以提升大众持续知识共享水平提供决策基础。

① 王婷婷,戚桂杰,张雅琳,等. 开放式创新社区用户持续性知识共享行为研究[J]. 情报科学,2018,36(2):139-145.

② Zhang X,Wang C. Network positions and contributions to online public goods:the case of Chinese Wikipedia[J]. Journal of Management Information Systems,2012,29(2):11-40.

第7章　众包创新模式下大众持续知识共享行为的动态决策机制研究

为进一步促进众包创新参与大众的持续知识共享,需要从接包大众与发包企业双边出发,明晰众包创新过程中的大众持续知识共享行为动态决策机制。基于大众持续知识共享行为影响因素的扎根质化研究成果,本章结合关系营销与知识共享相关理论,在分析众包创新模式下知识承诺(knowledge commitment)驱动因素的基础上,构建大众参与众包创新的持续知识共享行为动态控制决策模型,利用动态优化控制理论进行求解,并通过灵敏度分析探讨知识共享的最优决策结果,以期为众包创新模式下有效引导并激励大众持续知识共享行为提供决策支持。

7.1　众包创新模式下知识承诺的关键驱动因素提取

大众持续参与众包创新的过程,本质上是大众持续分享自身知识、企业持续获取大众知识,双方建立知识承诺(knowledge commitment),共同参与完成创新任务的过程。[①] 根据第 5 章中大众参与众包创新的持续知识共享行为影响因素研究结果,可以发现众包创新模式下信任、感知价值满足水平、知识共享环境、知识获取投入、机会主义倾向等是驱动双方建立知识承诺的 5 个关键因素。为进一步聚焦研究问题,简化研究过程,根据知识承诺影响因素的编码统计,提取频率排在前 4 位的主轴编码为知识承诺的关键驱动因素,即信任(25.18%)、感知价值满足水平(23.18%)、知识获取投入(21.90%)和机会主义倾向(21.35%)。

结合众包创新模式的典型特征,可以进一步深入分析知识承诺的相关影响因素及其影响机制。首先,考虑到众包创新模式的松散开放、自由自愿等特征,参与主体的前期投入程度对众包关系的持续具有重要影响。具体来说,对发包企业来说,其对创新难题解决的需求越迫切,其越有可能会采

---

① 孟庆良,徐信辉.知识获取视角下用户持续参与众包创新的动态控制策略[J].运筹与管理,2018,27(8):190-199.

取众包模式获取外部大众知识,将在知识分享与获取方面进行大量投入,包括对创新任务需求的描述、发布及与接包大众的互动交流等,无疑将提升其知识获取与分享意愿,也将会提升其知识工作效率,进而产生较高水平的知识承诺。而对参与大众来说,企业在诸如激励大众知识共享行为、构建大众互动交流环境、加大对来自大众知识的吸收等方面的投入越多,参与大众将会获取不同维度的正向反馈[1][2],促使其知识共享承诺水平的提高。

根据承诺—信任理论[3],当知识交易的双方相互信任时,双方会建立长期承诺。众包创新模式以互联网为载体,参与的发包企业和接包大众互为"陌生人",他们通常无法通过面对面的线下方式进行沟通,信任变量对于众包创新过程的知识承诺建立有着重要影响。因此,在众包创新模式下,信任是驱动知识承诺的关键因素之一。当对发包企业产生较高水平的信任时,参与大众倾向于分享和贡献更多的知识,知识承诺水平也越高;当发包企业对参与大众具有较高的信任水平时,会认为参与大众具有能力来完成创新难题,进而愿意花费更多的时间、费用等去进行相关投入,以激励并获取大众相关知识,其知识承诺水平也越高。

根据关系营销与客户忠诚相关理论[4],感知价值作为客户从关系中获取的收益与所付出成本的比较衡量结果,是驱动客户关系持续的关键因素。在众包创新模式下,发包企业的主要目的是高效率、低成本、低风险地获取创新难题的解决方案,而接包大众的目的是通过自身知识、精力和时间的投入,参与解决创新难题,以获取奖励报酬、物质激励等显性利益或自我价值提升、自尊需求满足等隐性收益。只有参与大众和接包企业双方的感知价值均到达预期水平时,双方才会产生持续知识共享行为,建立高水平的知识承诺。因此,可以认为感知价值满足水平是众包创新模式下知识承诺的关键影响因素。

此外,由于众包创新模式具有参与主体的自由自愿、组织形式开放分散、信息不对称性强、创新目标约束性等典型特征,参与双方为实现自身利

① Schäper T, Foege J N, Nüesch S, et al. Determinants of idea sharing in crowdsourcing: Evidence from the automotive industry[J]. R&D Management, 2021, 51(1): 101-113.

② Lambermont-Ford J P, Lam A. Knowledge sharing in organisational contexts: A motivation-based perspective[J]. Journal of Knowledge Management, 2010, 14(1): 51-66(16).

③ Rindell A, Mysen T, Svensson G, et al. A validation of inputs and outputs of satisfaction in business-to-business relationships through a Nordic comparison [J]. International Journal of Procurement Management, 2013, 6(4): 424-443.

④ Geiger D, Schader M. Personalized task recommendation in crowdsourcing information systems—Current state of the art[J]. Decision Support Systems, 2014, 65(c): 3-16.

益最大化,极易产生机会主义行为,而对众包创新绩效产生不利影响。例如,在众包创新实践中,会出现接包企业窃取大众的知识产权,未按照事先要求对大众进行奖励或确认产权;接包大众提交存在知识产权冲突的解决方案、进行"一稿多投"等。上述机会主义行为的发生无疑将降低参与主体知识承诺的建立水平。可见,在众包创新模式下,机会主义行为是负向影响知识承诺的关键因素之一。

7.2 问题描述与假设

在众包创新中,由于创新任务的复杂性、创新目标的刚性约束及知识的"黏性"等特征,需要引导和激励大众持续知识共享。也就是说,发包企业与参与大众需要建立和维持一种长期的知识共享承诺,承诺双方通过在知识分享、知识交互、知识整合和知识吸收等方面进行投入,最终达到发包企业获取有效的创新任务解决方案、接包大众获取预期收益的目的。但考虑到众包创新模式下的知识共享与传统模式存在较大差异:参与成员自由自愿、受约束性弱,即使开始参与也存在中途放弃的可能,其知识共享具有较强的不确定性、不稳定性和动态性;众包创新一般基于网络虚拟社区(或网络平台)开展,知识共享具有跨越时间与空间等特性,难度较大;创新任务复杂多样,需要多样化、异质性、互补性等知识类型的参与,且知识黏性特征明显;众包创新存在独特的"竞合"特征,参与大众为了完成创新任务,在众包创新虚拟社区中进行交流互动,具有相互合作的特征。同时,由于很多众包创新模式采用"竞赛"等形式,发包企业将对大众提交的解决方案进行评估与选择,会确定最终的"获胜方",这会使大众之间存在一定的竞争特征。这种独特的"竞合"情景将使知识共享的类型和知识共享的过程变得十分复杂。上述特征决定了发包企业要付出大量的努力,投入大量的经费引导和激励大众持续知识共享,确保知识的持续获取以完成创新任务。

基于上述分析,把问题描述为:参与众包创新的双方为获取各自收益(不仅包括经济利益),承诺进行知识共享的持续投入,但由于众包创新的组织形式松散、参与者自由自愿、创新任务复杂多样等特性,在众包创新过程中,参与双方存在一定的机会主义倾向。为获取有效的创新任务解决方案和最大化商业价值,发包企业如何寻求一种最优的知识共享投入策略?基于此,提取驱动知识承诺的四个关键因子信任、感知价值满足水平、知识获取投入和机会主义倾向,构建大众参与众包创新的持续知识共享行为动态控制决策模型,把问题转化为接包企业在众包创新过程中对知识共享投入的优化控制问题。考虑到建模的方便,特做以下假设。

(1)四个驱动因子对知识承诺的贡献可以相互补偿。例如,若大众的机会主义倾向较高,可提升知识共享方面的投入或感知价值满足水平来补偿①②③④;若接包企业的感知价值满足水平较低,可提高对接包大众的信任水平或增加知识共享的投入来补偿⑤⑥⑦。

(2)一般来说,在众包创新模式的运作过程中,虽然强调参与主体的自由自愿,但考虑发包企业实施众包创新模式的初心使命,发包企业在整个众包创新过程中会有更大的参与积极性和主动性。相对于参与大众来说,发包企业有更高水平的参与意愿,也愿意付出更大的努力引导大众持续知识共享,其在众包创新模式治理中占主导地位。

7.3　模型构建及求解

根据上述分析,为便于模型的构建,对模型中的参数假定和含义进行说明,如表 7-1 所示。

可以构建大众参与众包创新的持续知识共享行为动态控制决策模型:

(1)目标函数:
$$\max_{u} \int_{0}^{\infty} \mathrm{e}^{-rt} \left[f(x_1, x_2, u) - C(u) \right] \mathrm{d}t \tag{7.1}$$

① Huang M C, Hsiung H H, Lu T C. Reexamining the relationship between control mechanisms and international joint venture performance: The mediating roles of perceived value gap and information asymmetry[J]. Asia Pacific Management Review, 2015, 20(1): 32-43.

② Rokkan A I, Heide J B, Wathne K H. Specific investments in marketing relationships: Expropriation and bonding effects[J]. Journal of Marketing Research, 2003, 40(2): 210-224.

③ Vázquez R, Iglesias V, Rodríguez I. The efficacy of alternative mechanisms in safeguarding specific investments from opportunism[J]. Journal of Business & Industrial Marketing, 2007, 22(7): 498-507.

④ Burkley E, Anderson D, Curtis J, et al. Vicissitudes of goal commitment: Satisfaction, investments, and alternatives[J]. Personality & Individual Differences, 2013, 54(5): 663-668.

⑤ Andaleeb S S. An experimental investigation of satisfaction and commitment in marketing channels: The role of trust and dependence[J]. Journal of Retailing, 1996, 72(1): 77-93.

⑥ Karjaluoto H, Jayawardhena C, Pihlström M, et al. Effects of service quality, trust, and perceived value on customer loyalty: The case of mobile subscribers[C]. Proceedings of the 2009 Academy of Marketing Science (AMS) Annual Conference, 2015: 179-179.

⑦ 孟庆良,郭鑫鑫.基于 BP 神经网络的众包创新关键用户知识源识别研究[J].科学学与科学技术管理,2017,38(3):139-148.

（2）系统方程：$\begin{cases} \dot{x}_1 = -\beta_1 x_1 + (\theta_1 + \gamma_1)x_2 + \alpha_1 u \\ \dot{x}_2 = -\beta_2 x_2 + (\theta_2 + \gamma_2)x_1 + \alpha_2 u \end{cases}$ （7.2）

（3）初始条件：$x_1(0) = 0, x_2(0) = 0$ （7.3）

（4）状态约束条件：$x_1(t) > 0, x_2(t) > 0$ （7.4）

（5）参数约束变量：$\alpha_i = \alpha_i(t) > 0, \beta_i = \beta_i(t) > 0, \theta_i = \theta_i(t) > 0, \gamma_i = \gamma_i(t) > 0, i \in \{1,2\}$，且当 $0 \leqslant t \leqslant \infty$ 时，它们都是有界函数。

表 7-1　参数符号说明

符号	符号说明
$x(t)$	发包企业或接包大众在 t 时刻的知识承诺水平
β_i	机会主义倾向系数
θ_i	信任对知识承诺的影响系数
γ_i	感知价值满足水平对知识承诺的影响系数
α_i	发包企业的知识共享投入对双方知识承诺的有效性系数
c_u	发包企业的知识共享投入对收益的贡献系数
c_1	发包企业的知识承诺对收益的贡献系数
c_2	接包大众的知识承诺对收益的贡献系数
c_{12}	双方知识承诺的交互影响对收益的贡献系数
$C(u)$	发包企业在众包创新过程中用于促进持续知识共享的相关成本
r	贴现系数
$f(x_1, x_2, u)$	发包企业的总体收益函数（总商业价值）

目标函数是指众包企业采取最优的知识获取投入 u^*，获取最大化的商业价值。这里的商业价值包括在整个众包关系维持的生命周期内，用户所提供的创新任务解决方案给企业带来的收益，这不仅包括经济利益，还包括企业声誉度提升、引导变革等带来的无形收益。$f(x_1, x_2, u)$ 是众包企业的收益函数，$C(u)$ 表示企业在众包创新过程中用于知识获取的相关成本。r 为贴现系数。

系统方程组中两个方程分别代表众包企业和参与用户的知识承诺状态方程。$x_1 = x_1(t)$、$x_2 = x_2(t)$ 分别代表企业和用户在时刻 t 的知识承诺水平。随着时间的推移,参与众包创新的企业和用户各自的知识承诺水平,由 $x_1(t)=0$、$x_2(t)=0$ 变为 $x_1(t)>0$、$x_2(t)>0$。此时表明用户愿意持续参与和持续分享知识,而企业愿意为获取用户相关知识完成创新任务进行相关投入。双方的知识承诺水平主要由以下三部分组成。

第一部分为 $-\beta_i x_i$,$i \in \{1,2\}$,表示众包创新参与方 i 的机会主义倾向对自身知识承诺水平的影响,β_i 为机会主义倾向系数。β_i 的大小主要受自身特征和所处环境的影响,如众包企业的组织文化、虚拟社区平台功能完善程度、用户自身的价值观等。若外部环境制度规范、虚拟社区功能完善、企业文化与用户价值观相匹配,则双方的机会主义倾向较低。

第二部分为 $(\theta_i+\gamma_i)x_j$,$i,j \in \{1,2\}$,$i \neq j$,称为参与方 i 对 j 知识承诺的反应函数。θ_i 的大小表示 i 对 j 的信任程度,发包企业与接包用户之间的相互信任是用户持续参与的关键,企业的声誉与反馈模式、用户的人文统计特征和等级是影响双方信任程度的重要因素。若 i 认为 j 值得信任,则 $\theta_i>0$。γ_i 的大小则表示 i 对 j 的感知价值满足水平。对企业采用众包模式的动机和对用户参与众包的动机的相关研究表明,双方参与众包创新时都想获取一定的收益,同时也会付出相应的成本,两者之间的比较结果(感知价值满足水平)是决定双方是否持续参与的重要因素。若参与方 i 认为通过众包创新,将能从 j 处获取预期的感知价值,则 $\gamma_i>0$。

第三部分为 $\alpha_i u$,表示发包企业的知识获取投入在 t 时刻对自身和用户的知识承诺的影响,α_i 称为企业的知识获取投入对双方知识承诺的有效性系数。

可运用动态控制相关理论求解上述模型。为简化计算,做如下假设:

$$f(x_1,x_2,u)=c_u u+c_1 x_1+c_2 x_2+c_{12}x_1 x_2,\quad C(u)=\frac{1}{2}u^2。$$

c_u 表示发包企业的知识获取投入对收益的贡献系数;c_1、c_2 分别表示发包企业和接包用户的知识承诺对收益的贡献系数;双方的知识承诺存在交互作用,高水平的发包企业知识承诺会正向影响接包用户的知识承诺水平,且共同影响最终收益。c_{12} 表示双方知识承诺的交互影响对收益的贡献系数。

定理 1: 发包企业的最优知识获取投入为:

$$u^* = c_u + \begin{bmatrix} \alpha_1 & \alpha_2 \end{bmatrix}\left(A\begin{bmatrix} x_1 \\ x_2 \end{bmatrix}+B\right) \tag{7.5}$$

矩阵 A 满足如下的 Riccati 代数等式：

$$A \begin{bmatrix} \alpha_1^2 & \alpha_1\alpha_2 \\ \alpha_1\alpha_2 & \alpha_2^2 \end{bmatrix} A + A \begin{bmatrix} -\beta_1 & (\theta_1+\gamma_1) \\ (\theta_2+\gamma_2) & -\beta_2 \end{bmatrix} - \tag{7.6}$$

$$\begin{bmatrix} (\beta_1+r) & -(\theta_2+\gamma_2) \\ -(\theta_1+\gamma_1) & (\beta_2+r) \end{bmatrix} A + \begin{bmatrix} 0 & c_{12} \\ c_{12} & 0 \end{bmatrix} = 0$$

B 满足如下等式：

$$B = \left[A \begin{bmatrix} \alpha_1^2 & \alpha_1\alpha_2 \\ \alpha_1\alpha_2 & \alpha_2^2 \end{bmatrix} - \begin{bmatrix} (\beta_1+r) \\ -(\theta_1+\gamma_1) \end{bmatrix} \right]^{-1} \left[-\begin{bmatrix} c_1 \\ c_2 \end{bmatrix} - A \begin{bmatrix} \alpha_1 c_u \\ \alpha_2 c_u \end{bmatrix} \right] \tag{7.7}$$

证明：

由(7.1)、(7.2)、(7.3)、(7.4)式构造如下的 Hamilton 函数：

$$H(x_1,x_2,u_1,\lambda_1,\lambda_2) = f(x_1,x_2,u) - C(u) + \lambda_1 [-\beta_1 x_1 + (\theta_1+\gamma_1)x_2 + \alpha_1 u]$$
$$+ \lambda_2 [-\beta_2 x_2 + (\theta_2+\gamma_2)x_1 + \alpha_2 u] + \mu_1 x_1 + \mu_2 x_2$$

其中，λ_1,λ_2 为伴随变量，并且与状态约束条件(7.4)有关的伴随变量满足：

$$\mu_i = \begin{cases} \geqslant 0 \, x_i(t) = 0 \\ -0 \, x_i(t) > 0 \end{cases}, i \in \{1,2\}$$

最优性必要条件为：

$$\frac{\partial H}{\partial u} - \frac{\partial f}{\partial u} - \frac{\partial C}{\partial u} + \lambda_1\alpha_1 + \lambda_2\alpha_2 = 0 \tag{7.8}$$

伴随方程为：

$$\lambda_1 = r\lambda_1 - \frac{\partial H}{\partial x_1} = r\lambda_1 - e_1 - c_{12}x_2 + \lambda_1\beta_1 - \lambda_2(\theta_2+\gamma_2) - \mu_1 \tag{7.9}$$

$$\lambda_2 = r\lambda_2 - \frac{\partial H}{\partial x_2} = r\lambda_2 - e_2 - c_{12}x_1 + \lambda_2\beta_2 - \lambda_1(\theta_1+\gamma_1) - \mu_2 \tag{7.10}$$

边界条件为：

$$\lim_{t \to \infty}\lambda_1 e^{-rt} = 0, \lim_{t \to \infty}\lambda_2 e^{-rt} = 0 \tag{7.11}$$

由(7.8)式得最优知识共享投入为：

$$u^* = c_n + \lambda_1\alpha_1 + \lambda_2\alpha_2 \tag{7.12}$$

若，并且由(7.9)、(7.10)、(7.11)、(7.12)式可得：

$$\begin{bmatrix} \dot{x}_1 \\ \dot{x}_2 \\ \dot{\lambda}_1 \\ \dot{\lambda}_2 \end{bmatrix} = \begin{bmatrix} -\beta_1 & (\theta_1+\gamma_1) & \alpha_1^2 & \alpha_1\alpha_2 \\ (\theta_2+\gamma_2) & -\beta_2 & \alpha_1\alpha_2 & \alpha_2^2 \\ 0 & -c_{12} & (\beta_1+r) & -(\theta_2+\gamma_2) \\ -c_{12} & 0 & -(\theta_1+\gamma_1) & (\beta_2+r) \end{bmatrix} \begin{bmatrix} x_1 \\ x_2 \\ \lambda_1 \\ \lambda_2 \end{bmatrix}$$

$$+\begin{bmatrix}\alpha_1 c_u \\ \alpha_2 c_u \\ -c_1 \\ -c_2\end{bmatrix}\begin{bmatrix}x_1(0)=0 \\ x_2(0)=0 \\ \lim\limits_{t\to\infty}\lambda_1 e^{-rt}=0 \\ \lim\limits_{t\to\infty}\lambda_2 e^{-rt}=0\end{bmatrix} \tag{7.13}$$

假设：

$$\begin{bmatrix}\lambda_1 \\ \lambda_2\end{bmatrix}=A\begin{bmatrix}x_1 \\ x_2\end{bmatrix}+B \tag{7.14}$$

$$A=\begin{bmatrix}a_{11} & a_{12} \\ a_{21} & a_{22}\end{bmatrix}, \quad B=\begin{bmatrix}b_1 \\ b_2\end{bmatrix} \tag{7.15}$$

因此，

$$u^*=c_u+\begin{bmatrix}\alpha_1 & \alpha_2\end{bmatrix}\left[A\begin{bmatrix}x_1 \\ x_2\end{bmatrix}+B\right] \tag{7.16}$$

将(7.15)带入(7.14)中,得：

$$\left[A\begin{bmatrix}\alpha_1^2 & \alpha_1\alpha_2 \\ \alpha_1\alpha_2 & \alpha_2^2\end{bmatrix}A+A\begin{bmatrix}-\beta_1 & (\theta_1+\gamma_1) \\ (\theta_2+\gamma_2) & -\beta_2\end{bmatrix}\right]\begin{bmatrix}x_1 \\ x_2\end{bmatrix}+A\begin{bmatrix}\alpha_1^2 & \alpha_1\alpha_2 \\ \alpha_1\alpha_2 & \alpha_2^2\end{bmatrix}B$$

$$+A\begin{bmatrix}\alpha_1\alpha_n \\ \alpha_1\alpha_n\end{bmatrix}=\begin{bmatrix}0 & -c_{12} \\ -c_2 & 0\end{bmatrix}\begin{bmatrix}x_1 \\ x_2\end{bmatrix}+\begin{bmatrix}(\beta_1+r) & -(\theta_2+\gamma_2) \\ -(\theta_1+\gamma_1) & (\beta_2+r)\end{bmatrix}A\begin{bmatrix}x_1 \\ x_1\end{bmatrix}$$

$$+\begin{bmatrix}(\beta_1+r) & -(\theta_2+\gamma_2) \\ -(\theta_1+\gamma_1) & (\beta_2+r)\end{bmatrix}B-\begin{bmatrix}c_1 \\ c_2\end{bmatrix} \tag{7.17}$$

A 满足如下的 Riccati 代数等式：

$$A\begin{bmatrix}\alpha_1^2 & \alpha_1\alpha_2 \\ \alpha_1\alpha_2^2 & \alpha_2^2\end{bmatrix}A+A\begin{bmatrix}-\beta_1 & (\theta_1+\gamma_1) \\ (\theta_2+\gamma_2) & -\beta_2\end{bmatrix}-\begin{bmatrix}(\beta_1+r) & -(\theta_2+\gamma_2) \\ -(\theta_1+\gamma_1) & (\beta_2+r)\end{bmatrix}A$$

$$+\begin{bmatrix}0 & c_1 \\ c_2 & 0\end{bmatrix}=0 \tag{7.18}$$

B 满足如下等式：

$$B=\left[A\begin{bmatrix}\alpha_1^2 & \alpha_1\alpha_2 \\ \alpha_1\alpha_2 & \alpha_2^2\end{bmatrix}-\begin{bmatrix}(\beta_1+r) & -(\theta_2+\gamma_2) \\ -(\theta_1+\gamma_1) & (\beta_2+r)\end{bmatrix}\right]^{-1}\left[-\begin{bmatrix}c_1 \\ c_2\end{bmatrix}-A\begin{bmatrix}\alpha_1 c_u \\ \alpha_2 c_u\end{bmatrix}\right]$$

$$\tag{7.19}$$

当 $x_i(t)=0$ 时,由(7.2)式,得 $u=0$;当 $u=0$,同样由(7.2)式,可得 $x_i(t)=0$。

推论 1: 当交叉贡献系数 c_{12} 为 0 时,最优的知识获取投入为：

$$u^*=c_u+\begin{bmatrix}\alpha_1 & \alpha_2\end{bmatrix}\begin{bmatrix}(\beta_1+r) & (\theta_2+\gamma_2) \\ (\theta_1+\gamma_1) & (\beta_2+r)\end{bmatrix}^{-1}\begin{bmatrix}c_1 \\ c_2\end{bmatrix}$$

$$= c_u + \frac{c_1 [\alpha_1 (\beta_2 + r) - \alpha_2 (\theta_1 + \gamma_1)] - c_2 [\alpha_1 (\theta_2 + \gamma_2) - \alpha_2 (\beta_1 + r)]}{(\beta_1 + r)(\beta_2 + r) - (\theta_1 + \gamma_1)(\theta_2 + \gamma_2)}$$

$$(7.20)$$

证明：

当 $c_{12} = 0$ 时，$A = 0$ 为 Riccati 代数等式的一个特解。

矩阵在上述 Riccati 代数等式(7.7)中为对称矩阵，即 $a_{12} = a_{21}$。为求解矩阵 A，需求解如下方程组。

$$
\begin{cases}
a_{11}(a_{11}\alpha_1^2 + a_{12}\alpha_1\alpha_2) + a_{12}(a_{11}\alpha_2^2 + a_{11}\alpha_1\alpha_2) - a_{11}\beta_1 + a_{12}(\theta_2 + \gamma_2) \\
\quad = a_{11}(\beta_1 + r) - a_{12}(\theta_1 + \gamma_1) \\
a_{12}(a_{11}\alpha_1^2 + a_{12}\alpha_1\alpha_2) + a_{22}(a_{12}\alpha_2^2 + a_{11}\alpha_1\alpha_2) - a_{12}\beta_2 + a_{11}(\theta_1 + \gamma_1) \\
\quad = a_{12}(\beta_1 + r) - a_{22}(\theta_2 + \gamma_2) \\
a_{12}(a_{12}\alpha_1^2 + a_{22}\alpha_1\alpha_2) + a_{12}(a_{22}\alpha_2^2 + a_{12}\alpha_1\alpha_2) - a_{12}\beta_2 + a_{12}(\theta_1 + \gamma_1) \\
\quad = a_{22}(\beta_2 + r) - a_{12}(\theta_1 + \gamma_1)
\end{cases}
$$

$$(7.21)$$

由(7.21)式可得 $\boldsymbol{a}_{11}, \boldsymbol{a}_{12}, \boldsymbol{a}_{22}$，因此：

$$
u^* = c_u + \begin{bmatrix} \alpha_1 & \alpha_2 \end{bmatrix} \begin{bmatrix} (\beta_1 + r) & (\theta_2 + \gamma_2) \\ (\theta_1 + \gamma_1) & (\beta_2 + r) \end{bmatrix}^{-1} \begin{bmatrix} c_1 \\ c_2 \end{bmatrix}
$$

$$
= c_u + \frac{c_1 [\alpha_1 (\beta_2 + r) - \alpha_2 (\theta_1 + \gamma_1)] - c_2 [\alpha_1 (\theta_2 + \gamma_2) - \alpha_2 (\beta_1 + r)]}{(\beta_1 + r)(\beta_2 + r) - (\theta_1 + \gamma_1)(\theta_2 + \gamma_2)}
$$

$$(7.22)$$

且 $\boldsymbol{b}_1, \boldsymbol{b}_2$ 满足：

$$
b_1 =
$$

$$
\frac{(a_{11}\alpha_1 c_u + a_{12}\alpha_2 c_{1u} + c_1)[(\beta_2 + r) - (a_{22}\alpha_2^2 + a_{12}\alpha_1\alpha_2)] - ((\theta_2 + \gamma_2) - (a_{12}\alpha_2^2 + a_{11}\alpha_1\alpha_2))(a_{12}\alpha_1 c_u + a_{22}\alpha_2 c_u + c_2)}{[(\beta_1 + r) - (a_{11}\alpha_1^2 + a_{12}\alpha_1\alpha_2)][(\beta_2 + r) - (a_{22}\alpha_2^2 + a_{12}\alpha_1\alpha_2)) - ((\theta_2 + \gamma_2) - (a_{12}\alpha_2^2 + a_{11}\alpha_1\alpha_2))[(\theta_1 + \gamma_1) - (a_{12}\alpha_1^2 + a_{22}\alpha_1\alpha_2)]}
$$

$$
b_2 =
$$

$$
\frac{-(a_{11}\alpha_1 c_u + a_{12}\alpha_2 c_1 + c_1)[(\theta_1 + \gamma_1) - (a_{12}\alpha_1 + a_{22}\alpha_1\alpha_2)] - [(\alpha_1 + r) + (a_{11}\alpha_1 + a_{12}\alpha_1\alpha_2)](a_{21}\alpha_1 c_u + a_{22}\alpha_2 c_u + c_2)}{[(\beta_1 + r) - (a_{11}\alpha_1^2 + a_{12}\alpha_1\alpha_2)][(\beta_2 + r) - (a_{22}\alpha_2^2 + a_{12}\alpha_1\alpha_2)) - [(\theta_2 + \gamma_2) - (a_{12}\alpha_2^2 + a_{11}\alpha_1\alpha_2)][(\theta_1 + \gamma_1) - (a_{12}\alpha_1^2 + a_{22}\alpha_1\alpha_2)]}
$$

$$(7.23)$$

7.4 模型分析

7.4.1 信任水平

为分析信任水平对众包创新参与双方的知识承诺水平、最优知识共享投入和收益的影响关系，不妨假设：知识共享投入对知识承诺的有效性系数相等，双方的机会主义倾向系数、感知价值满足水平系数以及双方的知识承

诺对收益的贡献系数也相等,并假设为:

$$\beta_1 = \beta_2 = 6, \alpha_1 = \alpha_2 = 1, \gamma_1 = \gamma_2 = 1, c_1 = c_2 = 1, c_u = 1, c_{12} = 0.5, r = 0.1$$

根据双方参与众包创新的三种不同情境,设置不同的信任参数,如表 7-2 所示。

表 7-2　双方参与众包创新的三种信任情境

情境	情境描述	参数设置
I	相互信任	$\theta_1 = 2, \theta_2 = 2$
II	发包企业更信任接包用户	$\theta_1 = 2, \theta_2 = 1$
III	接包用户更信任发包企业	$\theta_1 = 1, \theta_2 = 2$

将上述参数代入(7.6)、(7.7)式,可得矩阵 A,B。对(7.5)式作拉氏变换,可得双方的知识承诺水平 x_i、最优投入 u^* 和收益 v 随时间 t 的动态变化情况,如表 7-3 所示(上标表示不同情境,下标表示参与各方,下同)。

表 7-3　不同信任情境下知识承诺、最优投入和收益的动态变化

参数	I	II	III
发包企业知识承诺	$x_1^1 = -0.439e^{-2.831t} + 0.439$	$x_1^2 = 0.016e^{-8.451t} - 0.409e^{-3.399t} + 0.393$	$x_1^3 = -0.013e^{-8.45t} - 0.334e^{-3.414t} + 0.347$
接包用户知识承诺	$x_2^1 = -0.439e^{-2.831t} + 0.439$	$x_2^2 = -0.013e^{-8.451t} - 0.336e^{-3.399t} + 0.349$	$x_2^3 = 0.016e^{-8.45t} - 0.406e^{-3.414t} + 0.39$
最优投入	$u^1 = -0.074e^{-2.831t} + 1.317$	$u^2 = -0.056e^{-3.399t} + 1.308$	$u^3 = -0.05e^{-3.414t} + 1.3$
收益	$v^1 = 0.36e^{-2.93t} - 14.24e^{-0.1t} + 13.9$	$v^2 = -12.6e^{-0.1t} + 12.4$	$v^3 = -12.6e^{-0.1t} + 12.4$

根据表 7-3,绘制不同信任情景下知识承诺、最优投入和收益的动态变化情况,如图 7-1 所示。

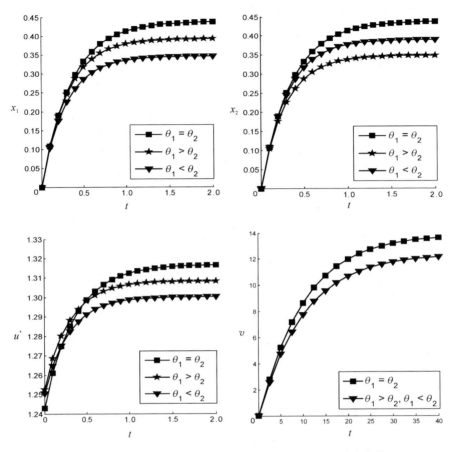

图 7-1　不同信任情景下知识承诺、最优投入和收益的动态变化

从图 7-1 可以看出：

$$x_1^1 > x_1^2 > x_1^3, x_2^1 > x_2^3 > x_2^2, v^1 > v^2 = v^3$$

当用户首次参与众包创新时，用户和发包企业的知识承诺水平 x_i 为零；随着双方信任水平 θ_i 的提升，双方的知识承诺水平 x_i 也相应提升。参与众包创新的任何一方对另一方的信任程度越低，其知识承诺水平也越低。当双方相互信任时，双方的知识承诺水平 x_i 最大。

在用户初始参与阶段，若双方相互信任，最优投入 u^* 最小（$u^1 < u^3 < u^2$）。随着时间 t 的推移，双方的知识承诺水平 x_i 增加；当接包用户对发包企业的信任水平相对较高时，企业的最优投入 u^* 最小（$u^3 < u^2 < u^1$）。在用户持续参与众包创新的过程中，当且仅当参与双方相互信任时，最终收益 v 最大。

7.4.2　机会主义倾向

同理,可以分析双方的机会主义倾向对双方知识承诺水平、最优投入和收益的影响,不妨假设,除机会主义倾向系数外,其他参数相等,假设如下:

$$\theta_1=\theta_2=1,\alpha_1=\alpha_2=1,\gamma_1=\gamma_2=1,c_1=c_2=1,c_u=1,c_{12}=0.5,r=0.1$$

双方参与众包创新的三种不同情境,设置不同的机会主义倾向参数,如表 7-4 所示。

表 7-4　双方参与众包创新的三种不同机会主义倾向情境

情境	情境描述	参数设置
Ⅰ	参与双方机会主义倾向较低且相等	$\beta_1=4,\beta_2=4$
Ⅱ	发包企业的机会主义倾向大于接包用户	$\beta_1=6,\beta_2=4$
Ⅲ	接包用户的机会主义倾向大于发包企业	$\beta_1=4,\beta_2=6$

同理,对(7.5)式作拉氏变换,结果如表 7-5 所示。

表 7-5　不同机会主义倾向情境下的知识承诺、最优投入和收益的动态变化

参数	Ⅰ	Ⅱ	Ⅲ
发包企业知识承诺	$x_1^1=-0.798e^{-1.739t}+0.798$	$x_1^2=-0.376e^{-2.598t}-0.049e^{-7.23t}+0.425$	$x_1^3=-0.597e^{-2.598t}+0.031e^{-7.23t}+0.566$
接包用户知识承诺	$x_2^1=-0.798e^{-1.739t}+0.798$	$x_2^2=0.031e^{-2.598t}+0.597e^{-7.23t}+0.566$	$x_2^3=-0.376e^{-2.598t}+0.049e^{-7.23t}+0.425$
最优投入	$u^1=-0.208e^{-1.739t}+1.595$	$u^2=-0.085e^{-2.598t}+0.001e^{-7.23t}+1.416$	$u^3=-0.085e^{-2.598t}+0.001e^{-7.23t}+1.416$
收益	$v^1=1.15e^{-1.84t}-0.08e^{-3.57t}+21.3$	$v^2=0.43e^{-2.7t}-15.3e^{-0.1t}+14.83$	$v^3=0.43e^{-2.7t}-15.37^{-0.1t}+14.83$

根据表 7-5,可绘制图 7-2。

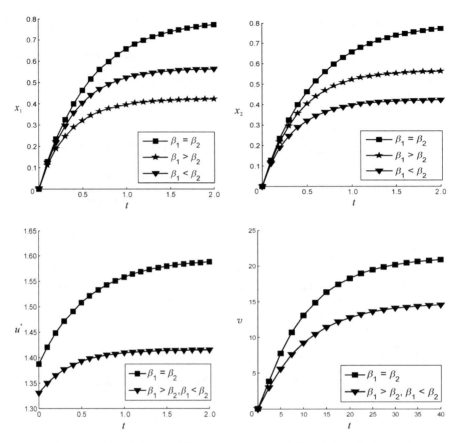

图 7-2　不同机会主义倾向情境下知识承诺、最优投入和收益的动态变化

从图 7-2 可以看出：

$$x_1^1 > x_1^3 > x_1^2, x_2^1 > x_2^2 > x_2^3, u^1 > u^2 = u^3, v^1 > v^2 = v^3$$

随着众包参与双方的机会主义倾向增加，双方的知识承诺水平 x_i 则相对降低。当参与方 i 的机会主义倾向 β_i 大于 j 的机会主义倾向 β_j 时，其知识承诺水平 x_i 要低于另一方的知识承诺水平 x_j。而且，当 i 的机会主义倾向最大时，其知识承诺水平 x_i 也最低。

当双方的机会主义倾向较低时，最优投入 u^* 较大，最终的收益 v 也较大；当 i 的机会主义倾向 β_i 较大时，虽然最优投入 u^* 较小，但获得的最终收益 v 也较小。

7.4.3　感知价值满足水平

为分析感知价值满足水平对众包参与双方的知识承诺水平、最优投入

和收益的影响关系,不妨假设:除感知价值满足水平系数外,其他参数均相等,假设如下:

$$\theta_1 = \theta_2 = 1, \beta_1 = \beta_2 = 6, \alpha_1 = \alpha_2 = 1, c_1 = c_2 = 1, c_1 = 1, c_1 = 1, c_2 = 0.5, c = 0.1$$

根据双方参与众包创新的三种不同情境,设置不同的感知价值满足水平参数,如表 7-6 所示。

表 7-6　双方参与众包创新的三种感知价值满足水平情境

情境	情境描述	参数设置
I	感知价值满足水平相同	$\gamma_1 = 2, \gamma_2 = 2$
II	发包企业感知价值满足水平大于接包用户	$\gamma_1 = 2, \gamma_2 = 1$
III	接包用户感知价值满足水平大于发包企业	$\gamma_1 = 1, \gamma_2 = 2$

将上述参数代入(7.6)、(7.7)式,可得矩阵。对(7.5)式作拉氏变换,可得双方的知识承诺水平 x_i、最优投入 u^* 和收益随时间 t 的动态变化情况,如表 7-7 所示。

表 7-7　不同感知价值满足水平情境下知识承诺、最优投入和收益的动态变化

参数	I	II	III
发包企业知识承诺	$x_1^1 = -0.439e^{-2.831t} + 0.439$	$x_1^2 = 0.016e^{-8.451t} - 0.409e^{-3.399t} + 0.393$	$x_1^3 = -0.013e^{-8.45t} - 0.334e^{-3.414t} + 0.347$
接包用户知识承诺	$x_2^1 = -0.439e^{-2.831t} + 0.439$	$x_2^2 = -0.013e^{-8.451t} - 0.336e^{-3.399t} + 0.349$	$x_2^3 = 0.016e^{-8.45t} - 0.406e^{-3.44t} + 0.39$
最优投入	$u^1 = -0.074e^{-2.831t} + 1.317$	$u^2 = -0.056e^{-3.399t} + 1.308$	$u^3 = -0.05e^{-3.414t} + 1.3$
收益	$v^1 = 0.36e^{-2.93t} - 14.24e^{-0.1t} + 13.9$	$v^2 = -12.6e^{-0.1t} + 12.4$	$v^3 = -12.6e^{-0.1t} + 12.4$

根据表 7-7,绘制不同感知价值满足水平情境下知识承诺、最优投入和收益的动态变化情况,如图 7-3 所示。

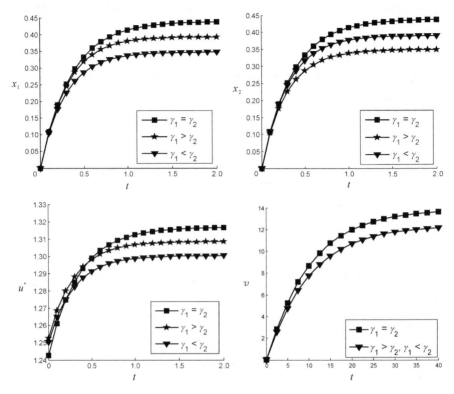

图 7-3　不同感知价值满足水平情境下知识承诺、最优投入和收益的动态变化

从图 7-3 可以看出：

$$x_1^1 > x_1^2 > x_1^3, x_2^1 > x_2^3 > x_2^2, y^1 > y^2 = v^3$$

随着双方感知价值满足水平 γ_i 的上升，双方的知识承诺水平 x_i 也相应上升。当 i 的感知价值满足水平低于 j 时，其知识承诺水平 x_i 也上升较慢。当双方都能获取预期感知价值时，双方的知识承诺水平最高；当 i 的感知价值满足水平高于 j 时，其知识承诺水平 x_i 也要高于另一方的知识承诺水平 x_j。

当大众首次参与众包创新时，参与大众和发包企业的知识承诺水平为零；若双方都能达到预期感知价值满足水平，发包企业的最优知识共享投入 u^* 最小。随着时间 t 的推移，双方的知识承诺水平 x_i 上升，当参与大众的感知价值满足水平高于接包企业的感知价值满足水平时，最优投入 u^* 最小。感知价值满足水平情境下的控制策略和信任情境类似。在大众持续分享知识的过程中，当且仅当参与双方都能获取预期感知价值时，最终收益 v 最大。

7.4.4　贡献系数

为分析贡献系数对双方的知识承诺水平、最优知识共享投入和收益的影响,不妨假设,除贡献系数外,其他参数均相同,假设如下:

$$\theta_1=\theta_2=1, \beta_1=\beta_2=4, \alpha_1=\alpha_2=1, \gamma_1=\gamma_2=1, c_{12}=0.5, r=0.1$$

根据双方参与众包创新的两种情境,设置不同的贡献系数,如表 7-8 所示。

表 7-8　双方参与众包创新的不同贡献系数情境

情境	情境描述	参数设置
Ⅰ	双方知识承诺对收益的贡献相等且大于知识共享投入对收益的贡献	$c_1=c_2=2, c_u=1$
Ⅱ	双方知识承诺对收益的贡献相等且小于知识共享投入对收益的贡献	$c_1=c_2=1, c_u=2$

对(7.5)式作拉氏变换,结果如表 7-9 所示。

表 7-9　不同贡献系数情境下知识承诺、最优投入和收益的动态变化

参数	Ⅰ	Ⅱ
接包用户知识承诺	$x_2^1=-0.994\mathrm{e}^{-1.739t}+0.994$	$x_2^2=-1.398\mathrm{e}^{-1.739t}+1.398$
发包企业知识承诺	$x_1^1=-0.994\mathrm{e}^{-1.739t}+0.994$	$x_1^2=-1.398\mathrm{e}^{-1.739t}+1.398$
最优投入	$u^1=-0.259\mathrm{e}^{-1.739t}+1.989$	$u^2=-0.364\mathrm{e}^{-1.739t}+2.796$
收益	$v^1=2.56\mathrm{e}^{-1.24t}-44.83\mathrm{e}^{-0.1t}+42.4$	$v^2=2.43\mathrm{e}^{-1.84t}-54.57\mathrm{e}^{-0.1t}+52.4$

根据表 7-9 绘制图 7-4。

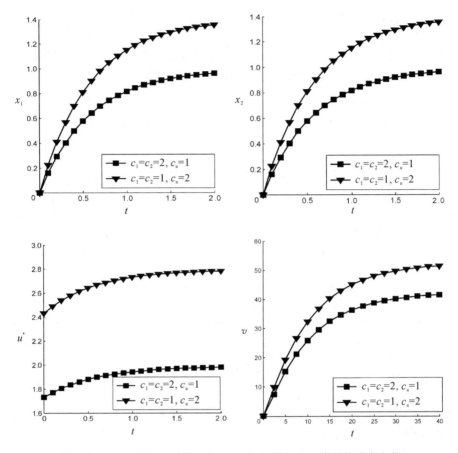

图 7-4 不同贡献系数情境下知识承诺、最优投入和收益的动态变化

从图 7-4 可以看出：

$$x_1^2 > x_1^1, x_2^2 > x_2^1, u^2 > u^1, y^2 > v$$

也就是说，知识共享投入对收益的贡献大于知识承诺对收益的贡献时，参与双方的知识承诺水平 x_i 较大，发包企业的最优知识共享投入 u^* 较大，且最优投入 u^* 大幅提升，并始终控制在其他情境（$c_1 = c_2 > c_u$）之上，才能保证发包企业最终的收益 v 较大，反之则小。

7.5 管理启示

众包创新模式下大众持续知识共享行为的本质是大众知识承诺的建立。发包企业要持续获取大众相关知识以完成创新任务，需要从增强大众信任水平、提升其感知价值满足水平和创造规范有序的众包创新环境等方面努力,促使大众建立高水平的知识承诺,从而激发大众的持续知识交流意愿,最大化提升众包创新绩效。

发包企业引导和激励大众持续知识共享应遵循如下最优控制准则:在任何时间,发包企业的最优知识共享投入非线性地依赖这几个参数的当前值,包括发包企业和接包大众的知识承诺对收益的贡献,发包企业的知识共享投入对收益的贡献,信任水平、感知价值满足水平、机会主义倾向、知识共享投入对知识承诺的有效性和贴现系数。而且,最优知识共享投入随着信任水平、感知价值满足水平的提升(下降)而提升(下降),随着机会主义倾向的增加(减少)而减少(增加)。

聚焦增强大众在众包创新过程中的信任水平,以提升其持续知识共享意愿。众包创新模式提供了一种网络化开放式虚拟交互环境,引导大众持续知识共享的难度较大,一方面是由众包创新的组织模式自由开放、参与大众自由自愿等特征决定的,另一方面是因为知识共享过程中,任务的"创新"特征,决定其需要专业化、多样化和异质化的知识类型,加剧了知识共享的难度,也会减弱相互之间的信任。要求发包企业或众包平台设置有效的沟通反馈机制以增强大众信任。此外,还可以采取有效的关系治理和声誉机制等措施,营造良好的互动环境,发挥"活跃"大众的影响效应,增强虚拟社区关系活力,提升大众持续知识共享意愿。

构建有效的双边匹配机制,提升参与主体的感知价值满足水平,以提升双方的知识承诺水平。对于接包企业或众包平台来说,设计有效的双边匹配机制,可为大众推荐恰当的创新任务,同时也为发包企业选择胜任的参与大众,提升大众的中标率,降低自身搜索成本,大幅提升感知价值满足水平,提升双方知识承诺水平和众包创新绩效。

抑制参与大众的机会主义行为,保证大众知识共享的可持续性。网络化开放式众包创新模式的本质特征,决定了参与主体不可避免地会产生机会主义行为倾向,不利于知识的持续共享。发包企业或众包平台需要从众包创新整个系统出发,结合众包创新运作情境,设计科学的惩罚机制、信誉机制和诚信保障机制等,识别出大众的机会主义行为,抑制其机会主义行为倾向。此外,构建和营造开放、创新、诚信、公平的组织文化,提升新型信息技术的运用水平,也是减少机会主义行为倾向的关键。

7.6　本章小结

本章研究了众包创新模式下大众持续知识共享行为的动态决策机制

问题,主要贡献有:提取信任、感知价值满足水平、知识共享投入和机会主义倾向作为众包创新模式下影响知识承诺的关键驱动因素;构建了大众参与众包创新的持续知识共享行为动态决策模型,运用动态控制理论进行求解,为众包创新过程中发包企业的持续知识共享投入提供最优控制准则。

第8章 众包创新模式下参与大众的机会主义行为识别机制研究

考虑到众包创新模式的典型特征,不仅需要在保证大众持续知识共享方面进行投入,确保关系的持续发展,还要规制和约束参与大众的机会主义行为,保证关系的高质量发展。因此,科学合理地识别众包创新活动中大众参与的机会主义行为,对于营造良好的众包创新环境、降低众包创新风险并激励大众持续知识共享行为具有重要意义。

本章从众包创新实践出发,探讨大众参与众包创新的机会主义行为识别的必要性,通过分析大众的机会主义行为产生原因与主要表现,构建参与大众的机会主义行为识别体系,通过平均影响值(mean impact value,MIV)算法筛选出影响程度较大的敏感性指标,构建基于 MIV-BP 的神经网络识别模型,最后结合国内典型众包平台——猪八戒网,利用网络爬虫软件GooSeeker 获取相关数据开展实证分析。

8.1 众包创新模式下参与大众机会主义行为识别的必要性分析

识别并规避大众的机会主义行为是促进大众持续知识共享的前提。由第 7 章的研究结果可知,随着大众机会主义倾向的增强,其知识共享承诺水平也会显著降低,会阻碍大众的持续知识共享行为。但众包创新活动的成功得益于大众知识的持续共享与高质量创意的获取。大众实施持续知识共享行为,其中一方面原因是受到奖金激励、兴趣爱好、自我成就等内外部动机的驱使,另一方面也会受到感知公平感等的因素影响。而部分参与大众采取机会主义行为,损害整个公平环境,使得众包平台中认真工作的参与大众受到影响,会严重制约这些用户的持续参与热情。当大众在众包创新参与过程中感觉缺乏公平感时,其存在利益受损、较大退出的可能性。① 因此,在众包创新模式下,亟须有效识别大众的机会主义行为,并采取有效的规避策略,引导并激励大众持续知识共享。

规避机会主义行为是高质量关系持续发展的关键。考虑到众包创新模式作为一种网络化开放式创新模式,要实现创新目标,不仅需要持续获取大众异质性多样化知识,确保关系高质量发展,还要规制和约束大众的机会主义行为,确保关系的持续发展。众包创新过程中形成的开放松散关系,极易滋生诸如欺诈、窃取产权等诸多投机行为,不仅会破坏诚信开放的众包创新环境,产生"劣币驱逐良币"的场景,还会极大损害发包企业的参与热情,不利于众包创新模式的推广和众包平台的健康发展,也会造成诚信参与大众的感知不公平,影响众包创新参与主体关系的良好健康发展。

识别机会主义行为有利于营造良好的众包创新平台环境。众包创新平台的良好运行,一方面得益于规范的平台制度和有效的激励机制,另一方面也归功于其良好平台环境的营造。和谐的平台环境可以为众包创新参与大众提供一块创新的沃土,而大众的机会主义行为对良好的众包平台环境会构成较大威胁,有效识别众包创新参与大众的机会主义行为,将作弊大众从平台中剔除出去,对构建良好的平台环境,创建和谐的创新氛围具有较好的促进作用。

识别并规避机会主义行为是降低众包创新风险的有效途径。作为一种新型创新模式,众包创新过程中存在较大不确定性。这些不确定性主要来源于创新任务完成的不确定、知识产权的纠纷、奖励报酬的兑现承诺实现与否等,这些不确定性与参与主体的机会主义行为有关,也与创新任务的复杂程度、接包大众的来源广泛、众包平台的治理水平等有关。可见,识别并规避参与主体的机会主义行为是降低众包创新风险的有效途径,只有加强对众包创新参与大众的机会主义行为识别,从源头抑制大众的机会主义倾向,才有助于降低众包创新实践中的相关风险。

8.2 众包创新模式下大众机会主义行为的产生原因与主要表现

众包创新活动以互联网为载体,一方面,网络的虚拟性和开放性可以促

---

① Friesen J P, Kay A C, Eibach R P, et al. Seeking structure in social organization: Compensatory control and the psychological advantages of hierarchy[J]. Journal of Personality and Social Psychology,2014,106(4):590.

进知识共享,帮助企业汇聚更为多元化、广泛化的创意知识,满足其创新需求,也为网络大众提供了一种有偿知识分享的新途径。另一方面,网络化众包创新模式存在参与主体自主性强、知识共享要求高、组织形式自由开放等特征,导致众包创新过程中存在一定的潜在不确定性,其中就包括参与大众的机会主义行为。

新制度经济学家威廉姆森认为,人是有限理性的,在利益交织的过程中总是尽能力地去保护和增加自己的利益,甚至不惜损害他人,最终目的就是满足自身的需要。[①] 因此,基于交易人是有限理性的这一前提,并结合具体众包创新实践,分析总结大众做出机会主义行为的主要原因。

(1)参与双方的信息不对称。在众包创新实践中,发包企业和接包大众之间的沟通主要通过虚拟网络平台进行,很大程度上会导致参与双方的信息不对称性。通常情况下,由于参与目标的差异,来源广泛的接包大众对发包企业来说,属于“多样化的陌生人”,这些大众对发包企业的信任程度低和情感承诺水平低,极易利用信息优势寻求自身利益最大化,从而滋生机会主义行为。

(2)众包创新模式组织形式自由开放,较难控制。不同于外包的契约规范,众包模式利用网络大众的广泛参与,以获取多元化知识和技能为目的,通过悬赏、招标等形式吸引接包大众自愿参加,因此组织形式更加自由、开放、松散。而接包大众大多利用业余时间自由完成创新任务,缺乏严格的契约规范,这些特征极易导致接包大众中途加入、提前退出、不可持续等问题。

(3)作弊成本较低,平台监管不完善。一方面,众包创新任务交易频繁且交易量大。例如,截至 2021 年 7 月,猪八戒网已帮助近 600 万家雇主企业解决创新难题,亚马逊的 Mechanical Turk 平台,每天有近 20 万件创新任务待完成。而平台的规模及监管成本有限,难以全面防范风险。另一方面,创新任务之间相似性高,且平台监管机制与惩罚机制设立不完善,威慑力有限,作弊成本低,从而诱导接包大众产生机会主义行为。

通过对相关文献的梳理,并结合戴尔公司 IdeaStorm、猪八戒网、任务中国等典型众包创新管理实践,将大众机会主义行为的内涵界定为:在众包创新模式下,接包大众出于对私利的追求,产生对发包企业不诚实、扭曲隐瞒信息、言过其实、逃避履行承诺、违背协议等以达到自我效益最大化的投机

① 韩耀,张春法,刘宁.零售业客户关系管理及数据挖掘的应用研究[J].情报杂志,2005 (11):57-59.

行为。

猪八戒网的诚信管理中心数据显示,截至 2021 年 7 月,惩罚违规的接包用户共计 2945 名,其中清除用户 317 名,封号用户 324 名。从曝光内容来看,接包大众参与众包创新过程中存在诱导要挟发包方评价(36.03%)、方案欺诈(10.28%)、不履行文件职责(8.13%)等诸多机会主义行为,此举严重影响了最终解决方案的完成质量和平台声誉,如图 8-1 所示。

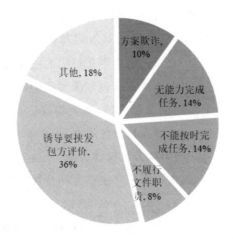

图 8-1　猪八戒网的参与大众机会主义行为主要表现

可见,众包创新过程中接包大众的机会主义行为主要表现如下。

(1)诱导或要挟发包方评价。任务截止时间临近,发包方提出整改意见,接包大众承诺会继续修改创新方案,以假意真诚的态度诱导发包方对其先进行好评,待评价结束后以诸多理由搪塞发包方,延迟修改时间或拒绝修改作品;还有部分大众以非正当方式要挟发包方进行好评,以此提高店铺好评率,进行不正当竞争。发包方在此过程中不仅蒙受了经济损失,而且严重降低了参与热情,同时,对平台声誉也造成了恶劣的影响。

(2)言过其实,诱导选标。接包大众在众包平台竞标过程中,出于对私利的追求,针对发包方提出的任务要求,故意扭曲隐瞒信息、言过其实诱导发包方选标,但实则无能力完成创新任务,最终造成发包方时间成本和经济上的损失并严重降低发包方参与热情。

(3)方案欺诈。由于发包方和接包方信息不对称性的存在,低程度的信任和情感承诺会导致接包方在参与众包创新过程中总是寻找机会最大化自身利益。主要表现为:接包方直接抄袭或模仿他人的解决方案提交任务,以获得奖励;采用不正当方式窃取其他用户的未公开解决方案;抄袭其他众包平台的类似任务解决方案;由于任务间的相似性,利用同一解决方案服务多个发包方,以骗取多份奖励。发包方采纳上述的方案并实施后,极易产生纠纷,造成知识产权风险,此举严重侵犯了发包方的利益。

(4)不履行文件交付职责。接包方对已成功竞选到的众包创新任务,未按发包方提供的文件要求履行职责,导致创新任务完成度很低,不能解决发包方提出的问题,造成与发包方需求无关的投标,违背了发包方的初衷。此举不仅会使发包方蒙受时间和经济上的损失,降低其参与热情,而且会造成平台声誉受损,不利于众包创新的持续健康发展。

(5)恶意评价和恶意举报。受到利益驱使或其他因素影响,一些接包方以造成其他用户损害为目的,利用笔者或他人的名义捏造、散布不实言论,进行虚假举报和评价,恶意中伤其他接包方,有明显不正当竞争嫌疑的行为。此举严重损害了正常接包方的权益,同时也会误导发包方对创新方案的选择,增加发包方的创新风险和方案评估成本。

综上,大众采取机会主义行为不但造成发包方时间和经济上的损失,降低其参与热情,而且还会对众包平台声誉造成恶劣影响,阻碍众包创新的良性发展。因此,有效抑制参与大众的机会主义行为,对营造和谐诚信的创新环境、促进众包模式的健康发展具有重要意义。

8.3　众包创新模式下参与大众的机会主义行为识别体系构建

结合众包创新过程中接包大众的机会主义行为主要表现,构建基于综合业务能力、信誉水平、服务水平和历史交易水平的大众机会主义行为识别体系,如表 8-1 所示。

表 8-1　众包创新参与大众的机会主义行为识别体系

识别维度	指标代码	指标名称	指标含义
综合业务能力	X_1	综合评分	接包大众在众包平台的综合评价得分
	X_2	完成质量	任务完成后,发包方就任务完成质量给予的评分
	X_3	工作速度	任务完成后,发包方对大众提交方案速度的评分
	X_4	接包方等级	大众在平台交易产生的结果数据而获取的成长等级

续　表

识别维度	指标代码	指标名称	指标含义
信誉水平	X_5	纠纷率	大众存在纠纷的任务数量/该接包方总完成任务数量
	X_6	受处罚次数	创新任务完成后,大众由于失信违规行为而被众包平台处罚的次数
	X_7	缴纳保证金	大众在众包平台缴纳的诚信保证金数额
	X_8	当前诚信度	大众在当前状态下的诚信度得分
服务水平	X_9	服务态度	任务完成后,发包方对大众服务态度给予的评分
	X_{10}	好评率	大众获得的好评个数/该接包方获得的评价总数
	X_{11}	雇主推荐数	近一年内大众得到的发包方推荐次数总和
	X_{12}	雇主回头率	近一年内,成交订单量大于等于2次的发包方数/成交发包方数×100%
历史交易水平	X_{13}	退款率	大众被退款的任务数/该接包方的总完成任务数量
	X_{14}	近三月收入	近三个月内,大众完成创新任务获得的总收入
	X_{15}	项目完成率	近一年内,成交订单量/中标订单量×100%

（1）综合业务能力。主要从以下四个方面进行衡量:①综合评分。发包方基于订单完结对大众在整个创新过程中的综合表现进行评分。②完成质量。任务完成后,发包方就创新方案是否履行文件要求、能否解决创新问题而给予的评分。任务完成质量的好坏可反映出接包大众的真实技能水平。③工作速度。接包大众从接收任务到完成任务并提交满足发包方期望的创新方案所花费的时间。该指标在一定程度上反映了大众的工作能力。④接包方等级。大众在平台交易产生的结果数据而获取的成长等级,可反映该大众在众包平台的地位;每笔交易完成后,平台会根据接包方获得的评价(好、中、差)换算成相应的成长值,成长值累加值越高,接包大众的等级越高。

（2）信誉水平。可以用以下四个指标进行衡量:①纠纷率。众包创新过程中,接包大众存在纠纷的任务数量/总完成任务数量。方案未履行文件要求、完成质量低、与发包方初衷相悖等均会造成纠纷。②受处罚次数。接包大众由于违反平台规则（抄袭、虚假认证、未履行文件要求等），被平台处罚的次数。③缴纳保证金。指接包大众缴存并同意冻结于其众包平台账户中，授权平台处置的、用于在不能按约提供服务时退款给发包方或违背平台其他管理规定时扣除的资金。④当前诚信度。接包大众违反众包平台规则，将以扣除诚信分的方式进行记录；当前诚信度指在当下的时间节点，接包大众的诚信度得分。

（3）服务水平。用以下四个方面的指标进行衡量：①服务态度。创新任务完成后，发包方就接包大众在方案沟通过程中的服务态度给予的评价。接包大众服务态度得分越高，表明合作意愿越高。②好评率。接包大众获得的好评次数/总评价次数。好评率的高低反映出接包大众的参与水平和以往创新解决方案的受肯定程度。③雇主推荐数。近一年内接包大众得到的发包方推荐次数总和。推荐数越高，表明接包大众受肯定程度越高。④雇主回头率。与雇主推荐数相似，回头率越高，表明接包大众越受发包方肯定，合作的意愿越强。

（4）历史交易水平。从以下三个指标进行衡量：①退款率。由于任务完成质量不高、违背发包方初衷、涉嫌抄袭等原因导致要求退款的方案占总完成方案的比例。一般来讲，退款率越高，表明接包大众的方案质量越低。②近三月收入。近三个月内，接包大众完成创新任务获得的总收入。该指标可一定程度上反映接包大众的参与水平，收入越高，参与活跃度越高。③项目完成率。近一年内，接包大众成功完成交易获得奖金的订单量占接包大众总中标订单量的比例。项目完成率高，表明接包大众受认可度高，能够更好地满足发包方的期望水平。

8.4 基于 MIV-BP 神经网络的大众机会主义行为识别模型

考虑到大众机会主义行为的识别体系是涵盖多个维度、多层次和多指标的复杂指标体系，如果仅采用 BP 神经网络进行识别，可能会因输入层过多导致收敛速度慢、学习效率低等问题。因此，本章从优化 BP 神经网络输入层入手，采用 MIV（mean impact value，平均影响值）算法，计算出各自变量对因变量的影响程度，并将其从大到小进行排序，筛选出敏感性指标，以达到降维的目的，进而提高神经网络的收敛速度和识别性能，具体流程如图 8-2 所示。

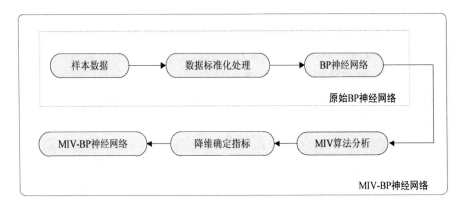

图 8-2　MIV-BP 神经网络识别流程

　　首先,进行数据标准化处理,代入 BP 神经网络开展网络训练;然后,运用已训练好的神经网络,结合 MIV 算法计算出各自变量对因变量的影响程度,筛选出敏感性指标,实现有效降维;最后,利用经 MIV 算法改进后的 BP 神经网络对众包创新中接包方的机会主义行为进行识别,得到最终的识别结果。

8.4.1　数据标准化处理

　　由于输入数据量纲不一致,输入范围过大或过小的数据都会导致神经网络收敛速度慢、训练时间长等问题,因此需要对数据进行标准化处理。

　　对于正向指标,标准化处理的公式为:

$$z_i = \frac{x_i - \min(x_i)}{\max(x_i) - \min(x_i)} \tag{8.1}$$

　　对于逆向指标,标准化处理的公式为:

$$z_i = \frac{\max(x_i) - x_i}{\max(x_i) - \min(x_i)} \tag{8.2}$$

其中,$\min(x_i)$ 为样本数据中的最小值,$\max(x_i)$ 为样本数据中的最大值。输入数据为 x_i,归一化处理后的数据为 z_i。

8.4.2　BP 神经网络基本原理

　　BP(back propagation)神经网络是一种基于误差反向传播的多层前馈网络。根据 Kolrnogorov 定理,BP 神经网络具有很强的多维函数映射能力,一个 3 层的网络即可实现对任意非线性函数的逼近。如图 8-3 所示,模型拓扑结构包括输入层、隐含层和输出层。

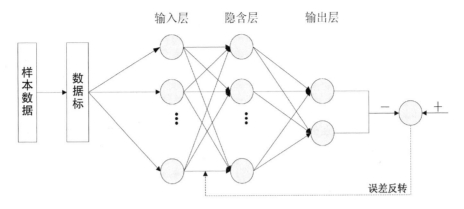

图 8-3　BP 神经网络的拓扑结构

　　神经网络的学习过程主要是指运用学习算法来调整神经元之间的连接权,使得最后的网络输出更符合期望值。BP 神经网络算法主要包含两个过程:信号的前向传播过程及误差的反向传播过程。

　　(1)信号的前向传播过程,如式(8.3)—(8.6)所示。

　　隐含层第 i 个节点的输入 net_i 为:

$$net_i = \sum_{j=1} w_{ij} x_j + \theta \tag{8.3}$$

　　隐含层第 i 个节点的输出 o_i 为:

$$o_i = \phi(net_i) = \phi\left(\sum_{j=1} w_{ij} x_j + \theta_i\right) \tag{8.4}$$

　　输出层第 k 个节点的输入 net_k 为:

$$net_k = \sum_{i=1}^{q} w_{ki} o_i + a_k = \sum_{i=1}^{q} w_{ki} \phi\left(\sum_{j=1}^{M} w_{ij} x_j + \theta_i\right) + a_k \tag{8.5}$$

　　输出层第 k 个节点的输出 o_k 为:

$$o_k = \psi(net_k) = \psi\left(\sum_{i=1}^{q} w_{ki} o_i + a_x\right)$$
$$= \psi\left[\sum_{i=1}^{q} w_{ki} \phi\left(\sum_{j=1}^{M} w_{ij} x_j + \theta_i\right) + a_k\right] \tag{8.6}$$

其中,x_j 为输入层第 j 个节点的输入,$j=1,\cdots,M$;w_{ij} 为隐含层第 i 个节点到输出层第 j 个节点的权值;θ_i 为隐含层第 i 个节点的阈值;ϕ 为隐含层的激励函数;w_{ki} 表示输出层第 k 个节点到隐含层第 i 个节点的权值,$i=1,\cdots,M$;a_k 表示输出层第 k 个节点的阈值,$k=1,\cdots,L$;ψ 表示输出层的激励函数。

　　(2)误差的反向传播过程,如式(8.7)—(8.10)所示。

$$\Delta w_{ki} = \eta \sum_{p=1}^{P} \sum_{k=1}^{L} (T_k^p - o_k^p) \psi'(net_k) o_i \tag{8.7}$$

$$\Delta a_k = \eta \sum_{p=1}^{P} \sum_{k=1}^{L} (T_k^p - o_k^p) \psi'(net_k) \tag{8.8}$$

$$\Delta w_{ij} = \eta \sum_{p=1}^{P} \sum_{k=1}^{L} (T_k^p - o_k^p) \cdot \psi'(net_k) \cdot w_{ki} \cdot \phi'(net_i) \cdot x_j \tag{8.9}$$

$$\Delta \theta_i = \eta \sum_{p=1}^{P} \sum_{k=1}^{L} (T_k^p - o_k^p) \cdot \psi'(net_k) \cdot w_{ki} \cdot \phi'(net_i) \tag{8.10}$$

其中,η 为学习速率,Δw_{ki} 为输出层权值修正量,Δa 为输出层阈值修正量,Δw_{ij} 为隐含层权值修正量,$\Delta \theta_i$ 为隐含层阈值修正量。

8.4.3 MIV 算法分析

MIV 算法具有线性约束少、无主观偏倚等优点,通过计算各自变量对因变量的影响程度大小,实现指标筛选。[①]

运算过程为:使用原始数据训练一个正确的网络模型;将其中一个自变量的数值分别±10%[②],其他变量数值保持不变,形成两个新的样本数据 P_1 和 P_2;利用已训练好的网络模型分别对 P_1、P_2 进行仿真,得到结果 T_1 和 T_2;将 T_1 和 T_2 做差值,并按样本例数进行平均,即可得出该自变量对因变量的平均影响值 MIV。

按照上述步骤分别计算出各个自变量的 MIV 值,再根据 MIV 绝对值的大小进行排序,得到各自变量对因变量影响程度位次表,进而筛选出敏感性指标,实现降维。计算过程如图 8-4 所示。

图 8-4　MIV 运算

8.5　实证研究

如前所述,猪八戒网是目前国内最大的众包平台,主要服务范围涉及品牌设计、营销推广、IT/软件、网站建设等多个方面。基于 2018 年 7 月到

---

① 何芳,王小川,肖森予,等.基于 MIV-BP 型网络实验的房地产项目风险识别研究[J].运筹与管理,2013,22(2):229-234.

② 卢永艳,王维国.财务困境预测中的变量筛选:基于平均影响值的 SVM 方法[J].系统工程,2011,29(8):73-78.

2019 年 5 月猪八戒众包平台中诚信管理中心"曝光台"栏目的相关数据,共计搜集 287 个样本数据,其中存在机会主义行为的数据样本 46 个,正常大众数据 241 个。从接包大众机会主义行为的主要表现来看,诱导要挟评价、无能力完成任务、稿件抄袭、不能按时完成任务、不履行文件职责等占主要部分(82.08%)。被惩罚的接包大众主要涉及品牌设计、营销传播、网站建设、电商设计服务等板块。287 个数据样本中,随机抽取 201 个作为训练集,43 个为验证集,43 个为测试集开展实证研究。

8.5.1　BP 神经网络模型的建立及识别结果分析

采用 3 层 BP 神经网络模型进行识别,将 15 个识别指标代入模型中作为输入层的神经元数,输出层的最终结果是判定接包大众是否存在机会主义行为,因此设定结果值为 1 时是具有机会主义行为的接包大众,值为 0 时是正常接包大众。经过多次实验仿真结果分析,本模型设定隐含层数为 10 时,其收敛速度和训练精度达到最佳。其训练参数变化及 ROC 曲线结果如图 8-5、8-6 所示。

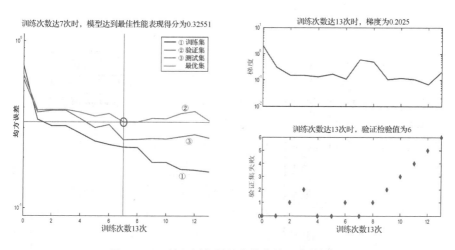

图 8-5　BP 神经网络误差变化曲线和参数变化

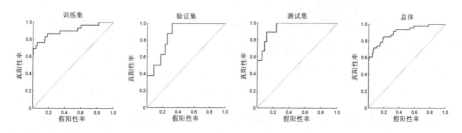

图 8-6　BP 神经网络识别模型 ROC 结果

ROC(receiver operating characteristic)曲线是针对二分类目标识别问题算法性能的直观描述,曲线下的面积(area under the curve,AUC)越大,表明识别算法性能越好。AUC 的理论取值范围在 $0.5 \sim 1.0$,当 AUC=1.0 时,表明对应整个 ROC 面积。因此,ROC 曲线越靠近左上角,即对应 AUC 面积越大,识别算法性能越好。

BP 神经网络识别结果如表 8-2 所示。

表 8-2　BP 神经网络识别结果

数据样本	真实个数/个	识别准确个数/个	准确率/%
训练集	201	186	92.5
验证集	43	35	81.4
测试集	43	37	86
合计	287	258	89.9

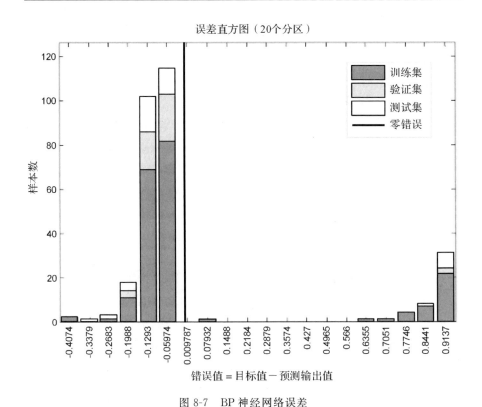

图 8-7　BP 神经网络误差

由图 8-7 可见,样本数据错误值主要集中在-0.1293~-0.05974。但仍有部分样本数据错误值在 0.7746~0.9137,此部分样本表明预测错误,因此模型的精确性还需进一步提升。

8.5.2 基于 MIV 算法的识别指标筛选

利用已建好的 BP 神经网络模型,根据 MIV 算法对整个识别体系各个指标变量进行 MIV 分析,筛选出影响程度较大的敏感性指标,通过降维优化模型,提高神经网络整体性能。相关指标的 MIV 值大小排序如表 8-3 所示,接包大众的当前诚信度、项目完成率对识别众包创新模式下的大众机会主义行为影响程度最大,其次是缴纳保证金、完成质量、好评率等指标。

表 8-3 各指标变量的 MIV 值及其大小排序

指标代码	指标名称	MIV 值	排序
X_8	当前诚信度	0.6780	1
X_{15}	项目完成率	0.6463	2
X_7	缴纳保证金	0.5872	3
X_2	完成质量	0.5068	4
X_{10}	好评率	0.4377	5
X_9	服务态度	0.3663	6
X_1	综合评分	0.0834	7
X_4	接包方等级	0.0457	8
X_5	纠纷率	0.0274	9
X_{13}	退款率	0.0117	10
X_6	受处罚次数	0.0114	11
X_{14}	近三月收入	0.0057	12
X_3	工作速度	0.0051	13
X_{12}	雇主回头率	0.0046	14
X_{11}	雇主推荐数	0.0032	15

由 MIV 排序位次表可知,排序前 6 位的指标影响程度显著高于后续指标,说明这 6 项指标针对有效识别接包方的机会主义行为最为敏感。因此,选取 MIV 值排序前 6 位的指标作为关键识别指标。

8.5.3 MIV-BP 神经网络模型的识别结果分析

由图 8-8 可以看出，与原始 BP 神经网络识别模型结果相比，MIV-BP 神经网络的 ROC 曲线图更偏向左上角，这也反映出改进后的 MIV-BP 神经网络识别模型具有更好的拟合性。如图 8-9 所示。

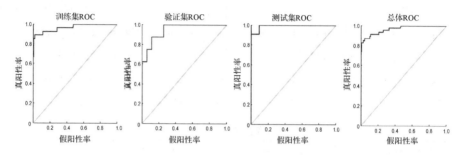

图 8-8　MIV-BP 识别模型 ROC 结果

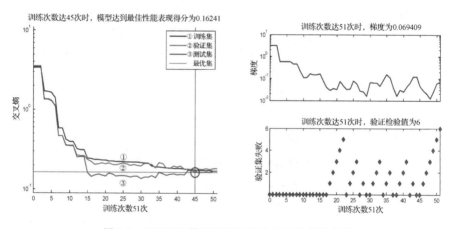

图 8-9　MIV-BP 模型的误差变化曲线和参数变化

MIV-BP 神经网络的识别结果如表 8-4 所示。

表 8-4　MIV-BP 网络模型识别结果

数据样本	真实个数/个	识别准确个数/个	准确率/%
训练集	201	190	94.5
验证集	43	39	90.7
测试集	43	42	97.7
合计	287	271	94.4

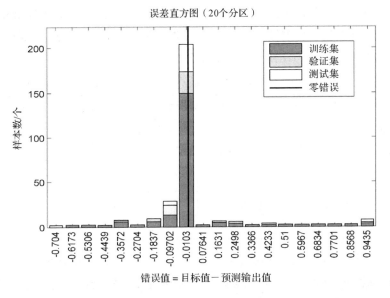

图 8-10　MIV-BP 神经网络误差

MIV-BP 神经网络对训练集的识别准确率达 94.5%（190/201），对测试集的识别准确率达到 97.7%（42/43），与此同时，样本数据错误值主要集中于零失误两侧，仅有少部分数据错误值的绝对值达 0.5 以上，表明识别模型得到进一步的优化。

8.5.4　BP 神经网络与 MIV-BP 神经网络结果比较

将数据分别代入原始 BP 神经网络和改进后的 MIV-BP 神经网络进行接包大众机会主义行为识别，结果比较如图 8-11 所示。

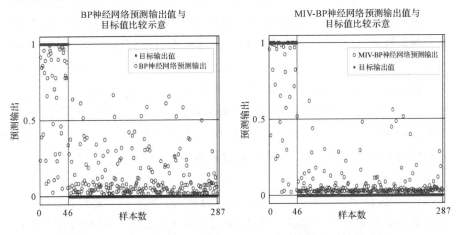

图 8-11　原始 BP 神经网络与 MIV-BP 神经网络识别结果对比

由图 8-11 可以看出,与原始 BP 神经网络的输出散点分布图相比,MIV-BP 神经网络预测输出散点分布图更聚合、拟合效果更好、识别精确性更高。两者具体预测结果对比如表 8-5 所示。

表 8-5   原始 BP 神经网络与神经网络 MIV-BP 识别结果对比

神经网络	机会主义行为接包大众				非机会主义行为接包大众				总识别率/%
	总数/个	识别准确个数/个	识别率/%	第一类错误率/%	总数/个	识别准确个数/个	识别率/%	第二类错误率/%	
BP	46	28	60.8	39.2	241	230	95.4	4.6	89.9
MIV-BP	46	34	73.9	26.1	241	237	98.3	1.7	94.4

评价识别效果主要从两方面进行考虑:识别率(识别精确度)和错误率(误判成本)。两类错误(第Ⅰ类是将采取机会主义行为的接包大众误判为诚信交易的接包大众,第Ⅱ类是将诚信交易接包大众误判为其采取了机会主义行为)都会产生误判成本。因此,需要结合总识别率和两类错误率共同评价网络的识别性能。表 8-5 的数据显示,改进后的 MIV-BP 神经网络的第一类错误率由 39.2% 下降至 26.1%,第二类错误率由 4.6% 降至 1.7%;同时,总体识别率从 89.9% 上升至 94.4%。可见,针对本研究问题,无论是识别精度还是误判成本,MIV-BP 神经网络的识别效果都要优于传统 BP 神经网络。

8.6   管理启示

众包创新模式存在参与主体自主性强、知识共享要求高、合作过程不确定性强等特征,导致接包大众在知识共享过程中会不同程度地呈现复杂的机会主义行为,科学有效地识别大众的机会主义行为,对降低众包创新风险,更好地为发包方提供决策支持有重要指导价值。众包创新平台的持续健康发展一方面离不开大众持续分享知识,另一方面得益于众包创新平台有效识别并规避机会主义行为接包大众,营造积极健康的平台环境。结合众包创新的具体管理实践,根据理论分析及实证研究结果,得到如下管理启示。

(1)设置科学合理的机会主义行为识别机制。现阶段,各个众包创新平台往往根据其他大众先举报、平台后鉴定的方式识别众包创新活动中的机会主义行为,即采用事后处理的方式识别大众的机会主义行为。这种方式一方面效率较低,往往在机会主义行为发生之后采取相应的处理措施,负面效应较大;另一方面,一旦处理过程存在争议,往往会削弱大众忠诚度,造成大众流失及大众迁移等现象。因此,设置科学合理的机会主义行为识别机制,将事后处理调整为过程识别,以有效识别并抑制大众的机会主义倾向。从本书的研究结果来看,接包方的当前诚信度、缴纳保证金金额、项目完成率、完成质量、好评率和服务态度等 6 个指标可作为识别接包方机会主义行为的敏感性指标。重点观察上述敏感性指标并进行阶段性观察记录,根据数据的动态变化,筛选出投机倾向较高的接包方重点观察。

(2)设计适度的大众机会主义行为惩罚机制。目前,众包创新平台一般根据发包方和大众的举报对机会主义者进行惩罚,处理结果也仅仅以扣除信誉分和给予差评为主,对机会主义行为的惩罚力度较小。因此,有必要构建较为严厉的惩罚机制以防范机会主义行为。一方面,可要求大众在接受任务时,提交知识产权保证书,并缴纳一定的保证金,在其后续参与过程中,可有效减少大众机会主义行为。① 另一方面,众包创新平台可引入第三方争议处理机制,处理费用由机会主义者承担,增加机会主义者的欺诈成本。

(3)构建面向众包创新模式的信任机制。科学有效的信任机制对规避大众的机会主义行为、提升众包创新绩效至关重要。面向众包创新的信任机制设计需要从多层面、多维度考虑。不仅包括人际信任、组织信任,还需要考虑团队信任,尤其对于需要大众协作完成的创新任务来说;不仅仅是简单二元关系下的信任,还需要考虑发包方、众包平台、参与大众以及大众之间的多元信任关系。结合众包创新的典型特征和运作流程,可以从发包方宣传动员和品牌拓展来构建参与大众的初始信任,通过设计有效的多方互动策略构建过程信任机制,最大限度地提升众包创新绩效以增强大众的持续信任机制。

(4)营造自由开放、公平诚信、互惠多赢的众包创新环境。众包创新模式的推广应用和众包平台的健康发展一方面离不开健全的机会主义行为识别机制,科学的惩罚机制与诚信机制,另一方面还需要自由开放、公平诚信、互惠多赢的众包创新环境。这就需要深刻洞悉多方参与主体的动机需求,强化众包平台的先进信息技术的应用和服务能力的提升,设置科学的信誉机制、诚信保障机制和互惠共赢机制,构建多主体参与的众包创新治理协同治理机制,最大限度地降低各方机会主义行为倾向,提升众包创新绩效。

---

① 高杲,徐飞.管理学中机会主义的界定和辨析[J].现代管理科学,2009(10):67-69.

8.7　本章小结

本章从分析众包创新参与大众的机会主义行为产生的原因及主要表现出发,建立了基于综合能力水平、信誉水平、历史交易水平、服务水平 4 个维度的众包创新参与大众的机会主义大众识别体系。通过 MIV 算法筛选出影响程度较大的敏感性指标,构建了基于 MIV-BP 神经网络识别模型。通过实证分析表明,MIV-BP 神经网络具有良好的预测效果,提升了众包创新中机会主义大众识别的精确性,优化了 BP 神经网络的测算性能,为众包平台和发包企业形成参与主体的机会主义行为识别管理决策提供科学依据。

第9章 考虑惩罚机制与声誉效应的大众机会主义行为治理机制研究

基于第8章的参与大众机会主义行为识别研究,本章进一步探索众包创新模式下参与大众的机会主义行为治理问题,以有效规避大众的机会主义行为,打造大众持续知识共享的良好环境,进而提升众包创新绩效。

如前所述,众包创新模式具有创新目的性强、组织形式松散、参与者自由自愿和多主体参与等典型特征,接包大众在参与众包创新过程中,为最大化自身利益,容易滋生诸如方案欺诈、知识产权窃取、诱导选标、恶意评价等机会主义行为,会造成发包企业创新目的未达、经济时间损失、参与热情退减等问题,严重影响众包创新模式的推广和众包平台的声誉。[1][2] 因此,打造良好的众包创新环境,迫切需要采取科学措施来规制接包大众的机会主义行为。

针对机会主义行为及其治理问题,相关学者从不同视角开展了有益探索:Arikan[3]指出当创新参与主体之间较为陌生时,各方都会以戒备和谨慎的态度实施众包创新,低水平的信任和情感承诺会导致参与主体总是寻找机会最大化自身利益,实施逐利行为;Li 等[4]指出机会主义行为是信息优势方为实现利益最大化,利用信息不对称掩盖损害他人利益的行为;Zheng 等[5]认为买卖双方的信息不对称性和市场交易管理缺位引发了参与者的机会主义行为。还有文献指出众包创新过程中的奖金额度、众包平台环境的

① Zhu B, Leon W, Paul L, et al. Impact of crowdsourcee's vertical fairness concern on the crowdsourcing knowledge sharing behavior and its incentive mechanism[J]. Journal of Systems Science and Complexity,2021,34(3):1102-1120.

② Dargahi R, Namin A, Ketron S C, et al. Is self-knowledge the ultimate prize? A quantitative analysis of participation choice in online ideation crowdsourcing contests[J]. Journal of Retailing and Consumer Services,2021(62):1-14.

③ Arikan A T. Interfirm knowledge exchanges and the knowledge creation capability of clusters[J]. Academy of Management Review,2009,34(4):658-676.

④ Li D,Yang J J. The effect of dual relational embeddedness and trust on alliance governance[J]. Corporate Governance,2017,17(5):913-926.

⑤ Zheng H,Xu B,Lin Z. Seller's creditworthiness in the online service market:A study from the control perspective[J]. Decision Support Systems,2019,127(3):1-12.

变化也会引致参与者产生机会主义行为。① 对于机会主义行为治理,部分学者利用众包实验探索了接包方作弊者的筛选机制设计②、欺诈用户识别③④、接包方欺诈行为规避⑤等问题;为进一步抑制众包创新参与主体的机会主义行为,还有部分学者从平台治理视角出发,提出需要构建社区准入、信用评价、方案筛选和奖惩等机制⑥⑦⑧。采用动态惩罚机制在一定程度能够抑制机会主义行为⑨,但有学者研究发现过度的惩罚会对合作产生不利的影响,可能导致被惩罚者的报复行为而带来毁灭性效应⑩。考虑到众包创新模式的虚拟开放特征,有学者探究了考虑声誉效应的机会主义行为治理问题⑪,声誉作为关系治理中应用最广泛的隐形约束力之一,能够有效约束合作过程中的机会主义行为⑫⑬。张华等⑭提出需要整合契约、声誉与关系规范机制来遏制开放式创新过程中的机会主义行为。于超等⑮基于社会资本理论,分析了企业创新网络中的声誉治理失效情景及破解途径。

---

① Kazai G. In search of quality in crowdsourcing for search engine evaluation[M]. Advances in Information Retrieval. Springer Berlin Heidelberg,2011:165-176.

② Eickhoff C, Vries A P D. Increasing cheat robustness of crowdsourcing tasks [J]. Information Retrieval,2013,16(2):121-137.

③ 张志强,逄居升,谢晓芹,等. 众包质量控制策略及评估算法研究[J]. 计算机学报,2013,36(8):1636-1649.

④ 陈霞,闵华清,宋恒杰. 众包平台作弊用户自动识别[J]. 计算机工程,2016,42(8):139-145,152.

⑤ 费友丽,田剑,邓娇. 众包竞赛中欺诈行为的成因与应对策略研究[J]. 江苏科技大学学报(社会科学版),2015,15(4):82-86,97.

⑥ 庞建刚. 众包社区创新的风险管理机制设计[J]. 中国软科学,2015(2):183-192.

⑦ 刘猛,郝琳娜. 众包竞赛各参与方演化博弈策略分析[J]. 技术经济与管理研究,2018(4):12-16.

⑧ Acar O A,van den Ende J. Understanding fear of opportunism in global prize based science contests:Evidence for gender and age differences[J]. PLoS ONE,2015,10(7):1-13.

⑨ 金帅,张洋,孟庆峰. 动态惩罚机制下企业环境遵从行为演化动态分析[J]. 系统管理学报,2017,26(6):1122-1130.

⑩ 连洪泉,周业安,左聪颖 等. 惩罚机制真能解决搭便车难题吗? 基于动态公共品实验的证据[J]. 管理世界,2013(4):69-81.

⑪ 余维新,顾新,王涛. 企业创新网络机会主义行为及非正式治理机制[J]. 经济体制改革,2016(6):114-119.

⑫ 申亮,王玉燕. 公共服务外包中的协作机制研究:一个演化博弈分析[J]. 管理评论,2017,29(3):219-230.

⑬ George G,Dahlander L,Graffin S, et al. Reputation and status:Expanding the role of social evaluations in management research[J]. Academy of Management Journal,2016,59(1):1-13.

⑭ 张华,顾新,王涛. 开放式创新的机会主义风险及其治理机制[J]. 科学管理研究,2019,37(5):15-22.

⑮ 于超,王涛,顾新. 企业创新网络声誉治理作用路径与声誉失灵研究[J]. 科学管理研究,2019,37(3):103-108.

可见,在众包创新模式下,参与主体的不对称依赖关系和专业性知识竞争协作关系,使得接包大众机会主义行为的产生机理及治理机制变得十分复杂,需要充分整合强调契约治理的惩罚机制与强调关系治理的声誉机制,进而实现对接包大众机会主义行为的有效抑制,但当前的相关研究并不充分。为此,本章结合众包创新模式的运作过程,构建众包创新平台与接包大众参与的机会主义行为治理演化博弈模型,分析惩罚机制和声誉效应对机会主义行为治理效果的影响,为有效规避机会主义行为、提升创新绩效和打造良好众包创新环境提供决策支持。

9.1　问题描述与基本假设

众包创新作为企业突破组织界限,获取与整合外部网络大众知识以提升创新绩效的新型创新模式,其参与主体一般包括接包大众、发包企业和众包创新平台。接包大众作为众包创新活动中最广泛的参与主体,其主要活动是在众包创新平台上搜索和接受众包创新任务,为发包方提供恰当的解决方案;发包企业是在众包创新活动中发布创新需求的一方,通过在众包创新平台上发布任务,采用悬赏等方式以获取问题的最佳解决方案;而众包创新平台可以是发包方自建平台或第三方平台,提供包括吸引接包大众和发包企业、创新任务与接包方匹配、第三方担保等平台服务,构建参与主体协同互动、知识分享等的虚拟互动环境。

众包创新活动一般基于网络化众包平台开展,由于平台的虚拟开放性、信息不对称性、参与者自由自愿等,会引发接包方的道德风险、逆向选择等问题[1][2],侵害发包方权益,破坏众包创新良好发展环境。为此,从众包平台视角来看,需要采取有效的监管措施以抑制接包方的机会主义行为。但考虑到众包创新模式的典型特征,过于严格的监管措施影响众包平台的开放自由氛围,可能会损害接包大众的积极参与意愿与创新行为;而过于宽松的监管环境,会引致接包方的投机倾向,对创新绩效产生不利影响。可见,在众包创新过程中,众包平台面临的关键问题是:采取何种有效的监管策略,既能规制接包大众的投机行为,还要兼顾不损害大众的积极参与意愿,同时

---

① 乐承毅,李佩佩,曾亚,等.众包平台下用户的诚信交易机制研究[J].管理评论,2021,33(2):187-194.

② 朱宾欣,马志强,李钊.风险偏好下协作型众包项目绩效激励机制研究[J].工业工程与管理,2019,24(3):60-68.

还要综合考虑平台的监管成本与可持续发展。为此,基于上述理论分析,提出如下假设。

假设 1:众包创新模式下的机会主义行为治理中共有两个博弈主体,分别是治理方(众包创新平台)和被治理方(接包大众)。二者在博弈过程中的策略选择集分别为:{严格监管,宽松监管}与{不采取机会主义,采取机会主义}。大众不采取机会主义行为的概率用参数 $p(p\in[0,1])$ 表示,众包创新平台严格监管的概率用参数 $q(q\in[0,1])$ 表示。

假设 2:众包创新平台收取技术服务费 R_p,但需支付一定的平台治理监管成本。当平台严格监管时成本为 C_H,当平台宽松监管时成本为 C_L,则 $C_L<C_H$。

假设 3:接包大众参与任务胜出能够获得任务交易金额 R,但需支付一定的众包创新任务参与成本。当大众不采取机会主义行为时成本为 C_Y,当大众采取机会主义行为时成本为 C_N,则 $C_N<C_Y$。

为便于演化博弈模型构建,模型中相关参数设定及含义汇总如表 9-1 所示。

表 9-1 相关参数假定及含义

参与主体	参数	参数含义
接包大众	p	不采取机会主义行为的概率
	R	任务交易金额
	C_Y	不采取机会主义行为时付出成本
	C_N	采取机会主义行为时付出成本
众包创新平台	q	采取严格监管的概率
	R_P	众包创新平台收取技术服务费($R_P<R$)
	λ	因大众采取机会主义行为而补偿给发包方的损失比例($0\leqslant\lambda\leqslant1$)
	α	平台宽松监管时大众机会主义行为被曝光的概率($0\leqslant\alpha\leqslant1$)
	C_L	众包创新平台宽松监管成本
	C_H	众包创新平台严格监管成本

9.2　模型构建与分析

为了深入探索众包创新模式下大众的机会主义行为治理机制,首先考虑惩罚机制对大众机会主义行为的影响,构建考虑惩罚机制的大众机会主义行为治理演化博弈模型,然后在此基础上进一步拓展,融合声誉效应与惩罚机制,探索大众机会主义行为治理的演化博弈问题。

9.2.1　考虑惩罚机制的大众机会主义行为治理演化博弈

9.2.1.1　模型构建

众包创新活动中,在众包创新平台宽松监管下,接包大众有 α 的概率因实施机会主义行为被发包方或其他大众举报,此时平台会从接包大众获得的任务交易金额中扣缴 M 作为惩罚金额,同时因为平台的疏于治理而造成发包方一定的损失,平台会以 λ 的比例补偿给发包方。为此,根据基本假设与参数设定,接包大众与众包创新平台博弈双方的收益支付矩阵如表 9-2 所示。

表 9-2　考虑惩罚机制的博弈双方收益支付矩阵

接包方	众包创新平台	
	严格监管	宽松监管
不采取机会 主义行为	$R-C_Y-R_p,$ R_p-C_H	$R-C_Y-R_p,$ R_p-C_L
采取机会 主义行为	$R-C_N-R_p-M,$ $R_p-C_H+(1-\lambda)M$	$R-C_N-R_p-\alpha\lambda M,$ R_p-C_L

由表 9-2 得众包创新平台与接包大众的复制动态方程为:

$$F_a(p)=p(1-p)[(1-\alpha\lambda)Mq+C_N-C_Y+\alpha\lambda M] \qquad (9.1)$$

$$G_a(q)=q(1-q)[(1-\lambda)(1-p)M+C_L-C_H] \qquad (9.2)$$

令 $\begin{cases} F_a(p)=0 \\ G_a(q)=0 \end{cases}$,可得系统的 5 个局部均衡点,分别为 $(0,0)$,$(0,1)$,$(1,0)$,$(1,1)$,(p_0,q_0)。其中 (p_0,q_0) 为 $\left[1-\dfrac{C_H-C_L}{(1-\lambda)M},\dfrac{C_Y-C_N-\alpha\lambda M}{(1-\alpha\lambda)M}\right]$。

9.2.1.2　模型分析

微分方程均衡点的稳定性可由系统局部稳定性分析得到[①],通过计算

---

① Friedman D. Evolutionary games in economics[J]. Econometrica,1991,59(3):637-666.

系统的雅可比（Jacobian）矩阵，得到行列式 $\det J$ 和迹 $\text{tr}J$：当均衡点处 $\det J>0$，$\text{tr}J>0$ 时，该均衡点是不稳定点；当均衡点处 $\det J<0$ 时，该均衡点为鞍点；当均衡点处 $\det J>0$，$\text{tr}J<0$ 时，此均衡点为演化策略稳定（ESS）。

将求得的均衡点代入行列式 $\det J$ 和迹 $\text{tr}J$ 中，进行均衡点分析，结果见表 9-3。

表 9-3　考虑惩罚机制的局部均衡点稳定性分析

条件	均衡点	$\det J$	$\text{tr}J$	稳定性状态
I: $M<\min\left(\dfrac{C_Y-C_N}{\alpha\lambda},\dfrac{C_H-C_L}{1-\lambda},C_Y-C_N\right)$	$(0,0)$	+	—	ESS
	$(0,1)$	—	不确定	鞍点
	$(1,0)$	—	不确定	鞍点
	$(1,1)$	+	+	不稳定点
	(p_0,q_0)	+	0	中心点
II: $\dfrac{C_H-C_L}{1-\lambda}<M<C_Y-C_N$	$(0,0)$	—	不确定	鞍点
	$(0,1)$	+	—	ESS
	$(1,0)$	—	不确定	鞍点
	$(1,1)$	+	+	不稳定点
	(p_0,q_0)	+	0	中心点
III: $C_Y-C_N<M<\dfrac{C_Y-C_N}{\alpha\lambda}$	$(0,0)$	—	不确定	鞍点
	$(0,1)$	—	不确定	鞍点
	$(1,0)$	—	不确定	鞍点
	$(1,1)$	—	不确定	鞍点
	(p_0,q_0)	+	0	中心点
IV: $\dfrac{C_Y-C_N}{\alpha\lambda}<M$	$(0,0)$	+	+	不稳定点
	$(0,1)$	—	不确定	鞍点
	$(1,0)$	+	—	ESS
	$(1,1)$	—	不确定	鞍点
	(p_0,q_0)	+	0	中心点

命题 1：当 $M<\min\left(\dfrac{C_Y-C_N}{\alpha\lambda},\dfrac{C_H-C_L}{1-\lambda},C_Y-C_N\right)$ 时，大众采取机会主义行为，众包创新平台选择宽松监管。

证明：当 $M<\min\left(\dfrac{C_Y-C_N}{\alpha\lambda},\dfrac{C_H-C_L}{1-\lambda},C_Y-C_N\right)$ 时，存在 $C_N-C_Y+\alpha\lambda M<0$，即

$(R-C_Y)-(R-C_N)+\alpha\lambda M<0$,大众采取机会主义行为获得更高收益;众包创新平台存在$(1-\lambda)M+C_L-C_H<0$,即$(R_P-C_H)+(1-\lambda)M<R_P-C_L$,宽松监管将获得更高收益。因此$(0,0)$点是双方博弈的稳定均衡点。

为更直观展示众包创新平台与接包大众策略选择的演化均衡过程,运用 Matlab 软件,设置参数 $R=100$,$R_P=20$,$C_Y=30$,$C_N=12$,$C_H=12$,$C_L=6$,$\alpha=\lambda=0.6$(下同),分别取 $M=7$、8、9,运行后得到图 9-1(a)、(b)的仿真图。

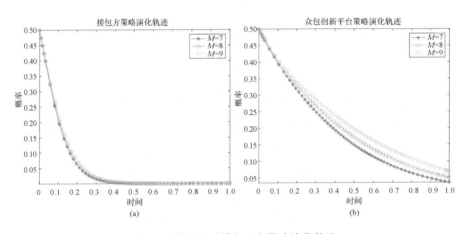

图 9-1 情形 I 时博弈双方策略演化轨迹

由图 9-1 可知,在众包创新平台设定罚金金额较小的情况下,大众采取机会主义行为策略的期望收益高于不采取机会主义行为,为使得利益最大化而倾向于采取机会主义行为。众包创新平台在罚金金额较小情况下,其选择宽松监管收益始终大于严格监管收益,因此无论大众是否存在机会主义行为,众包创新平台始终选择宽松监管。因此,此情形下大众与众包平台的策略稳定于采取机会主义行为和宽松监管。

命题 2:当$\dfrac{C_H-C_L}{1-\lambda}<M<C_Y-C_N$ 时,大众最终选择采取机会主义行为,众包平台将趋向于严格监管。

证明:当$\dfrac{C_H-C_L}{1-\lambda}<M<C_Y-C_N$ 时,大众存在 $M+C_N-C_Y<0$,即 $R-C_Y<R-C_N-M$,采取机会主义行为能够获得更高收益;众包创新平台存在$(1-\lambda)M>C_H-C_L$,即采取严格监管策略获得的收益大于严格监管所需承担的成本。因此,$(0,1)$点是双方博弈的稳定均衡点。

在此情形下仿真众包创新平台与接包大众策略选择的演化均衡过程,取 $M=16$、17、18,得到图 9-2(a)、(b)的仿真图。

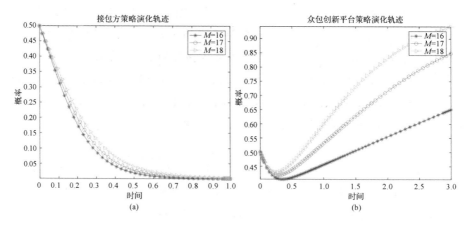

图 9-2 情形 Ⅱ 时博弈双方策略演化轨迹

由图 9-2 可见,假设提高对大众机会主义行为的惩罚金额,在一定范围内接包大众在平台严格监管情况下获得的收益扣除罚金后仍高于诚信交易时获得的收益,惩罚金额仍不足以影响大众从机会主义行为中获取的超额收益,因此其选择采取机会主义行为策略。同时,由于较高的机会主义行为被发现概率,众包创新平台在惩罚过程中获得罚金总额高于严格监管成本支出,从而采取严格监管策略。此时,博弈策略稳定于采取机会主义行为和严格监管。

命题 3: 当 $C_Y-C_N<M<\dfrac{C_Y-C_N}{\alpha\lambda}$ 时,此时博弈双方不存在系统稳定状态。

在此情形下仿真众包创新平台与接包大众策略选择的演化均衡过程,取 $M=34$、35、36,得到图 9-3(a)、(b)的仿真图。

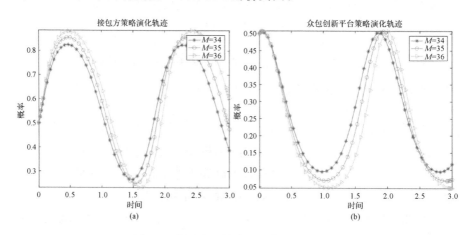

图 9-3 情形 Ⅲ 时博弈双方策略演化轨迹

从图 9-3 可以看出,若众包创新平台进一步将惩罚金额提高到一定范围内,则双方不存在演化稳定状态。在此情景下,由于惩罚金额的增加影响到大众收益,在众包创新平台严格监管下,大众逐渐趋向于不采取机会主义行为;随着大众机会主义行为的逐渐减少,众包平台维持严格监管需要承担较大成本,因而在考虑大众诚信交易行为增加的基础上放松监管;而众包创新平台的宽松监管策略进一步又导致了大众重新采取机会主义行为,影响众包创新交易质量,因此众包创新平台不得不重新采取严格监管策略。在此情形下,策略选择会在"不采取机会主义行为→宽松监管→采取机会主义行为→严格监管"中不断循环。

命题 4:当 $\dfrac{C_Y-C_N}{\alpha\lambda}<M$ 时,大众不采取机会主义行为,众包创新平台选择宽松监管。

证明:当 $\dfrac{C_Y-C_N}{\alpha\lambda}<M$ 时,存在 $C_N-C_Y+\alpha\lambda M>0$,即 $(R-C_N)-(R-C_Y)<\alpha\lambda M$,惩罚金额较大时,大众采取机会主义行为获得的超额收益无法弥补由惩罚带来的损失,惩罚机制的威慑作用很好地抑制了大众的机会主义行为倾向;在严格的惩罚机制下,大众不敢投机取巧,众包创新平台无须严格监管。因此,$(1,0)$ 点是双方博弈的稳定均衡点。

在此情形下可以模拟众包创新平台与接包大众策略选择的演化均衡过程,取 $M=50$、51、52,得到图 9-4(a)、(b)所示的仿真图。

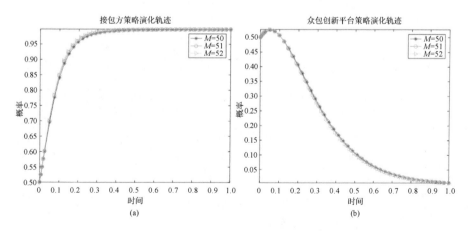

图 9-4　情形 Ⅳ 时博弈双方策略演化轨迹

由图 9-4 可以发现,在可置信的高额罚金威慑下,大众考虑到采取机会主义行为而被曝光面临的损失高于采取机会主义行为所获得的超额收益,其策略选择最终稳定于不采取机会主义行为。众包创新平台在此种情景下,由于大众不采取机会主义行为交易,严格监管策略付出成本高于平台运行中所获得收益,平台会选择宽松监管策略。此时,双方博弈策略达到较理想点(不采取机会主义行为,宽松监管)。

综上四种情形可以发现,单独存在惩罚机制的情景下,众包创新平台可以通过设置较高的罚金在一定程度上限制大众的机会主义行为。当罚金金额较小时,无法起到抑制大众机会主义行为的效果;当罚金金额增加到一定水平时,惩罚机制会在一定程度上抑制大众机会主义行为的实施,但其实施效果同时受到众包创新平台策略选择的影响;当罚金水平较高时,大众将选择不采取机会主义行为策略,同时众包创新平台会采取宽松监管策略。

此外,在博弈过程中,不同情形下曝光率 α 的变化将增加大众受到众包创新平台惩罚的可能性进而影响其预期收益,也会对其策略选择产生影响。在前述情形下,进一步探究采取不同惩罚力度时,曝光率 α 对接包大众策略选择结果的影响。如图 9-5 所示,分别取 $M=8$、$M=17$、$M=35$ 和 $M=51$

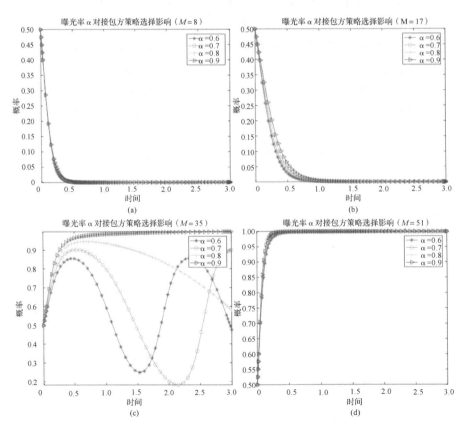

图 9-5　不同惩罚水平下曝光率 α 对接包大众策略选择的影响

代表四种惩罚状态,分析曝光率 α 的不同取值对接包大众策略的影响。

由图 9-5(a)、(b)可见,当惩罚水平较低时($M=8$、17),在宽松监管策略下曝光率 α 的提升仍无法抑制大众的机会主义行为;从图 9-5(d)可以看出,在高的惩罚水平($M=51$)下,曝光率的提升会快速引致接包大众策略转向不采取机会主义行为;而从图 9-5(c)中可以发现,当惩罚力度处于中等水平时($M=35$),随着曝光率 α 的增大,接包大众采取机会主义行为的预期损失会不断增加,促使大众为规避因惩罚造成的损失增加而倾向不采取机会主义行为。

9.2.2 考虑声誉效应与惩罚机制的大众机会主义行为治理演化博弈

从上述分析可知,在众包创新过程中,采取惩罚机制能够在一定程度上抑制接包大众的机会主义行为。但惩罚机制作为一种较为正式的契约治理形式,过于刚性,且超出适度水平的惩罚会导致参与主体之间的信任水平降低,而沟通协调与监管成本增加,不利于众包创新绩效的提升[1]。考虑到众包创新模式的组织形式松散、参与主体自由自愿、参与环境虚拟开放等特征,宜整合强调正式治理的惩罚机制和强调非正式治理的声誉效应机制,来有效规制大众的机会主义行为。为此,本节在上述研究的基础上,引入大众与众包创新平台的声誉效应,构建演化博弈模型,探析考虑声誉效应与惩罚机制的大众机会主义行为治理演化博弈问题。

9.2.2.1 模型构建

在前文研究基础上,新增两个参数表示声誉效应对博弈双方的影响。

S_p:众包创新平台的声誉效应。当众包创新平台科学监管时,带来正向的社会效益 S_p;众包创新平台宽松监管下未能识别出大众的机会主义行为,而大众的投机行为被发包方或其他大众曝光时,众包创新平台因此失去的社会信任所带来效用损失为 $-S_P$。

S:接包方的声誉效应。当大众诚信交易时,可获得正向的社会效益 S;大众采取机会主义行为会造成负面的社会效益,声誉损失为 $-S$。

① Graciela C, Jones J, Audretsch D. The influence of trust and collaboration with external partners on appropriability in open service firms[J]. The Journal of Technology Transfer,2019(44):540-558.

据此,可得调整后众包创新平台与大众的博弈模型收益支付矩阵,如表 9-4 所示。

表 9-4　考虑惩罚机制和声誉效应的博弈双方收益支付矩阵

接包大众	众包创新平台	
	严格监管	宽松监管
不采取机会 主义行为	$R-C_Y-R_P+S,$ $R_P-C_H+S_P$	$R-C_Y-R_P+S$ R_P-C_L
采取机会 主义行为	$R-C_N-R_P-M-S,$ $R_P-C_H+(1-\lambda)M+S_P$	$R-C_N-R_P-\alpha(\lambda M+S),$ $R_P-C_L-\alpha S_P$

由表 9-4 可得进一步考虑声誉效应的博弈双方复制动态方程为:

$$F_b(p)=p(1-p)\{[(M+S)-\alpha(\lambda M+S)]q+\alpha(\lambda M+S)+C_N-C_Y+S\} \quad (3)$$

$$G_b(q)=q(1-q)\{[(1-\lambda)M+\alpha S_P](1-p)+C_L-C_H+S_P\} \quad (4)$$

令 $\begin{cases}F_b(p)=0\\G_b(q)=0\end{cases}$,可得系统的五个均衡点:$(0,0),(0,1),(1,0),(1,1),(p^*,q^*)$,其中 (p^*,q^*) 为 $\left[1-\dfrac{(C_H-C_L)-S_P}{(1-\lambda)M+\alpha S_P},\dfrac{C_Y-C_N-S-\alpha(\lambda M+S)}{(M+S)-\alpha(\lambda M+S)}\right]$。

9.2.2.2　模型分析

通过求解复制动态方程并运用雅可比矩阵判断局部稳定性,此时系统的演化稳定结果如表 9-5 所示。

表 9-5　考虑惩罚机制与声誉效应的局部均衡点稳定性分析

条件	均衡点	detJ	trJ	稳定性状态
$V:\begin{cases}S<\min\left(\dfrac{C_Y-C_N-\alpha\lambda M}{\alpha+1},\dfrac{C_Y-C_N-M}{2}\right),\\S_P<\min\left(\dfrac{C_H-C_L-(1-\lambda)M}{\alpha+1},C_H-C_L\right)\end{cases}$	$(0,0)$	$+$	$-$	ESS
	$(0,1)$	$-$	不确定	鞍点
	$(1,0)$	$-$	不确定	鞍点
	$(1,1)$	$+$	$+$	不稳定点
	(p^*,q^*)	$+$	0	中心点

续　表

条件	均衡点	det$J$	tr$J$	稳定性状态
Ⅵ: $S<\min\left(\dfrac{C_Y-C_N-\alpha\lambda M}{\alpha+1},\dfrac{C_Y-C_N-M}{2}\right)$ $\dfrac{C_H-C_L-(1-\lambda)M}{\alpha+1}<S_P<C_H-C_L$	$(0,0)$	—	不确定	鞍点
	$(0,1)$	＋	—	ESS
	$(1,0)$	—	不确定	鞍点
	$(1,1)$	＋	＋	不稳定点
	(p^*,q^*)	＋	0	中心点
Ⅶ: $S>\dfrac{C_Y-C_N-\alpha\lambda M}{\alpha+1}$ $S_P<\min\left[\dfrac{C_H-C_L-(1-\lambda)M}{\alpha+1},C_H-C_L\right]$	$(0,0)$	—	不确定	鞍点
	$(0,1)$	—	不确定	鞍点
	$(1,0)$	＋	—	ESS
	$(1,1)$	—	不确定	鞍点
	(p^*,q^*)	＋	0	中心点
Ⅷ: $S>\dfrac{C_Y-C_N-M}{2}$ $S_P>C_H-C_L$	$(0,0)$	＋	＋	不稳定点
	$(0,1)$	—	不确定	鞍点
	$(1,0)$	—	不确定	鞍点
	$(1,1)$	＋	—	ESS
	(p^*,q^*)	＋	0	中心点

为明确声誉效应对众包创新模式下众包创新平台与接包大众的博弈策略选择的影响,针对以上结果再进一步分析。

命题 5：当 $\begin{cases}S<\min\left(\dfrac{C_Y-C_N-\alpha\lambda M}{\alpha+1},\dfrac{C_Y-C_N-M}{2}\right)\\S_P<\min\left(\dfrac{C_H-C_L-(1-\lambda)M}{\alpha+1},C_H-C_L\right)\end{cases}$ 时,大众采取机会主义行为,众包创新平台选择宽松监管。

证明：当 $\begin{cases}S<\min\left(\dfrac{C_Y-C_N-\alpha\lambda M}{\alpha+1},\dfrac{C_Y-C_N-M}{2}\right)\\S_P<\min\left(\dfrac{C_H-C_L-(1-\lambda)M}{\alpha+1},C_H-C_L\right)\end{cases}$ 时,大众采取机会主义行为时获得收益 $(R-C_N)-(R-C_Y)-S<\alpha(\lambda M+S)$,即大众采取机会

主义行为获得收益高于不采取机会主义行为,故大众倾向选择采取机会主义行为;众包创新平台严格监管获得的收益 $R_p-C_H+S_P+(1-\lambda)M<R_p-C_L-\alpha S_P$,即严格监管收益低于宽松监管收益,因此其策略会稳定于选择宽松监管。因此,(0,0)点是双方博弈的稳定均衡点。

在声誉效应与惩罚机制的双重影响下,首先考虑惩罚金额 M 对演化结果的影响,设定 $S=S_P=1$,$M=8$、9、10,此时仿真图像如图 9-6(a)、(b)所示;进一步考虑声誉效应不同影响水平对演化稳定状态的影响,设定 $M=9$,$S=S_P=0.8$、1、1.2,此时仿真图像如图 9-6(c)、(d)所示。

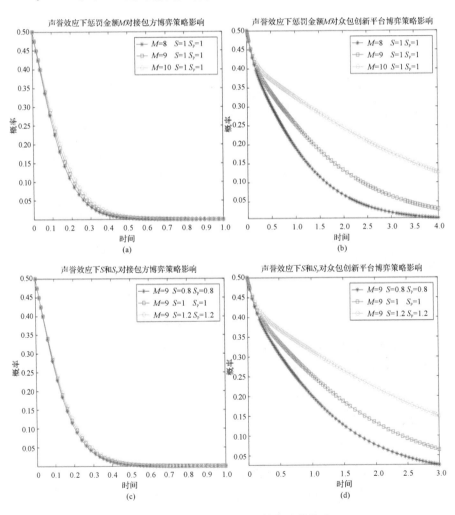

图 9-6　情形 V 时博弈双方策略演化轨迹

如图 9-6 所示,在同时采用惩罚机制与声誉效应治理大众机会主义行为的情景下,当声誉效应固定时,众包创新平台设定惩罚金额的增加对大众采取机会主义行为策略未产生明显影响;而当惩罚金额固定时,大众在平台宽松监管的情况下,采取机会主义策略获得的超额收益能够弥补因曝光而遭受的平台惩罚和声誉损失之和,所以在此状态下大众会采取机会主义行为策略,但声誉效应的提升会影响众包创新平台倾向采取宽松监管策略,在此情形下,策略稳定于采取机会主义行为和宽松监管。

命题 6：当 $\begin{cases} S < \min\left(\dfrac{C_Y - C_N - \alpha\lambda M}{\alpha+1}, \dfrac{C_Y - C_N - M}{2}\right) \\ \dfrac{C_H - C_L - (1-\lambda)M}{\alpha+1} < S_P < C_H - C_L \end{cases}$ 时,大众采取机会主义行为,众包创新平台选择严格监管。

证明：当 $\begin{cases} S < \min\left(\dfrac{C_Y - C_N - \alpha\lambda M}{\alpha+1}, \dfrac{C_Y - C_N - M}{2}\right) \\ \dfrac{C_H - C_L - (1-\lambda)M}{\alpha+1} < S_P < C_H - C_L \end{cases}$ 时,存在 $M + S + C_N - C_Y + S < 0$,在众包创新平台选择严格监管下,大众有 $R - C_N - M - S > R - C_Y + S$,采取机会主义行为时收益更大;众包创新平台存在 $R_p - C_H + S_p + (1-\lambda)M > R_p - C_L - \alpha S_p$,平台严格监管获得的惩罚性收益和声誉效应提升带来的正效益之和大于宽松监管时的总收益,众包创新平台会选择严格监管。因此,$(0,1)$点是双方博弈的稳定均衡点。

在此情景下,同样地,先考虑惩罚金额 M 对演化结果的影响,设定 $S=1$,$S_P=1.6$,$M=11、12、13$,此时仿真图像如图 9-7(a)、(b)所示;进一步考虑声誉效应不同水平对演化稳定状态的影响,设定 $M=12$,$S=1$,$S_P=1.4$、1.6、1.8,此时仿真图像如图 9-7(c)、(d)所示。

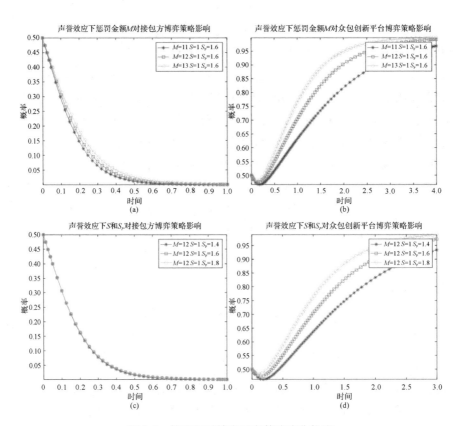

图 9-7　情形Ⅵ时博弈双方策略演化轨迹

由图 9-7 可以看出,在此情景下,由于罚金金额较小且声誉效应对于双方未产生较大影响,因此大众易选择采取机会主义行为,而平台因为能够通过收取罚金获得较高收益与一定的声誉增长而选择严格监管策略。同时,当罚金金额固定时,随着声誉效应的增加,众包创新平台演化到严格监管状态的速度加快,说明声誉效应对于博弈主体具有积极的影响作用。此时,策略稳定于采取机会主义行为和严格监管。

命题 7:当 $\begin{cases} S > \dfrac{C_Y - C_N - \alpha\lambda M}{\alpha + 1} \\ S_P < \min\left[\dfrac{C_H - C_L - (1-\lambda)M}{\alpha + 1}, C_H - C_L\right] \end{cases}$ 时,大众不采取机

会主义行为,众包创新平台选择宽松监管。

证明:当 $\begin{cases} S > \dfrac{C_Y - C_N - \alpha\lambda M}{\alpha + 1} \\ S_P < \min\left[\dfrac{C_H - C_L - (1-\lambda)M}{\alpha + 1}, C_H - C_L\right] \end{cases}$ 时,存在 $C_N - C_Y + S$

$+ \alpha(\lambda M + S) > 0$,大众采取机会主义行为获得的超额收益 $(R - C_N)$ —

$(R-C_Y)-S$，无法弥补因发包方曝光而遭受的惩罚与声誉损失之和 $\alpha(\lambda M+S)$，大众会选择不采取机会主义行为；众包创新平台选择严格监管需支付的超额成本 C_H-C_L 高于声誉正效应 S_p，众包创新平台的策略选择将会是宽松监管。因此，$(1,0)$ 点是双方博弈的稳定均衡点。

在此情景下，为了分析惩罚金额 M 对演化结果的影响，设定 $S=9$，$S_p=1$，$M=11$、12、13，此时仿真图像如图 9-8(a)、(b)所示；进一步分析声誉效应不同水平对演化稳定状态的影响，设定 $M=12$，$S_p=1$，$S=8.8$、9、9.2，此时仿真图像如图 9-8(c)、(d)所示。

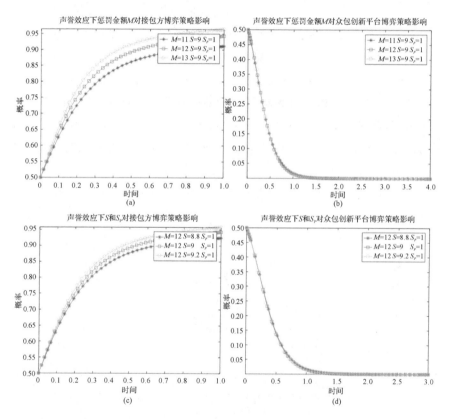

图 9-8　情形Ⅶ时博弈双方策略演化轨迹

图 9-8 表明，当声誉效应的影响逐渐提升时，在惩罚机制与声誉效应的共同影响下，大众诚信交易时获取的收益高于机会主义行为的收益，从而在众包创新过程中选择不采取投机行为策略。而对于众包创新平台来说，在惩罚金额较小情况下，严格监管时的收益无法弥补其监管支出成本，同时声誉效应水平较低，无法对众包创新平台宽松监管策略产生影响，因此为节约监管成本，众包创新平台倾向于采取宽松监管策略。在此情形下，博弈策略

稳定于不采取机会主义行为和宽松监管。

命题 8：当 $\begin{cases} S > \dfrac{C_Y - C_N - M}{2} \\ S_P > C_H - C_L \end{cases}$ 时，大众不采取机会主义行为，众包创新平台选择严格监管。

证明：当 $\begin{cases} S > \dfrac{C_Y - C_N - M}{2} \\ S_P > C_H - C_L \end{cases}$ 时，有 $S_P > C_H - C_L$，众包创新平台选择严格监管获得的声誉正效应高于因严格监管造成的超额支出，众包创新平台的策略会稳定在严格监管；大众采取投机行为获得的超额收益 $(R - C_N) - (R - C_Y + S) < M + S$，大众策略会稳定于不采取机会主义行为。因此，(1,1) 点是双方博弈的稳定均衡点。

在此情景下，分析惩罚金额 M 对演化结果的影响，设定 $S = S_p = 9$，$M = 14$、15、16，此时仿真图像如图 9-9(a)、(b) 所示；进一步分析声誉效应不同水平对演化稳定状态的影响，设定 $M = 15$，$S = S_p = 8.8$、9、9.2，此时仿真图像如图 9-9(c)、(d) 所示。

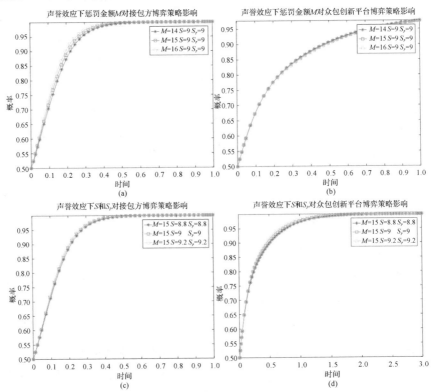

图 9-9　情形Ⅷ时博弈双方策略演化轨迹

从图 9-9 可以看出,随着声誉效应对双方的影响不断提升,惩罚金额对双方博弈策略演化稳定产生较小影响。而随着声誉效应影响的逐步提升,众包创新平台的策略演化将稳定在采取严格监管;与此同时,随着平台越来越倾向于严格监管,采取投机行为的大众将面临惩罚与声誉的双向损失,此状态下大众的策略选择会演化到诚信交易。在此,博弈策略最终稳定于不采取机会主义行为和严格监管。

综上,在考虑惩罚机制与声誉效应的双重影响情景下,声誉效应对于大众机会主义行为的治理能够起到良好作用。从分析结果看,当同时考虑惩罚机制与声誉效应时,众包创新平台能够通过更小的惩罚金额,达到演化博弈系统的稳定状态,在此过程中声誉效应的提升能够提高双方达到稳定状态的效率。且通过不断提升声誉效应的影响,能够避免考虑惩罚机制情景下,众包创新平台为了抑制大众机会主义行为,单纯地利用高额罚金采取"以罚代管"的方式进行平台治理的简单思路,避免因过度惩罚导致优质大众的流失、众包创新参与动机下降等诸多现实问题。

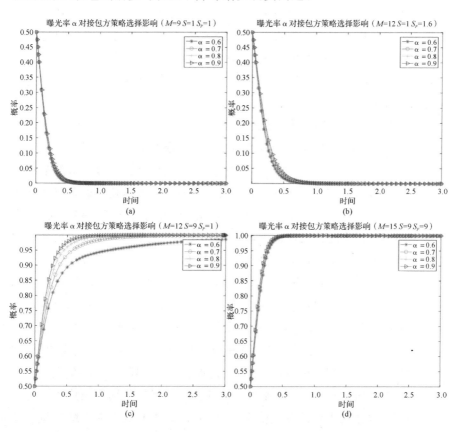

图 9-10　不同声誉效应水平下曝光率 α 对策略选择的影响

此外,进一步考虑大众机会主义行为曝光率 α 的变化对治理策略的影响。结合上述不同情形,分别取 $M=9$、$S=S_p=1$,$M=12$、$S=1$、$S_p=1.6$,$M=12$、$S=9$、$S_p=1$,$M=15$、$S=S_p=9$,表示四种不同情形,以分析曝光率 α 对治理策略的影响。

由图 9-10(a)、(b)可知,当声誉效应影响较小时($S=S_p=1$,$S=1$、$S_p=1.6$),曝光率 α 的变化对大众机会主义行为未产生抑制作用;如图 9-10(c)、(d)所示,随着声誉效应的提升($S=9$、$S_p=1$,$S=S_p=9$),此时,大众会受到惩罚机制与声誉效应带来的双重影响,随着曝光率 α 的提升会加速到诚信交易状态。

9.3 研究结论与管理启示

众包创新作为一种新型商业模式,致力于构建一种面向外部网络大众以获取集体智慧完成创新任务的虚拟开放环境,这会引致参与主体的机会主义行为,因此亟须融合多种治理机制开展该复杂环境下的机会主义行为治理。通过分析众包创新模式的一般运作过程,综合考虑惩罚机制与声誉效应对大众机会主义行为的影响,构建大众与众包创新平台的演化博弈模型,从众包创新平台视角,探索大众的机会主义行为治理问题,主要结论与管理启示如下。

(1)在仅考虑惩罚机制的治理环境下,通过对演化博弈模型的分析发现:当惩罚金额设置较小时,惩罚机制难以对大众的机会主义行为产生实质性影响;当惩罚金额提升到一定范围时,大众与众包创新平台的博弈策略会出现不稳定状态,会在"大众不采取机会主义→众包平台宽松监管→大众采取机会主义→众包平台严格监管"中不断循环;当惩罚金额足够大时,大众采取机会主义行为时将有可能面临高额损失,在此威慑下大众越来越倾向于选择不采取机会主义行为策略,而平台则采取宽松监管策略。

可见,在众包创新模式下,惩罚机制的设计十分必要,它能够对大众的机会主义行为产生一定抑制作用,但惩罚金额的水平设置要适度,过低难以起到有效抑制作用,过高则会影响大众的积极参与。因此,应有如下管理启示:在众包模式下需设立科学的惩罚机制以抑制机会主义行为的发生,通过设立惩罚规则并公布治理目标、违规的具体情景及惩罚后果等,预先对机会主义行为进行警示形成威慑;适度增加机会主义行为预期损失成本。为参与众包创新任务的大众设置诚信保证金,通过潜在的成本损失减少机会主义行为发生;基于众包创新的实施流程,设计阶段性监管机制,及时发现大众的机会主义行为倾向,以避免因监管不力引起的机会主义行为蔓延,避免严重的机会主义行为带来的不良后果;建立科学的分级惩罚机制,即对违规情节较轻的接包方,可给予警告并处罚金,限制经营,同时要求其整改违规行为;对于违规情节较重的接包方,提高惩罚金额同时采取限制或禁止经营等措施,通过提升惩罚金额和力度的方式抑制大众机会主义行为。

(2)在考虑惩罚机制与声誉效应的联合治理环境下,通过演化博弈模型可以发现:当声誉对大众与众包平台双方影响很小时,无法影响大众机会主义行为策略选择;当单独提升声誉对大众或众包创新平台的影响时,能显著影响参与主体的策略选择;扩大声誉效应的影响水平,声誉机制的正向效应会引导大众开展诚信交易,不采取机会主义行为,而众包创新平台则采取严格监管策略;适度的惩罚机制和声誉效应水平,既能规避大众的机会主义行为,又能使众包平台采取宽松监管策略,以降低监管成本,实现双方策略的最优。

可见,声誉效应的融入能够与惩罚机制形成机会主义治理合力,声誉效应可对惩罚机制的威慑作用起到一定程度的替代效应。因此,有如下管理启示:由于众包创新模式的自由松散、虚拟开放等特征,在对大众的机会主义治理中,引入强调关系治理的声誉机制十分必要。通过设计科学的声誉机制,对接包方赋予诚信表征指标,并适时显性化大众的诚信状况,引导大众自觉规制自身行为,抑制机会主义行为产生倾向;进一步扩大大众声誉效应的影响,通过设置诚信红黑榜等方式,表彰优秀披露违规,扩大声誉对大众的影响力,同时也要宣传平台声誉,构建良好平台声誉环境,吸引大量用户与发包企业加入,提升平台竞争力;有机融合惩罚机制与声誉效应的双重作用,弥补单独的惩罚机制过于刚性,会使大众担心损失、降低参与意愿的缺点;发挥声誉效应的关系治理效果,通过下调诚信评级、扣除诚信积分、黑榜公布违规信息等方式进行声誉处罚,达到规制机会主义行为的目的。

(3)通过分析曝光率在不同情境下对大众机会主义行为的影响发现,较高的曝光率同样能够抑制大众的机会主义行为。因此,构建多主体参与的机会主义行为治理体系也显得十分必要。将惩罚金额控制在一定水平下,通过建立"大众—众包平台—发包方"的协同治理模式,提升参与主体的机会主义行为被发现概率,有利于众包创新模式的有效实施。在具体实践中,众包创新平台可以通过开放交易纠纷调解、机会主义行为举报奖励等措施,扩大众包创新平台参与主体的监督权,进而营造全员参与、诚信清朗的众包创新平台环境,提升众包创新绩效。

9.4 本章小结

本章充分考虑众包创新模式的创新目的性强、组织形式自由松散、参与环境虚拟开放等典型特征,采用演化博弈理论,系统探索了众包创新过程中大众的机会主义行为治理问题。提出需要充分整合强调契约治理的惩罚机制与强调关系治理的声誉机制,以实现对大众机会主义行为的有效抑制;通过构建考虑惩罚机制的大众机会主义行为治理演化博弈模型和融合惩罚机制、声誉效应的大众机会主义行为治理演化博弈模型,探索了不同治理策略对大众机会主义行为规制的影响。

第10章 研究结论与未来展望

10.1 研究结论

众包创新作为企业充分利用外部群体智慧以实现创新的新型创新模式,其本质是企业突破组织界限,获取与整合外部大众知识以提升创新绩效的商业模式。该模式已被实践证明是获取外部网络群体知识资源、降低创新成本、提升创新绩效的有效方式。但作为一种新型模式,众包创新相关研究还处于探索阶段,研究成果呈现碎片化状态。虽然众包创新实践取得一定效果,但还存在主流企业参与不足、大众持续分享知识意愿不强、创新解决方案质量不高等问题。迫切需要从多样化视角系统探索众包创新模式的内涵及其运行机制,加快推进众包创新模式的推广应用,最大限度地提升企业创新绩效。

本书在系统梳理众包创新相关文献的基础上,明晰了众包创新的相关理论基础,结合众包创新模式的一般运作过程,提出了众包创新的本质,探索了大众参与众包创新的角色识别与异质性知识共享行为。基于扎根理论分析了大众参与众包创新的持续知识共享行为影响因素,实证研究了众包创新模式下大众互动对其持续知识共享行为的影响机理,系统探索了众包创新模式下大众持续知识共享行为的动态决策机制、机会主义行为识别机制及治理机制等问题,有助于企业深刻理解众包创新模式的本质内涵,为其提升众包创新绩效提供新思路。主要研究结论如下。

(1)众包创新作为一种新型创新模式,其本质是企业突破传统组织界限,通过获取与整合外部网络大众知识实现创新目标的商业模式。而大众持续知识共享的本质是众包创新参与主体的知识承诺建立,即为达到自身目标,参与大众持续分享自身技能和知识以完成创新任务;发包企业为获取创新解决方案持续吸收外部大众知识,形成促使关系持续发展的知识共享保证。从知识承诺构建视角引导参与大众进行持续知识共享,抓住了提升众包创新绩效的关键。

(2)众包创新模式具有组织形式开放松散、创新目的性强、知识需求高、大众参与自由自愿和创新任务复杂多样等典型特征,深入理解众包创新模式下参与大众的异质性及其差异化贡献,对探索参与大众的持续知识共享行为至关重要。从戴尔公司的 IdeaStorm 与小米公司的 MIUI 众包创新平台的实证研究发现,两个众包创新平台中均存在"明星型""活跃型""创新型""多面手型""边缘型"五类大众角色,而这些不同角色的大众知识共享行为呈现一定差异,这是由于企业战略定位、平台建立背景和发展历程不同。为提升众包创新贡献,需要重点关注"明星型""活跃型"和"创新型"三类关键大众角色,需要采取有效的社区治理策略,实现"多面手型"和"边缘型"大众向关键型大众角色的转化。

(3)扎根理论作为一种重要的归纳式研究方法,具有注重实践、强调比较研究的优点,适合运用扎根理论研究众包创新模式下大众持续共享知识行为的影响因素。从国内典型众包平台(猪八戒网、任务中国、时间财富和一品威客)的扎根研究发现,信任、感知价值满足水平、知识共享环境、知识获取投入和机会主义倾向是影响大众参与众包创新进行持续知识共享的关键因素,这些因素共同作用于知识承诺这一变量。研究结果充分表明众包创新任务的高质量完成离不开大众的深度参与和持续知识共享。

(4)众包创新参与大众间的互动交流是打造良好知识共享环境、激发大众参与活力并维持众包创新平台持续健康发展的关键。运用社会网络分析方法,基于戴尔 IdeaStorm 平台相关数据,从多个维度考察了大众互动网络的结构属性,采用基于最小二乘法的多元线性回归分析方法,实证开展了大众互动对其持续知识共享行为的影响研究,结果表明并非所有的大众互动变量均对持续知识共享行为呈现显著正向影响。出度中心度对大众的持续知识共享行为呈显著正向影响,且影响程度最高;中间中心度对创意数量与得分有显著负向影响,而对获得投票数具有正向影响,但中间中心度对大众的持续知识共享行为影响程度最小;入接近中心度对大众的持续知识共享行为有显著正向影响,而出接近中心度对大众的持续知识共享行为具有显著负向影响。这就要求众包平台设置科学的奖励或评分机制,激发大众的持续知识共享意愿;建立有效的反馈机制,营造活跃的大众间互动交流氛围;进一步发挥"核心"大众的资源整合能力,设计科学的合作机制,产出高质量的创新解决方案。

(5)考虑到创新任务的复杂性及知识的"黏性"等特征,引导和激励大众持续知识共享,需要设计有效的决策机制确保知识持续获取以完成创新任务。通过构建众包创新的持续知识共享行为动态决策模型,利用动态优化控制理论进行求解,结合灵敏度分析探讨了最优决策结果。发现在众包创新模式下,发包企业引导和激励大众持续知识共享应遵循如下最优控制准则:在任何时间,发包企业的最优知识获取投入非线性地依赖这几个参数的当前值,包括发包企业和接包大众的知识承诺对收益的贡献,发包企业的知识获取投入对收益的贡献,信任水平、感知价值满足水平、机会主义倾向、知识获取投入对知识承诺的有效性和贴现系数。而且,最优知识获取投入随着信任、感知价值满足水平的提升(下降)而提升(下降),随着机会主义倾向的增加(减少)而减少(增加)。

(6)为确保众包创新模式下参与大众的高质量持续知识共享,需要构建参与大众的机会主义行为识别机制。可以从综合知识能力、信誉水平及知识交易历史三个维度来识别参与大众的机会主义行为。通过构建基于MIV-BP 神经网络识别模型,并以猪八戒网为例开展了实证分析,结果显示MIV-BP 神经网络识别模型具有识别率高和收敛效果好等优点,可应用于众包创新模式下的大众机会主义行为识别。进而提出众包创新模式的推广应用以及众包平台的健康发展,一方面离不开健全的机会主义行为识别机制、科学的惩罚机制与诚信机制,另一方面还需要构建自由开放、公平诚信、互惠多赢的众包创新环境。这就需要深刻洞悉多方参与主体的动机需求,强化众包平台的先进信息技术的应用和服务能力的提升,设置科学的信誉机制、诚信保障机制和互惠共赢机制,构建多主体参与的众包创新治理协同治理机制,最大限度地降低各方机会主义行为倾向,提升众包创新绩效。

(7)通过构建众包创新平台与接包大众参与的机会主义行为治理演化博弈模型,分析了惩罚机制和声誉效应对机会主义行为治理效果的影响,提出在众包创新模式下,参与主体的不对称依赖关系和专业性知识竞争协作关系,使得大众机会主义行为的产生机理及治理机制变得十分复杂,需要充分整合强调契约治理的惩罚机制与强调关系治理的声誉机制,以实现对大众机会主义行为的有效抑制。

10.2　主要创新之处

(1)提出众包创新的本质是企业获取和整合外部网络大众知识实现创新的商业模式,而大众持续知识共享的本质是众包创新参与大众的知识承诺建立。开展大众参与众包创新的持续知识共享行为研究,有助于抓住提升众包创新绩效的关键。

(2)深入理解众包创新模式下参与大众的异质性及其知识共享行为,是科学设计大众持续知识共享管理机制的关键。以戴尔公司的 IdeaStorm 和小米公司的 MIUI 众包创新平台为研究对象,构建包括知识共享的关系行为和贡献行为两个维度的大众角色识别体系,结合分层聚类与 K-means 聚类的整合分析方法,识别出两个众包创新平台中"明星型""活跃型""创新型""多面手型""边缘型"五类大众角色,而这些不同大众角色的知识共享行为呈现一定的差异,为探索众包创新模式下的大众持续知识共享管理机制提供决策支持。

(3)考虑到扎根理论具有注重实践、强调比较研究的优点,运用扎根理论研究了众包创新模式下大众持续共享知识行为的影响因素。基于猪八戒网、任务中国、时间财富和一品威客四个典型众包平台的扎根研究,获取了信任、感知价值满足水平、知识共享环境、知识获取投入、机会主义倾向等关键影响因素,并抽象出"知识承诺影响因素"这一核心范畴,最终构建了大众参与众包创新的持续知识共享行为影响因素理论模型。

(4)基于戴尔公司 IdeaStorm 众包创新平台相关数据,分析了大众互动的网络结构特征,以众包创新模式下大众互动网络的度数中心度、中间中心度、接近中心度测度大众互动行为,以大众的提交创意数量−1、平台得分和获得的投票数衡量其持续知识共享行为,采用实证分析方法开展了大众互动对其持续知识共享行为的影响研究。

(5)为解决大众参与众包创新的持续知识共享行为动态控制问题,分析了驱动知识承诺的关键因素,提取信任、感知价值满足水平、知识获取投入水平和机会主义倾向四个关键驱动因子,构建大众参与众包创新的持续知识共享动态优化决策模型,为企业在众包创新过程中持续知识获取提供一个最优控制准则。

(6)为确保众包创新模式下参与大众的高质量持续知识共享,构建了基于大众综合知识能力、大众信誉水平和知识交易历史三维度的大众机会主义行为识别体系,提出基于 MIV-BP 神经网络的大众机会主义行为识别方法,并以猪八戒网为例开展实证研究,验证了模型的可行性与有效性。

(7)提出需要充分整合强调契约治理的惩罚机制与强调关系治理的声誉机制,以实现对众包创新参与大众的机会主义行为有效抑制。构建了考虑惩罚机制的大众机会主义行为治理演化博弈模型和融合惩罚机制、声誉效应的机会主义行为治理演化博弈模型,探索了不同治理策略对大众机会主义行为规制的影响,并给出研究结论与管理启示,有助于规避参与大众的机会主义行为,打造良好的大众持续知识共享环境。

10.3　局限与未来展望

本研究从众包创新的现实管理实践出发，开展了众包创新模式下大众的持续知识共享行为及其管理机制相关研究，为促进大众持续参与众包创新、提高众包创新绩效提供了理论支持和方法借鉴，但还存在以下研究局限。

（1）在大众参与众包创新的持续知识共享行为影响因素扎根研究中，考虑到时间限制、众包创新平台的数据获取难度等诸多约束，抓取的数据和访谈的资料数量略显不足，未来需进一步补充完善。

（2）本书中的诸多实证研究样本数据来源于一些典型众包创新平台，如戴尔公司的 IdeaStorm、小米 MIUI 等，相关研究结论是否适合国内其他众包创新平台，如海尔 HOPE、美的美创平台等，还需要进一步比较验证。

（3）在大众参与众包创新的持续知识共享管理机制研究中，如动态决策机制、机会主义行为识别机制、机会主义治理机制等，很多相关决策分析结果，主要采取了算例分析方法开展相关讨论，未充分结合具体实践案例进行系统分析并实证检验，也是本书研究局限之一。未来需要充分结合国内众包创新平台的发展实际，采用多案例分析方法系统讨论决策结果的实践应用。

参考文献

[1] 埃里克·冯·希普尔.技术创新的源泉[M].柳卸林,等译.北京:科学技术文献出版社,1996.

[2] 宾厚,谢国杰,赵凤,等.组织嵌入、信任与众包物流接包方持续参与意愿[J].软科学,2020,34(2):137-144.

[3] 陈佳丽,吕玉霞,戚桂杰,等.开放式创新平台中创新用户的互惠行为研究:以乐高创意平台为例[J].软科学,2019(3):96-100.

[4] 陈劲.协同创新[M].杭州:浙江大学出版社,2012.

[5] 陈霞,闵华清,宋恒杰.众包平台作弊用户自动识别[J].计算机工程,2016,42(8):139-145,152.

[6] 陈远,李韫慧,张敏.基于节点度测度 SNS 用户信息传播贡献的实证研究:以腾讯微博为例[J].情报杂志,2014,33(10):159-164.

[7] 杜强、贾丽艳.SPSS 统计分析从入门到精通[M].北京:人民邮电出版社,2009.

[8] 费友丽,田剑,邓娇.众包竞赛中欺诈行为的成因与应对策略研究[J].江苏科技大学学报(社会科学版),2015,15(4):82-86,97.

[9] 冯剑红.基于众包的数据查询处理关键技术研究[D].北京:清华大学,2015.

[10] 冯小亮,黄敏学.众包模式中问题解决者参与动机机制研究[J].商业经济与管理,2013,1(4):25-35.

[11] 高昊,徐飞.管理学中机会主义的界定和辨析[J].现代管理科学,2009(10):67-69.

[12] 高功敬.BBS 虚拟社区的人际互动[D].济南:山东大学,2005.

[13] 郭道猛.基于社会网络分析的众筹支持网络结构特征研究[J].信息资源管理学报,2018,8(2):78-88.

[14] 韩菡,齐莉丽.基于众包模式的顾企价值共创研究[J].天津职业技术师范大学学报,2020,30(4):65-69.

[15] 韩耀,张春法,刘宁.零售业客户关系管理及数据挖掘的应用研究[J].情报杂志,2005(11):57-59.

[16] 郝琳娜,侯文华,郑海超.基于众包竞赛的虚拟社区内知识共享行为[J].
系统工程,2016,34(6):65-71.

[17] 何芳,王小川,肖森予,等.基于 MIV-BP 型网络实验的房地产项目风
险识别研究[J].运筹与管理,2013,22(2):229-234.

[18] 黄洁萍,曹安琪.知识型众包社会大众参与行为动机及激励机制[J].
北京理工大学学报(社会科学版),2018,20(4):88-96.

[19] 姜鑫.基于"结构洞"视角的组织社会网络内隐性知识共享研究[J].情
报资料工作,2012(1):32-36.

[20] 蒋旋.双边视角下用户参与众包创新的知识获取机制研究[D].镇江:
江苏科技大学,2017.

[21] 杰夫·豪.众包:大众力量缘何推动商业未来[M].朱文静,译.北京:
中信出版社,2009.

[22] 金帅,张洋,孟庆峰.动态惩罚机制下企业环境遵从行为演化动态分
析[J].系统管理学报,2017,26(6):1122-1130.

[23] 郎宇洁.基于长尾理论面向"众包"的信息服务模式研究[J].情报科
学,2012,30(10):1545-1549.

[24] 乐承毅,李佩佩,曾亚,等.众包平台下用户的诚信交易机制研究[J].
管理评论,2021,33(2):187-194.

[25] 雷静.基于社会网络虚拟社区知识共享研究[D].上海:东华大学,
2012:16-137.

[26] 黎继子,库瑶瑶,刘春玲,等.众包与供应链耦合:众包供应链演化与驱
动模式[J].科研管理,2020,41(7):42-49.

[27] 李立峰.基于社会网络理论的顾客创新社区研究:成员角色、网络结构
和网络演化[D].北京:北京交通大学,2017.

[28] 李晓华,张亚豪.个体如何参与企业的价值创造?众包理论与实践研
究评述[J].经济管理,2013(11):48-58.

[29] 李子奈,潘文卿.计量经济学[M].2 版.北京:高等教育出版社,2005.

[30] 连洪泉,周业安,左聪颖,等.惩罚机制真能解决搭便车难题吗?基于
动态公共品实验的证据[J].管理世界,2013(4):69-81.

[31] 林顿·C.弗里曼.社会网络分析发展史[M].张文宏,刘军,王卫东,
译.北京:中国人民大学出版社,2008.

[32] 刘军.社会网络分析导论[M].北京:社会科学文献出版社,2004.

[33] 刘军.整体网分析:UCINET 软件实用指南[M].2 版.上海:格致出版
社,上海人民出版社,2014.

[34] 刘军.整体网分析讲义:UCINET 软件实用指南[M].上海:格致出版社,2009.

[35] 刘锟发,李菁楠.国内外组织内部知识共享影响因素研究综述[J].图书馆学研究,2010(16):8-12.

[36] 刘猛,郝琳娜.众包竞赛各参与方演化博弈策略分析[J].技术经济与管理研究,2018(4):12-16.

[37] 刘梦婷,李海刚,祝效国.虚拟社区中用户知识共享水平与参与行为的实证研究[J].科技管理研究,2016,36(16):155-159.

[38] 刘志迎,陈青祥,徐毅.众创的概念模型及其理论解析[J].科学学与科学技术管理,2015,36(2):52-61.

[39] 龙啸.从外包到众包[J].商界(中国商业评论),2007(4):96-99.

[40] 卢新元,龙德志,陈勇.基于忠诚度的众包模式下用户参与意愿影响因素分析[J].管理学报,2016,13(7):1038-1044.

[41] 卢新元,王康泰,胡静思,等.基于 Fuzzy-DEMATEL 法的众包模式下用户参与行为影响因素分析[J].管理评论,2017,29(8):101-109.

[42] 卢新元,陈勇,王康泰,等.网络众包模式下知识转移过程及影响因素研究[J].知识管理论坛,2016,1(2):91-99.

[43] 卢新元,王雪霖,代巧锋.基于 fsQCA 的竞赛式众包社区知识共享行为构型研究[J].数据分析与知识发现,2019,3(11):60-69.

[44] 卢永艳,王维国.财务困境预测中的变量筛选:基于平均影响值的 SVM 方法[J].系统工程,2011,29(8):73-78.

[45] 陆艳.众包翻译模式研究[J].上海翻译,2012(3):74-78.

[46] 吕英杰,张朋柱,刘景方.众包模式中面向创新任务的知识型人才选择[J].系统管理学报,2013,22(1):60-66.

[47] 马杰,陈晨.众包模式在图书馆管理与服务中的应用[J].图书情报工作,2013,57(S2):118-120.

[48] 马卫,方丽,屠建洲.从外包到众包的商业模式变革及启示[J].商业时代,2008(1):13-14.

[49] 孟庆良,郭鑫鑫.基于 BP 神经网络的众包创新关键用户知识源识别研究[J].科学学与科学技术管理,2017,38(3):139-148.

[50] 孟庆良,蒋旋.双边视角下众包创新知识获取机制:一个概念模型[J].科技管理研究,2017,37(4):171-175.

[51] 孟庆良,徐信辉.知识获取视角下用户持续参与众包创新的动态控制策略[J].运筹与管理,2018,27(8):190-199.

［52］孟韬,张媛,董大海.基于威客模式的众包参与行为影响因素研究［J］.
中国软科学,2014(12):112-123.

［53］倪楠."众包":企业 HR 管理借助外力的新模式［J］.新资本,2009(4):
38-41.

［54］庞建刚.众包社区创新的风险管理机制设计［J］.中国软科学,2015
(2):183-192.

［55］裴旭东,王伯英,李娜.资源编排视角下企业众包能力的提升机理研
究［J］.科技管理研究,2020,40(19):184-190.

［56］彭艳君,管婷婷.家装行业顾客能力对顾客参与价值共创的影响研
究［J］.北京工业大学学报(社会科学版),2016,16(1):27-37.

［57］戚桂杰,李奕莹.企业开放式创新社区在线用户贡献度研究［J］.科技
进步与对策,2016,33(14):81-87.

［58］单丽娟,姜鑫,杨皎平.关系嵌入视角下众包社区知识共享机理研究［J］.
渤海大学学报(哲学社会科学版),2017,39(1):69-76.

［59］邵帅.基于社会网络分析的短期微博营销效果评价［D］.武汉:华中科
技大学,2014.

［60］申亮,王玉燕.公共服务外包中的协作机制研究:一个演化博弈分析［J］.
管理评论,2017,29(3):219-230.

［61］孙娇.基于众包的图书馆服务创新研究［J］.四川图书馆学报,2013
(5):43-45.

［62］孙新波,张明超,林维新,等.科研类众包网站"InnoCentive"协同激励
机制单案例研究［J］.管理评论,2019,31(5):277-290.

［63］孙永磊,党兴华.基于知识权力的网络惯例形成研究［J］.科学学研究,
2013,31(9):1372-1380,1390.

［64］谭婷婷,蔡淑琴,胡慕海.众包国外研究现状［J］.武汉理工大学学报
(信息与管理工程版),2011,33(2):263-266.

［65］谭云清,李元旭.国际外包中接包企业知识获取的影响因素实证研
究［J］.研究与发展管理,2014,26(2):49-58.

［66］田雨晴.分享导购类社区用户间互动对在线产品销售的影响［D］.北
京:北京邮电大学,2014.

［67］涂艳,孙宝文,张莹.基于社会媒体的企业众包创新接包主体行为研
究:基于众包网站调查的实证分析［J］.经济管理,2015(7):138-149.

［68］王辉.共享经济理念下企业新型创新创业模式［N］.中国社会科学报,
2018-12-21.

[69] 王丽伟,田剑,刘德文.基于网络社区的创新竞赛绩效影响因素研究[J].
科研管理,2014,35(2):17-24.

[70] 王玲.基于社会网络的交易型社区结构及演化研究[D].哈尔滨:哈尔
滨工业大学,2011.

[71] 王姝,陈劲,梁靓.网络众包模式的协同自组织创新效应分析[J].科研
管理,2014,35(4):26-33.

[72] 王婷婷,戚桂杰,张雅琳,等.开放式创新社区用户持续性知识共享行
为研究[J].情报科学,2018,36(2):139-145.

[73] 卫垌圻,姜涛,陶斯宇,等.科研众包:科研合作的新模式[J].科学管理
研究,2015,33(2):16-19.

[74] 魏拴成.众包的理念以及我国企业众包商业模式设计[J].技术经济与
管理研究,2010(1):36-39.

[75] 吴贵生,谢鞥.用户创新概念及其运行机制[J].科研管理,1996,17
(5):14-19.

[76] 吴江.社会网络计算基础理论与实践[M].北京:科学出版社,2015.

[77] 吴金红,陈强,张玉峰.基于众包的企业竞争情报工作模式创新研究[J].
情报理论与实践,2014,37(1):90-93,115.

[78] 吴士健,刘国欣,权英.基于UTAUT模型的学术虚拟社区知识共享行
为研究——感知知识优势的调节作用[J].现代情报,2019,39(6):
48-58.

[79] 吴煜山.基于社会网络分析的知识型社区群体智慧涌现的影响因素研
究[D].广州:华南理工大学,2016.

[80] 武文珍,陈启杰.价值共创理论形成路径探析与未来研究展望[J].外
国经济与管理,2012,34(6):66-73,81.

[81] 肖云鹏.在线社会网络用户行为模型与应用算法研究[D].北京:北京
邮电大学,2013.

[82] 谢英香,冯锐.结构洞:虚拟学习社区信息获取行为研究[J].软件导
刊,2010,9(8):19-21.

[83] 徐信辉.用户参与众包创新的持续知识共享行为控制策略研究[D].镇
江:江苏科技大学,2018.

[84] 徐颖,姜思博,郭雯君.虚拟社区CSR共创中顾客契合对知识共享行为
的影响研究[J].情报科学,2019,37(4):130-136.

[85] 薛娟,丁长青,陈莉莎,等.基于SIR的众包社区知识传播模型研究[J].
科技进步与对策,2016,33(4):131-137.

[86] 叶伟巍,朱凌.面向创新的网络众包模式特征及实现路径研究[J].科学学研究,2012,30(1):145-151.

[87] 尹光霞.多元线性回归模型中的异方差性问题[J].湖北大学学报(自然科学版),2003,25(2):121-125.

[88] 于超,王涛,顾新.企业创新网络声誉治理作用路径与声誉失灵研究[J].科学管理研究,2019,37(3):103-108.

[89] 于秀林,任雪松.多元统计分析[M].北京:中国统计出版社,1999.

[90] 余琨岳,顾新,王涛.第三方众包平台的价值实现机理和路径研究[J].中国科技论坛,2017(4):21-26,34.

[91] 余维新,顾新,王涛.企业创新网络机会主义行为及非正式治理机制[J].经济体制改革,2016(6):114-119.

[92] 袁庆宏,王利敏,丁刚.个体的网络位置对其制度创业的影响研究[J].管理学报,2013,10(11):1634-1640.

[93] 袁甜阳子,沈阳.众包出版:新兴出版模式探析[J].科技与出版,2015(12):72-76.

[94] 张华,顾新,王涛.开放式创新的机会主义风险及其治理机制[J].科学管理研究,2019,37(5):15-22.

[95] 张九庆.科研众包对中国科研活动的影响[J].中国科技论坛,2015(3):1-1.

[96] 张克永.开放式创新社区知识共享研究[D].长春:吉林大学,2017.

[97] 张利斌,钟复平,涂慧.众包问题研究综述[J].科技进步与对策,2012,29(6):154-160.

[98] 张树森,梁循,齐金山.社会网络角色识别方法综述[J].计算机学报,2017,40(3):649-673.

[99] 张薇薇,柏露.众包社区用户持续使用行为研究:基于 ECM-ISC 和承诺信任理论[J].情报资料工作,2017(2):54-62.

[100] 张志强,逢居升,谢晓芹,等.众包质量控制策略及评估算法研究[J].计算机学报,2013,36(8):1636-1649.

[101] 赵颖斯.创新网络中企业网络能力、网络位置与创新绩效的相关性研究[D].北京:北京交通大学,2014.

[102] 赵宇翔.科研众包视角下公众科学项目刍议:概念解析、模式探索及学科机遇[J].中国图书馆学报,2017,43(5):42-56.

[103] 郑丹,王潜平.K-means 初始聚类中心的选择算法[J].计算机应用,2012,32(8):2186-2188,2192.

[104] 郑海超,侯文华.网上创新竞争中解答者对发布者的信任问题研究[J].
管理学报,2011,8(2):233-240.

[105] 郑伟伟.基于信任关系的虚拟学术社区知识共享研究[D].重庆:西南
大学,2015.

[106] 郑玉香.客户资本价值管理[M].北京:中国经济出版社,2006.

[107] 仲秋雁,王彦杰,裘江南.众包社区用户持续参与行为实证研究[J].
大连理工大学学报:社会科学版,2011(1):1-6.

[108] 周文辉.知识服务、价值共创与创新绩效:基于扎根理论的多案例研
究[J].科学学研究,2015,33(4):567-573,626.

[109] 周智勇,宋国琴,谷峰.虚拟学习社区中知识转移的社会网络分析[J].
软件导刊,2012,11(2):68-70.

[110] 朱宾欣,马志强,Leon Williams,等.考虑解答者公平关切的众包竞赛
知识共享激励[J].系统管理学报,2020,29(1):73-82.

[111] 朱宾欣,马志强,李钊.风险偏好下协作型众包项目绩效激励机制研
究[J].工业工程与管理,2019,24(3):60-68.

[112] 宗利永,李元旭.文化创意产业众包模式运行机制研究综述[J].商业
经济研究,2015(22):114-115.

[113] Abernethy J D, Frongillo R M. A collaborative mechanism for
crowdsourcing prediction problems[C]. Advances in Neural Information
Processing Systems,2011:2600-2608.

[114] Abu Saleh M, Yunus Ali M, Saad Andaleeb S. Explaining industrial
importers' commitment from an emerging market perspective:Theoretical
and managerial insights[J]. Journal of Business & Industrial Marketing,
2014,29(1):45-62.

[115] Acar O A, van den Ende J. Understanding fear of opportunism in
global prize based science contests:Evidence for gender and age
differences[J]. PLoS ONE,2015,10(7):1-13.

[116] Adrian Payne, Sue Holt. Diagnosing customer value:Integrating the
value process and relationship marketing[J]. British Journal of
Management,2001,12:159-182.

[117] Afuah A, Tucci, C. L. Crowdsourcing as a solution to distant search[J].
Academy of Management Review,2012,37(3):355-375.

[118] Akman H, Plewa C, Conduit J. Co-creating value in online innovation
communities[J]. European Journal of Marketing, 2018, 53 (6):

1205-1233.

[119] Alam S L, Campbell J. Role of relational mechanisms in crowdsourcing governance: An interpretive analysis[C]. Proceedings of the Nineteenth Americas Conference on Information Systems, Chicago, Illinois, 2013: 15-17.

[120] Albino V, Garavelli A C, Schiuma G. Knowledge transfer and inter-firm relationships in industrial districts: The role of the leader firm[J]. Technovation, 1998, 19(1): 53-63.

[121] Andaleeb S S. An experimental investigation of satisfaction and commitment in marketing channels: The role of trust and dependence[J]. Journal of Retailing, 1996, 72(1): 77-93.

[122] Andrea Hemetsberger, Christian Reinhardt. Collective development in open-source communities: An activity theoretical perspective on successful online collaboration[J]. Organization Studies, 2009, 30 (9): 987-1008.

[123] Arikan A T. Interfirm knowledge exchanges and the knowledge creation capability of clusters[J]. Academy of Management Review, 2009, 34(4): 658-676.

[124] Aris H. Sustainable solvers participation in non-profit mobile crowdsourcing initiatives: A review of successful applications[C]. Research and Development (SCOReD), 2015 IEEE Student Conference on: IEEE, 2015: 659-664.

[125] Audhesh K Paswan, Tanawat Hirunyawipada, Pramod Iyer. Opportunism, governance structure and relational norms: An interactive perspective[J]. Journal of Business Research, 2017, 77: 131-139.

[126] Bart V D H, De Ridder J A. Knowledge sharing in context: The influence of organizational commitment, communication climate and CMC use on knowledge sharing[J]. Journal of Knowledge Management, 2000, 8(6): 117-130.

[127] Bayus B L. Crowdsourcing new product ideas over time: An analysis of the Dell IdeaStorm community[J]. Management Science, 2013, 59 (1): 226-244.

[128] Berry L L. Relationship marketing[M]. AMA, Chicago, 1982.

[129] Berry L L. Relationship marketing of service-growing interest[J].

Journal of the Academy of Marketing Science,1995,23(2):236-245.

[130] Bock G W,Zmud R W,Kim Y G,et al. Behavioral intention formation in knowledge sharing:Examining the roles of extrinsic motivators,social-psychological forces, and organizational climate[J]. MIS Quarterly, 2005,29(1):87-111.

[131] Boons M, Stam D, Barkema H G. Feelings of pride and respect as drivers of ongoing member activity on crowdsourcing platforms[J]. Journal of Management Studies,2015,52(6):717-741.

[132] Bothner M S,Kang J-h,Stuart T E. Competitive crowding and risk taking in a tournament: Evidence from NASCAR racing [J]. Administrative Science Quarterly,2007,52(2):208-247.

[133] Boudreau K J, Lakhani K R. Using the crowd as an innovation partner[J]. Harvard Business Review,2013,91(4):60-69,140.

[134] Brabham D C. Moving the crowd at iStockphoto:The composition of the crowd and motivations for participation in a crowdsourcing application[J]. First Monday,2008,13(6):236-238.

[135] Brem A, Bilgram V. The search for innovative partners in co-creation:Identifying lead users in social media through netnography and crowdsourcing[J]. Journal of Engineering and Technology Management, 2015,37:40-51.

[136] Burkley E,Anderson D,Curtis J,et al. Vicissitudes of goal commitment: Satisfaction,investments,and alternatives[J]. Personality & Individual Differences,2013,54(5):663-668.

[137] Casimir G,Lee K,Loon M. Knowledge sharing:Influences of trust, commitment and cost[J]. Journal of Knowledge Management,2012, 16(5):740-753.

[138] Chang H H,Chuang S S. Social capital and individual motivations on knowledge sharing: Participant involvement as a moderator [J]. Information & Management,2011,48(1):9-18.

[139] Chao-Min C,Wang E T,Shih F-J,et al. Understanding knowledge sharing in virtual communities [J]. Online Information Review, 2011,35(1):134.

[140] Chen C. CiteSpace Ⅱ:Detecting and visualizing emerging trends and transient patterns in scientific literature[J]. Journal of the American

Society for Information Science and Technology, 2006, 57 (3):
359-377.

[141] Chesbrough H W. Open business models: How to thrive in the new
innovation landscape[J]. Journal of Product Innovation Management,
2007,17(4):406-408.

[142] Chesbrough H W. Open innovation: The new imperative for creating
and profiting from technology[M]. Harvard Business Press,2003.

[143] Chesbrough H,Crowther A K. Beyond high tech: Early adopters of
open innovation in other industries[J]. R&D Management,2006,36
(3):229-236.

[144] Chesbrough H,Vanhaverbeke W,West J. Open innovation: Researching
a new paradigm[M]. Oxford University Press on Demand,2006.

[145] Chiu C M, Hsu M H, Wang E T G. Understanding knowledge
sharing in virtual communities: An integration of social capital and
social cognitive theories[J]. Decision Support Systems, 2006, 42
(3):1872-1888.

[146] Chua A Y K,Balkunje R S. Beyond knowledge sharing: Interactions
in online discussion communities[J]. International Journal of Web
Based Communities,2013,9(1):67.

[147] Dargahi R,Namin A,Ketron S C,et al. Is self-knowledge the ultimate
prize? A quantitative analysis of participation choice in online ideation
crowdsourcing contests[J]. Journal of Retailing and Consumer Services,
2021(62):1-14.

[148] Davenport T H. The new industrial engineering: Information technology
and business process re-design[J]. Sloan Management Review,1990,
31(4):11-27.

[149] David P A,Shapiro J S. Community-based production of open-source
software: What do we know about the developers who participate? [J].
Information Economics & Policy,2008,20(4):364-398.

[150] De Beer J,Mccarthy I P, Soliman A, et al. Click here to agree:
Managing intellectual property when crowdsourcing solutions[J].
Business Horizons,2017,60(2):207-217.

[151] Djelassi S,Decoopman I. Customers' participation in product development
through crowdsourcing: Issues and implications[J]. Industrial Marketing

Management,2013,42(5):683-692.

[152] Dominik Mahr, Annouk Lievens. Virtual lead user communities: Drivers of knowledge creation for innovation[J]. Research Policy, 2012,41(1):167-177.

[153] Eickhoff C,Vries A P D. Increasing cheat robustness of crowdsourcing tasks[J]. Information Retrieval,2013,16(2):121-137.

[154] Estellés-Arolas Enrique, González-Ladrón-de-Guevara Fernando. Towards an integrated crowdsourcing definition[J]. Journal of Information Science,2012,38(2):189-200.

[155] Felin T, Zenger T. R. Closed or open innovation? Problem solving and the governance choice [J]. Research Policy, 2014, 43 (5): 914-925.

[156] Felson M, Spaeth J L. Community structure and collaborative consumption:A routine activity approach[J]. American Behavioral Scientist,1978,21(4):614-624.

[157] Feng Y, Yi Z, Yang C, et al. How do gamification mechanics drive solvers' knowledge contribution? A study of collaborative knowledge crowdsourcing[J]. Technological Forecasting and Social Change,2022 (177):121520-1-121520-12.

[158] Foss N J,Laursen K,Pedersen T. Linking customer interaction and innovation:The mediating role of new organizational practices[M]. INFORMS,2011.

[159] Frey K,Lüthje C,Haag S. Whom should firms attract to open innovation platforms? The role of knowledge diversity and motivation[J]. Long Range Planning,2011,44(5):397-420.

[160] Friedman D. Evolutionary games in economics[J]. Econometrica, 1991,59(3):637-666.

[161] Friesen J P,Kay A C,Eibach R P,et al. Seeking structure in social organization:Compensatory control and the psychological advantages of hierarchy[J]. Journal of Personality and Social Psychology,2014,106 (4):590.

[162] Fruchter G E,Sigué S P. Managing relational exchanges[J]. Journal of Service Research,2004,7(2):142-154.

[163] Füller J, Hutter K, Hautz J,et al. User roles and contributions in

innovation-contest communities[J]. Journal of Management Information Systems,2014,31(1):273-308.

[164] Gafni R,Geri N,Bengov P. Investigating the effect of tangible and virtual rewards on knowledge contribution in online communities[J]. Online Journal of Applied Knowledge Management,2014,2(2):1-11.

[165] Gan C,Kosonen M,Blomqvist K. Knowledge sharing in crowdsourcing-it is more than motivation[C]. Proceedings of the 13th European Conference on Knowledge Management. Spain,2012:380-388.

[166] Garrigos-Simon F J,Gil-Pechuán I,Estelles-Miguel S. Advances in crowdsourcing[M]. Springer,2015.

[167] Gassenheimer J B,Siguaw J A,Hunter G L. Exploring motivations and the capacity for business crowdsourcing[J]. AMS review,2013, 3(4):205-216.

[168] Geiger D,Schader M. Personalized task recommendation in crowdsourcing information systems—Current state of the art[J]. Decision Support Systems,2014,65(c):3-16.

[169] Georg Von Krogh,Sebastian Spaeth,Karim R Lakhani. Community, joining,and specialization in open source software innovation:A case study[J]. Research Policy,2003,32(7):1217-1241.

[170] George G,Dahlander L,Graffin S,et al. Reputation and status: Expanding the role of social evaluations in management research[J]. Academy of Management Journal,2016,59(1):1-13.

[171] Geri N,Gafni R,Bengov P. Crowdsourcing as a business model: Extrinsic motivations for knowledge sharing in user-generated content websites[J]. Journal of Global Operations and Strategic Sourcing,2017,10(1):90-111.

[172] Ghezzi A,Gabelloni D,Martini A,et al. Crowdsourcing:A review and suggestions for future research[J]. International Journal of Management Reviews,2017(20):343-363.

[173] Gibbert M,Leibold M,Probst G. Five styles of customer knowledge management,and how smart companies use them to create value[J]. European Management Journal,2002,20(5):459-469.

[174] Gilbert M,Cordey-Hayes M. Understanding the process of knowledge transfer to achieve successful technological innovation[J]. Technovation,

1996,16(6):301-312.

[175] Graciela C,Jones J,Audretsch D. The influence of trust and collaboration with external partners on appropriability in open service firms[J]. The Journal of Technology Transfer,2019(44):540-558.

[176] Gummesson E. Making relationship marketing operational [J]. International Journal of Service Industry Management,1994,5(5): 5-11.

[177] Guo W,Zheng Q,An W,et al. User roles and contributions during the new product development process in collaborative innovation communities[J]. Applied Ergonomics,2017,63:106-114.

[178] Hai Z. Knowledge flow management for distributed team software development[J]. Knowledge-based Systems,2002,15(8):465-471.

[179] Hammer M,Hammer M. Beyond reengineering[J]. Process Management, 1996:251-288.

[180] Hammon D K L,Hippner H. Crowdsourcing[J]. Business & Information Systems Engineering,2012,4(3):163-166.

[181] Hautz J, Hutter K, Füller J, et al. How to establish an online innovation community? The role of users and their innovative content[C]. Hawaii International Conference on System Sciences, 2010,6(1):1-11.

[182] Heo M, Toomey N. Motivating continued knowledge sharing in crowdsourcing [J]. Online Information Review, 2015, 39 (6): 795-811.

[183] Hienerth C,Lettl C,Keinz P. Synergies among producer firms,lead users,and user communities:The case of the LEGO producer-user ecosystem[J]. Journal of Product Innovation Management,2014,31 (4):848-866.

[184] Hossain M. Users' motivation to participate in online crowdsourcing platforms[C]. International Conference on Innovation Management and Technology Research,2012:310-315.

[185] Howe J. The rise of crowdsourcing[J]. Wired Magazine, 2006, 14 (6):1-4.

[186] Huang M C,Hsiung H H,Lu T C. Reexamining the relationship between control mechanisms and international joint venture performance:

The mediating roles of perceived value gap and information asymmetry[J]. Asia Pacific Management Review,2015,20(1):32-43.

[187] Huang Y,Singh P V,Mukhopadhyay T. Crowdsourcing contests:A dynamic structural model of the impact of incentive structure on solution quality[C]. International Conference on Information Systems, Orlando,2012.

[188] Huang Y, Singh P V, Srinivasan K. Crowdsourcing new product ideas under consumer learning[M]. INFORMS,2014.

[189] Huo W,Cai Z,Luo J,et al. Antecedents and intervention mechanisms:A multi-level study of R&D team's knowledge hiding behavior[J]. Journal of Knowledge Management,2016,20(5):880-897.

[190] Hutter K, Hautz J, Füller J, et al. Communitition:The tension between competition and collaboration in community-based design contests[J]. Creativity & Innovation Management, 2011, 20 (1): 3-21.

[191] Ibarra H,Kilduff M,Tsai W. Zooming in and out:Connecting individuals and collectivities at the frontiers of organizational network research[J]. Organization Science,2005,16(4):359-371.

[192] Ind N,Coates N,Lerman K. The gift of co-creation:What motivates customers to participate[J]. Journal of Brand Management,2020,27 (2):181-194.

[193] Ipeirotis P G,Gabrilovich E. Quizz:Targeted crowdsourcing with a billion (potential) users[C]. Proceedings of the 23rd international conference on World wide web:ACM,2014:143-154.

[194] Jackson C B,Østerlund C,Mugar G,et al. Motivations for sustained participation in crowdsourcing:Case studies of citizen science on the role of talk[C]. System Sciences (HICSS),48th Hawaii International Conference on:IEEE,2015:1624-1634.

[195] Jadin T, Gnambs T, Batinic B. Personality traits and knowledge sharing in online communities[J]. Computers in Human Behavior, 2013,29(1):210-216.

[196] Jain R. Investigation of governance mechanisms for crowdsourcing initiatives [C]. Sustainable It Collaboration Around the Globe. Americas Conference on Information Systems,2010:1-7.

[197] Jeppesen L B,Frederiksen L. Why do users contribute to firm-hosted user communities? The case of computer-controlled music instruments[J]. Organization Science,2006,17(1):45-63.

[198] Jeppesen Lars Bo, Lakhani Karim R. Marginality and problem-solving effectiveness in broadcast search[J]. Organization Science, 2010,21(5):1016-1033.

[199] Jin X,Zhang M,Hou X. Research on performance optimization of crowd innovation space from the perspective of participation motivation[J]. Personal and Ubiquitous Computing,2021:1-13.

[200] John,Prpić,Prashant,et al. How to work a crowd:Developing crowd capital through crowdsourcing[J]. Business Horizons, 2015(58): 77-85.

[201] K Storbacka,T Strandvik,C Grönroos. Managing customer relationship for profit:The dynamics of relationship quality[J]. International Journal of Service Industry Management,1994,5(5):21-22.

[202] Kankanhalli A, Tan B C, Wei K K. Contributing knowledge to electronic knowledge repositories:An empirical investigation[J]. MIS quarterly,2005,29(1):113-143.

[203] Karjaluoto H,Jayawardhena C,Pihlström M,et al. Effects of service quality,trust,and perceived value on customer loyalty:The case of mobile subscribers[C]. Proceedings of the 2009 Academy of Marketing Science (AMS) Annual Conference,2015:179-179.

[204] Katja Hutter,Julia Hautz,Johann Füller,et al. Communitition:The tension between competition and collaboration in community-based design contests[J]. Creativity and Innovation Management,2011,20 (1):3-21.

[205] Kazai G. In search of quality in crowdsourcing for search engine evaluation[M]. Advances in Information Retrieval. Springer Berlin Heidelberg,2011:165-176.

[206] Kim A J. Community building on the Web:Secret strategies for successful online communities[M]. Peachpit Press,2006.

[207] Kim J,Lee C,Elias T. Factors affecting information sharing in social networking sites amongst university students[J]. Online Information Review,2015,39(3):290-309.

[208] Kleemann F, Voß G, Rieder K M. Un(der)paid innovators: The commercial utilization of consumer work through crowdsourcing[J]. Science,Technology & Innovation Studies,2008,(4):5-26.

[209] Koch G,Hutter K,Decarli P,et al. Identifying participants' roles in open government platforms and its impact on community growth[C]. Hawaii International Conference on System Sciences. IEEE,2013: 1900-1910.

[210] Kondreddi S K,Triantafillou P,Weikum G. Combining information extraction and human computing for crowdsourced knowledge acquisition[C]. Data Engineering (ICDE), IEEE 30th International Conference on:IEEE,2014:988-999.

[211] Kosonen M,Gan C,Olander H,et al. My idea is our idea! Supporting user-driven innovation activities in crowdsourcing communities [J]. International Journal of Innovation Management, 2013, 17 (3): 1340010-1-1340010-18.

[212] Kosonen M,Gan C,Vanhala M,et al. User motivation and knowledge sharing in idea crowdsourcing[J]. International Journal of Innovation Management,2014,18(5):1450031-1-1450031-23.

[213] Kosonen M,Gan C,Vanhala M,et al. User motivation and knowledge sharing in idea crowdsourcing[M]//Managing Innovation:Understanding and Motivating Crowds,2019:47-69.

[214] Kozinets R V,Hemetsberger A,Schau H J. The wisdom of consumer crowds:Collective innovation in the age of networked marketing[J]. Journal of Macromarketing,2008,28(4):339-354.

[215] Lakhani K R,Jeppesen L B. Getting unusual suspects to solve R&D puzzles[J]. Harvard Business Review,2007,85(5):30-32.

[216] Lambermont-Ford J P,Lam A. Knowledge sharing in organisational contexts:A motivation-based perspective[J]. Journal of Knowledge Management,2010,14(1):51-66(16).

[217] Le Q,Panchal J H. Modeling the effect of product architecture on mass-collaborative processes[J]. Journal of Computing and Information Science in Engineering,2011,11(1):1-12.

[218] Li D,Yang J J. The effect of dual relational embeddedness and trust on alliance governance[J]. Corporate Governance, 2017, 17 (5):

913-926.

[219] Liang H,Wang M M,Wang J J,et al. How intrinsic motivation and extrinsic incentives affect task effort in crowdsourcing contests:A mediated moderation model[J]. Computers in Human Behavior, 2018,81:168-176.

[220] Lichtenthaler U. Open innovation:Past research,current debates, and future directions[J]. Academy of Management Perspectives, 2011,25(1):75-93.

[221] Lu Y,Singh P V, Sun B. Is core-periphery network good for knowledge sharing? A structural model of endogenous network formation on a crowdsourced customer support forum[J]. SSRN Electronic Journal,2017,41(2).

[222] Lu Y,Singh P V, Sun B. Is core-periphery network good for knowledge sharing? A structural model of endogenous network formation on a crowdsourced customer support forum[J]. MIS Quarterly,2017,41(2):607-628.

[223] Lüttgens D,Pollok P,Antons D,et al. Wisdom of the crowd and capabilities of a few:Internal success factors of crowdsourcing for innovation[J]. Journal of Business Economics,2014,84(3):339-374.

[224] Majchrzak A,Malhotra A. Towards an information systems perspective and research agenda on crowdsourcing for innovation[J]. Journal of Strategic Information Systems,2013,22(4):257-268.

[225] Marco L J,Michael H,Ulrich B,et al. Leveraging crowdsourcing: Activation-supporting components for IT-based ideas competition[J]. Journal of Management Information Systems,2009,26(1):197-224.

[226] Marjanovic S,Fry C,Chataway J. Crowdsourcing based business models:In search of evidence for innovation 2. 0[J]. Science & Public Policy,2012,39(3):318-332.

[227] Martin C L,Pranter C A. Compatibility management:Customer-to-customer relationships in service environments [J]. Journal of Services Marketing,1989,3(3):5-15.

[228] Martinez M G. Inspiring crowdsourcing communities to create novel solutions:Competition design and the mediating role of trust[J]. Technological Forecasting and Social Change,2017,117:296-304.

[229] Martinez M G. Solver engagement in knowledge sharing in crowdsourcing communities:Exploring the link to creativity[J]. Research Policy, 2015,44(8):1419-1430.

[230] Mazzola E,Acur N,Piazza M,Perrone G. To own or not to own?:A study on the determinants and consequences of alternative intellectual property rights arrangements in crowdsourcing for innovation contests[J]. Journal of Product Innovation Management,2018,25(6):908-929.

[231] Mckenna R. Relationship marketing:Successful strategies for the age of the customer[M]. Addision-Wesley Publishing Co. ,MA, 1991.

[232] Morgan R M, Shelby D H. The commitment-trust theory of relationship marketing[J]. {Journal of Marketing,1994,58(July): 20-38.

[233] Nonaka I, Takeuchi H. The knowledge-creating company:How Japanese companies create the dynamics of innovation[M]. Oxford University Press,1995.

[234] Nonnecke B, Preece J. Lurker demographics:Counting the silent[C]. Proceedings of the SIGCHI Conference on Human Factors in Computing Systems. 2000:73-80.

[235] Oliveira F,Ramos I. Crowdsourcing:A tool for organizational knowledge creation[C]//European Conference on Information Systems. Association for Information Systems (AIS),2014.

[236] Oliveira F,Ramos I,Santos L. Definition of a crowdsourcing innovation service for the European SMEs[C]. International Conference on Web Engineering:Springer,2010:412-416.

[237] Papadopoulou C-A,Giaoutzi M. Crowdsourcing as a tool for knowledge acquisition in spatial planning[J]. Future Internet, 2014, 6 (1): 109-125.

[238] Parvanta C,Roth,Y. ,Keller,H. Crowdsourcing 101 a few basics to make you the leader of the pack[J]. Health Promotion Practice, 2013,14(2):163-167.

[239] Pedersen J,Kocsis D,Tripathi A,et al. Conceptual foundations of crowdsourcing:A review of is research[C]. Hawaii International Conference on System Sciences. IEEE,2013:579-588.

[240] Poetz M K, Schreier M. The value of crowdsourcing: Can users really compete with professionals in generating new product ideas? [J]. Journal of Product Innovation Management, 2012, 29(2): 245-256.

[241] Pollok P, Lüttgens D, Piller F T. Attracting solutions in crowdsourcing contests: The role of knowledge distance, identity disclosure, and seeker status[J]. Research Policy, 2019, 48(1): 98-114.

[242] Prahalad C K, Ramaswamy V. Co-creation experiences: The next practice in value creation[J]. Journal of Interactive Marketing, 2004, 3(1): 5-14.

[243] Prahalad C K, Ramaswamy V. Co-opting customer competence[J]. Harvard Business Review, 2000, 78(1): 79-87.

[244] Prusak L, Davenport T H. Knowledge after the knowledge creating company: A practitioner perspective[M]. Palgrave Macmillan UK, 2013.

[245] Ramaswamy V. Co-creation of value-towards an expanded paradigm of value creation[J]. Marketing Review St Gallen, 2009, 26(6): 11-17.

[246] Rindell A, Mysen T, Svensson G, et al. A validation of inputs and outputs of satisfaction in business-to-business relationships through a Nordic comparison [J]. International Journal of Procurement Management, 2013, 6(4): 424-443.

[247] Robert V Kozinets. E-tribalized marketing?: The strategic implications of virtual communities of consumption[J]. European Management Journal, 1999, 17(3): 252-264.

[248] Roberts J A, Hann I-H, Slaughter S A. Understanding the motivations, participation, and performance of open source software developers: A longitudinal study of the Apache projects[J]. Management Science, 2006, 52(7): 984-999.

[249] Roger Martin. How successful leaders think? [J]. Harvard Business Review, 2007, 85(6): 60.

[250] Rokkan A I, Heide J B, Wathne K H. Specific investments in marketing relationships: Expropriation and bonding effects [J]. Journal of Marketing Research, 2003, 40(2): 210-224.

[251] Ruiz Émilie, Beretta Michela. Managing internal and external

crowdsourcing: An investigation of emerging challenges in the context of a less experienced firm[J]. Technovation, 2021 (106): 1-23.

[252] Sabou M, Scharl A, Michael F. Crowdsourced knowledge acquisition: Towards hybrid-genre workflows[J]. International Journal on Semantic Web and Information Systems, 2013, 9(3):14-41.

[253] Satish Nambisan, Robert A Baron. Virtual customer environments: Testing a model of voluntary participation in value co-creation activities[J]. Journal of Product Innovation Management, 2009, 26 (4):388-406.

[254] Schäper T, Foege J N, Nüesch S, et al. Determinants of idea sharing in crowdsourcing: Evidence from the automotive industry[J]. R&D Management, 2021, 51(1):101-113.

[255] Schenk E, Guittard C. Towards a characterization of crowdsourcing practices[J]. Journal of Innovation Economics & Management, 2011 (1):93-107.

[256] Schmidthuber L, Piller F, Bogers M, et al. Citizen participation in public administration: Investigating open government for social innovation[J]. R&d Management, 2019, 49(3):343-355.

[257] Scott J. Social network analysis[J]. Sociology, 1988, 22(1):109-127.

[258] Sergio L Toral, María del Rocío Martínez-Torres, Federico Barrero. Analysis of virtual communities supporting OSS projects using social network analysis[J]. Information and Software Technology, 2010, 52(3):296-303.

[259] Shen X L, Lee M K O, Cheung C M K. Exploring online social behavior in crowdsourcing communities: A relationship management perspective[J]. Computers in Human Behavior, 2014, 40:144-151.

[260] Simon Fuger, Robert Schimpf, Johann Füller, et al. User roles and team structures in a crowdsourcing community for international development-a social network perspective[J]. Information Technology for Development, 2017, 23(3):438-462.

[261] Soliman W, Tuunainen V K. Understanding continued use of crowdsourcing systems: An interpretive study [J]. Journal of Theoretical and Applied Electronic Commerce Research, 2015, 10(1):1-18.

[262] Stefan Koch, Georg Schneider. Effort, co-operation and co-ordination in an open source software project: GNOME[J]. Information Systems Journal, 2002, 12(1):27-42.

[263] Sun Y, Fang Y, Lim K H. Understanding sustained participation in transactional virtual communities[J]. Decision Support Systems, 2012, 53(1):12-22.

[264] Surowiecki J. The wisdom of crowds: Why the many are smarter than the few and how collective wisdom shapes business [J]. Economies, Societies and Nations, 2004:296.

[265] Szulanski G. The process of knowledge transfer: A diachronic analysis of stickiness[J]. Organizational Behavior & Human Decision Processes, 2000, 82(1):9-27.

[266] Terwiesch Christian, Xu Yi. Innovation contests, open innovation, and multiagent problem solving[J]. Management Science, 2008, 54 (9):1529-1543.

[267] Thuan N, Antunes P, Johnstone D. Factors influencing the decision to crowdsource: A systematic literature review[J]. Information Systems Frontiers, 2016, 18(1), 47-68.

[268] Toral S L, Martínez-Torres M R, Barrero F. Analysis of virtual communities supporting OSS projects using social network analysis[J]. Information and Software Technology, 2010, 52(3):296-303.

[269] Tsai K H, Hsu T T. Cross-Functional collaboration, competitive intensity, knowledge integration mechanisms, and new product performance: A mediated moderation model[J]. Industrial Marketing Management, 2014, 43(2):293-303.

[270] Vargo S L, Lusch R F. Evolving to a new dominant logic for marketing[J]. Journal of Marketing, 2004, 68(1):1-17.

[271] Vázquez R, Iglesias V, Rodríguez I. The efficacy of alternative mechanisms in safeguarding specific investments from opportunism[J]. Journal of Business & Industrial Marketing, 2007, 22(7):498-507.

[272] Viegas F B. Newsgroup crowds and authorlines: Visualizing the activity of individuals in conversational cyberspaces [C]. HICSS 2004, 2004:1-10.

[273] Wang X, Khasraghi H J, Schneider H. Towards an understanding of

participants' sustained participation in crowdsourcing contests[J]. Information Systems Management,2020,37(3):213-226.

[274] Wasko M,Faraj S. Why should I share? Examining social capital and knowledge contribution in electronic networks of practice[J]. MIS quarterly,2005,29(1):35-57.

[275] Welser H T, Dan C, Kossinets G, et al. Finding social roles in Wikipedia[C]. Iconference ACM,2011:122-129.

[276] Whitla P. Crowdsourcing and its application in marketing activities[J]. Contemporary Management Research,2009,5(1):15-28.

[277] Wu J,Du G,Jiao R J. Optimal postponement contracting decisions in crowdsourced manufacturing: A three-level game-theoretic model for product family architecting considering subcontracting[J]. European Journal of Operational Research,2021,291(2):722-737.

[278] Wu W L,Lin C H,Hsu B F,et al. Interpersonal trust and knowledge sharing: Moderating effects of individual altruism and a social interaction environment [J]. Social Behavior and Personality: An International Journal,2009,37(1):83-93.

[279] Wu W,Gong X. Motivation and sustained participation in the online crowdsourcing community: The moderating role of community commitment[J]. Internet Research,2020,31(01):287-314.

[280] Wu W,Yang Q,Gong X,et al. Understanding sustained participation in crowdsourcing platforms: The role of autonomy,temporal value, and hedonic value [J]. Information Technology & People, 2022: 1-24.

[281] Xiao-Liang Shen,Matthew KO Lee,Christy MK Cheung. Exploring online social behavior in crowdsourcing communities: A relationship management perspective[J]. Computers in Human Behavior,2014, 40:144-151.

[282] Yang J,Adamic L A,Ackerman M S. Crowdsourcing and knowledge sharing: Strategic user behavior on taskcn[C]. Proceedings of the 9th ACM conference on Electronic commerce: ACM,2008:246-255.

[283] Yang J,Wei X,Ackerman M S,et al. Activity lifespan: An analysis of user survival patterns in online knowledge sharing communities[C]. Proceedings of the Fourth International AAAI Conference on

Weblogs and Social Media (ICWSM),2010:186-193.

[284] Ye H,Kankanhalli A. Solvers' participation in crowdsourcing platforms: Examining the impacts of trust,and benefit and cost factors[J]. Journal of Strategic Information Systems,2017,26(2):101-117.

[285] Zablah A R,Bellenger D N,Johnston W J. An evaluation of divergent perspectives on customer relationship management:Towards a common understanding of an emerging phenomenon[J]. Industrial Marketing Management,2004,33(6):475-489.

[286] Zaheer A,Bell G G. Benefiting from network position:Firm capabilities, structural holes,and performance[J]. Strategic Management Journal, 2005,26(9):809-825.

[287] Zhang A Y,Tsui A S,Wang D X. Leadership behaviors and group creativity in Chinese organizations:The role of group processes[J]. Leadership Quarterly,2011,22(5):851-862.

[288] Zhang X,Wang C. Network positions and contributions to online public goods:The case of Chinese Wikipedia[J]. Journal of Management Information Systems,2012,29(2):11-40.

[289] Zhao Y,Zhu Q. Evaluation on crowdsourcing research:Current status and future direction[J]. Information Systems Frontiers,2014, 16(3):417-434.

[290] Zhao Z,Oberoi P. Designing crowdsolving Ba:A closer look at the features of crowdsolving platforms to manage organizational knowledge[J]. Information & Management,2022,59(4):103641.

[291] Zheng H,Xu B,Lin Z. Seller's creditworthiness in the online service market:A study from the control perspective[J]. Decision Support Systems,2019,127(3):1-12.

[292] Zhou J,Zuo M,Yu Y,et al. How fundamental and supplemental interactions affect users' knowledge sharing in virtual communities? A social cognitive perspective[J]. Internet Research,2014,24(5): 566-586.

[293] Zhu B,Leon W,Paul L,et al. Impact of crowdsourcee's vertical fairness concern on the crowdsourcing knowledge sharing behavior and its incentive mechanism[J]. Journal of Systems Science and Complexity, 2021,34(3):1102-1120.

附录:相关数据来源

一、第 4 章大众参与众包创新的角色识别相关数据

(下载地址:https://pan.baidu.com/s/1BfqwIIXQsokQPdpN0lrmDQ)

二、第 5 章用于扎根理论分析的部分原始资料

(下载地址:https://pan.baidu.com/s/1BfqwIIXQsokQPdpN0lrmDQ)

三、第 6 章大众互动网络结构的相关数据

(下载地址:https://pan.baidu.com/s/1NgE0Mc_OJeHHFP2H0f5qMA)

四、第 6 章大众互动对其持续知识共享行为影响实证研究的相关数据

(下载地址:https://pan.baidu.com/s/15BnU5aWdyW3ZSS43KI2aIg)

五、第 8 章参与大众的机会主义行为识别相关数据

(下载地址:https://pan.baidu.com/s/15BnU5aWdyW3ZSS43KI2aIg)